浙江省哲学社会科学规划后期资助课题（19HQZZ28）

浙江省哲学社会科学规划
后期资助课题成果文库

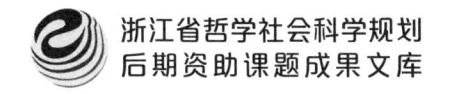

近代学术转型视野下的燕京大学国学教育

颜 芳 著

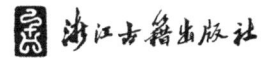

浙江古籍出版社

图书在版编目(CIP)数据

近代学术转型视野下的燕京大学国学教育 / 颜芳著.
—杭州：浙江古籍出版社，2023.11
ISBN 978-7-5540-2770-7

Ⅰ.①近… Ⅱ.①颜… Ⅲ.①国学－教育研究－中国－近代 Ⅳ.①Z126

中国国家版本馆CIP数据核字(2023)第205427号

近代学术转型视野下的燕京大学国学教育
颜　芳　著

出版发行	浙江古籍出版社
	（杭州市体育场路347号　邮编：310006）
网　　址	https://zjgj.zjcbcm.com
责任编辑	徐　立
责任校对	吴颖胤
责任印务	楼浩凯
照　　排	浙江大千时代文化传媒有限公司
印　　刷	浙江海虹彩色印务有限公司
开　　本	880mm×1230mm　1/32
印　　张	11.25
字　　数	267千
版　　次	2023年11月第1版
印　　次	2023年11月第1次印刷
书　　号	ISBN 978-7-5540-2770-7
定　　价	68.00元

如发现印装质量问题，影响阅读，请与市场营销部联系调换。

序

北京燕京大学在中国近代教会大学中占有非常突出的地位,无论是研究中国近代大学史,还是研究近代中西文化教育交流史,燕京大学史都是不能不重视的。

燕京大学成立于1919年。它的前身是位于北京南城的汇文大学和位于当时河北省通州县的华北协和大学,创办两所大学的新教差会美国美以美会、美国长老会、美国公理会、英国伦敦会等经过多次协商与谈判,于1916年宣布合并,由于新校名和新校长人选上的分歧,一时难以真正实现合并。设在美国的学校董事会于1918年12月决定聘请与学校没有关系的金陵神学院教授司徒雷登(John Leighton Stuart)为校长。1919年1月,司徒雷登赴京就任校长,并接受中华基督教协进会会长诚静怡博士的建议,学校以"燕京大学"命名,[①]且争得了原来两校的认可,燕京大学于当年得以正式成立。1920年,位于北京城的华北协和女子大学、华北协和神学院也并入燕京大学。新建的大学面临着校舍简陋、经费短缺、师资质低量少等一系列窘迫问题,司徒雷登集思广益,筚路蓝缕,竭力探索解决之道。1920年,司徒雷登从陕西督军陈树藩手里购得北京西郊原清代亲王的园林(淑春园)和相邻的原明代米万钟勺园故址,以之建造大学新

---

① [美]约翰·司徒雷登著,程宗家译:《在华五十年——司徒雷登回忆录》,北京出版社1982年版,第48页。

校园。1926年6月,北京西郊新校舍建成后,学校迁入新址,实行男女合校制。司徒雷登又设法多方筹集资金以改善教学设施,敦聘、组建高水平教师队伍,提高中国教师待遇,破天荒地实施中西籍教师薪水待遇平等制度(清末民国时期,大凡政府机关、公司企业、新式学堂聘请的洋员,在薪资上较华人雇员高出很多)。在司徒雷登的主持之下,十多年后,即20世纪30年代,燕京大学已成为一所校园环境优美、教学设施先进、师资阵容强大、学科实力强劲且富有特色的著名私立大学。在当时中国的十余所新教大学中,影响力无出其右者。

对燕京大学史的研究,最早的成果是美国学者艾德敷(Dwight W. Edwards)于1959年出版的《燕京大学》(Yenching University),但引用的文献有限,史实也过于简略,还谈不上真正的学术研究。鲁珍晞(卢茨)(Jessie G. Lutz)于1971年出版的《中国教会大学史(1850—1950)》(China and the Christian College, 1850—1950),在征引大量原始文献的基础上,对中国教会大学史进行了整体与专题相结合的研究,其中就包含了燕京大学史。魏思特(Philip West)于1976年出版的《燕京大学与中西关系》(Yenching University and Sino-Western Relations),从中西关系的视角对燕京大学史进行专题研究。哈里斯(Marjorie J. Harris)于1994年出版的《美国教会与中国现实:北京协和女子大学/燕京女子学院发展中跨文化影响的历史分析》(American Missions, Chinese Realities: An Historical Analysis of the Cross-Cultural Influences on the development of North China Union Women's College/Yen-Ching Women's College, 1905—1943),以燕京大学前身之一的北京协和女子大学(燕京女子学院)为个案,分析基督教文化与中国传统文化等跨文化互动对中国女子教育的影响。相较于美国学界,中国学界对燕京大学史及其人物的研究起步晚,但已明显后来居上。20世纪80年代,雷洁琼(燕京大学社会学系杰出校友)、傅愫冬、何迪等人在《光明日报》《社会》《美国研究参考资料》等杂志发表研究燕京大学社会学系、社会服务活动、司徒雷登与燕京大学等历史问题的文章,揭开了中国学界研究燕京大学史的序幕。燕京大学校友校史编写委员会编写《燕京大学史稿(1919—1952)》和陈远撰写《燕京大学(1919—1952)》两书叙述了燕京大学从创办到消失的历史。司徒雷登作为燕京大学首任校长,对学校创办贡献良多,中国学者对之研究着力较多,代表性成果有:史静寰在博士学位论文基础上出版的《狄考文与司徒雷登——西方新教传教士在华教育活动研究》,考察了近代来华传教士在华活动的教育专业化历程,郝平《无奈的结局——司徒雷登与中国》和邵玉铭《传教士·教育家·大使:司徒雷登与中美关系》对司徒雷登主持燕京大学的史实着墨甚多,罗义贤《司徒雷登与燕京大学》着重研究司徒雷登主持燕京大学的办学宗旨及其教学、研究、学生运动等办学思想与实践。20世纪80年代以来学界对燕京大学史的研究在一段时间里受到学界的重视,出现了一些重视关注的研究成果,但是重视的程度与研究的深度、广度,与其在近代中国教育史上的地位、社会影响相比,仍然不匹配。

在我指导的博士研究生中,先后有3位同学以燕京大学史为研究对象,颜芳是其中的一位,而且是最早研究的一位。颜芳于2005年跟随我攻读中国教育史专业硕士,硕士论文选题是研究燕京大学的乡村建设实验活动,2008年继续学业,先跟随著名学者王炳照先生攻读中国教育史专业博士学位,一年后因王先生不幸仙逝,遂转由我继续指导。经过讨论后,我们确定继续燕京大学史的研究,并且以燕京大学的国学教育为论题。20世纪20年代,中国社会兴起了一场声势浩大的非基督教运动和收回教育权运动,从而推动了北洋政府教育部和国民政府教育部相继颁布涉及教会学校世俗化、中国化的法令,"立案"条件不断提高。司徒雷登主持下的燕京大学对中国政府的法令、政策反应非常迅速、积极,曾于1926年11月和1927年12

月两次向北洋政府、国民政府申请立案,"表示接受教育部所作的一切有关规定",司徒雷登的态度如此明确,是因为他想"把学校最终办成为一所中国大学"。① 在此背景下,燕京大学在办学目标和实践上迅速而真正地迈向"中国化"之路。在"中国化"办学方针之下,燕京大学的国学教育和研究成为学校十分重要的办学特色,针对当时国内外学界对之研究尚未见到有系统、深入的研究成果,因而我们确定以之为博士学位论文选题。

史学研究要想有所创新和有意义,最基本的要素至少有两点:一是发现新史料,二是找到一个新的视角。原始的第一手史料对于史学研究的意义,正如近代客观主义史学大师兰克所言:"没有什么能帮助我们理解过去的历史,除了回到原始的第一手的史料上。"②燕京大学在数十年的办学实践中留下了浩繁的第一手史料,包括原始档案(主要存于北京大学档案馆、耶鲁大学神学院档案馆,北京市档案馆亦有少量档案)、当时的报刊资料、燕京大学出版物等,燕京大学管理者、教师、学生等校友的回忆资料等第二手资料也十分丰富。颜芳同学在博士期间时常去北京大学档案馆查阅所需档案资料,也通过网络下载电子化了的原存于耶鲁大学神学院的旧档案,从而使博士学位论文的研究建立在扎实的档案资料的基础上,论从史出。但是,史料本身无法说话,只有研究者分析大量的史料之后提出研究"问题",才能让史料发挥其应有的作用,即让史料"说话"。诚如年鉴学派大师费弗尔所说:"任何历史的开端和结束,都是'提出问题'。没有问题,就没有历史。""科学地"研究历史,包括提出问题和提出假说两种活动。③ 颜芳基于燕京大学的办学特色、历史文献,再结合当时

---

① [美]约翰·司徒雷登著,程宗家译:《在华五十年——司徒雷登回忆录》,北京出版社1982年版,第66页。
② [德]列奥波德·冯·兰克著,易兰译:《世界历史的秘密:关于历史艺术与历史科学的著作选》,复旦大学出版社2012年版,第328—329页。
③ [法]吕西安·费弗尔,高煜译:《为历史而战》,译林出版社2022年版,第24页。

学界研究的趋势,把燕京大学的国学教育置于中国近代学术从传统向现代转型的文化教育环境之中,即以"近代中国国学学术转型"为视角,研究燕京大学国学教育的历史背景、宏观理念、制度保障、课程体系、组织化和专业化等内容。论文思路清晰,层次分明,内容具体,观点平实,获得了匿名评审专家和答辩委员会的肯定,并被评为"优秀"等级。颜芳毕业后,一边工作,一边进一步研读相关史料,补充和完善论文。该书稿获得了浙江省哲学社会科学规划后期资助课题的出版资助,即将出版面世,我感到十分高兴。学术永无止境!希望颜芳以此为机,继续深化相关问题的学术研究,不断推出更新更好的研究成果。

是为序。

孙邦华

2023 年 11 月

目 录

导 论 …………………………………………………………… 1
  第一节 选题缘起与研究意义 ……………………………… 1
  第二节 文献综述 …………………………………………… 4
    一、关于国学和国学教育的研究 ………………………… 4
    二、关于燕京大学的研究 ………………………………… 13
  第三节 概念界定、研究方法与研究思路 ………………… 18
    一、概念界定 ……………………………………………… 18
    二、研究方法 ……………………………………………… 23
    三、研究思路 ……………………………………………… 25
第一章 燕京大学国学教育兴起的历史文化背景 …………… 26
  第一节 中国传统学术向近代学术转型 …………………… 26
    一、中国近代学术观念的转型 …………………………… 26
    二、中国近代学术体制的转型 …………………………… 32
    三、中国近代学术实践活动的转变 ……………………… 40
  第二节 非基督教运动与收回教育权运动的兴起 ………… 48
    一、巴顿调查团来华调查 ………………………………… 49
    二、非基督教运动与收回教育权运动 …………………… 50
  第三节 整理国故运动的兴起与发展 ……………………… 55
    一、清末民初的国粹思潮 ………………………………… 55

二、整理国故运动的兴起 …………………………………… 56
　小　结 ……………………………………………………………… 58
第二章　燕京大学国学教育的宏观指导理念 …………………………… 61
　第一节　司徒雷登的教育理念 …………………………………… 61
　　一、司徒雷登教育理念的形成 …………………………… 61
　　二、司徒雷登教育理念的内容 …………………………… 66
　第二节　吴雷川的教育理念 ……………………………………… 73
　　一、吴雷川教育理念的形成 ……………………………… 73
　　二、吴雷川教育理念的内容 ……………………………… 75
　小　结 ……………………………………………………………… 80
第三章　燕京大学国学教育的制度保障 ………………………………… 82
　第一节　行政管理制度 …………………………………………… 82
　　一、确立行政管理模式 …………………………………… 82
　　二、完善学科结构模式 …………………………………… 89
　第二节　教师聘任与管理制度 …………………………………… 94
　　一、制定教师聘任制度 …………………………………… 95
　　二、完善教师管理制度 …………………………………… 98
　第三节　学生管理制度 …………………………………………… 102
　　一、规范招生考试制度 …………………………………… 102
　　二、制定成绩考查制度 …………………………………… 110
　　三、建立学术奖励和资助制度 …………………………… 115
　第四节　图书管理制度 …………………………………………… 121
　小　结 ……………………………………………………………… 124
第四章　燕京大学国学教育的课程体系 ………………………………… 126
　第一节　普及性国学教育 ………………………………………… 126
　第二节　专业性国学教育 ………………………………………… 133
　　一、专修科 ………………………………………………… 133

二、本科 ………………………………………… 135
　　　三、研究院 ………………………………………… 207
　第三节　陶冶性国学教育 ………………………………… 212
　小　　结 ………………………………………………… 217
第五章　燕京大学国学教育的组织化和专业化 …………… 220
　第一节　新式学术组织的成立 …………………………… 220
　　　一、综合性学术组织的启动 ………………………… 220
　　　二、专业性学术组织的创设 ………………………… 236
　第二节　学术期刊的出版 ………………………………… 254
　　　一、综合性学术期刊的出版 ………………………… 254
　　　二、专业性学术期刊的发行 ………………………… 258
　第三节　学术研究活动的开展 …………………………… 269
　　　一、组织学术研讨会 ………………………………… 270
　　　二、举行学术演讲 …………………………………… 270
　　　三、开展实地考察活动 ……………………………… 273
　　　四、研究和出版工作 ………………………………… 275
　　　五、对外交流活动 …………………………………… 279
　小　　结 ………………………………………………… 282
结　语 ……………………………………………………… 284
　　　一、燕京大学国学教育的特点及其影响 …………… 284
　　　二、燕京大学国学教育的现实启示 ………………… 314

附　录 ……………………………………………………… 321
　《燕京大学国文名著选读》(上册)目录 ………………… 321
　《燕京大学国文名著选读》(下册)目录 ………………… 323
参考文献 …………………………………………………… 326
后　记 ……………………………………………………… 343

导　论

第一节　选题缘起与研究意义

我国传统学术的主体是儒学,注重不分科的"通人之学"。义理阐发和训诂考据是儒家治学的两大范式。近代以来,中国社会发生了翻天覆地的变化。随着民族危机的日益突出,以及西学传入中国,传统学术的局限性日益突出,不得不由"旧学"向"新学"转变。中国传统学术向现代学术转型,在学术制度、学术观念等方面均发生了重大变化,如新的学科分类体系的形成、学术研究方法与学术观念的变化等,对国学的内涵、研究方法和国学教育等均产生了影响。

"国学"一词古已有之。《周礼·春官宗伯·乐师》言:"乐师掌国学之政,以教国子小舞。"《礼记·学记》曰:"古之教者,家有塾,党有庠,术有序,国有学。"韩愈《窦公墓志铭》:"教诲于国学也,严以有理,扶善遏过。"可见,古代所谓"国学"主要指国家设立的学校。

近代以来"国学"的含义主要源自日本。江户时代中期日本思想界一部分人,如荷田春满等提倡对日本的古代典籍进行研究,反对崇拜中华文化,以探明本土固有的文化,遂有"国学"之称。明治维新后,日本推行欧化政策,导致社会出现彻底洋化的偏激倾向。1888年,三宅雪岭、志贺重昂等人成立政教社,鼓吹国粹思想,以求扭转偏向。中国近代学者的思想与日本国粹主义产生了共鸣,深刻意识到在欧化的大背景下,中国传统学术遭到了威胁。为了抗衡欧化,他们接受日本学者保存国粹的主张,借用"国学"和"国粹"的概念,试图通过提倡"国学"和"国粹",实现保存和发扬中国固有学术之目的。

屠仁守为国内第一次使用近代意义上国学概念的学者。[①] 他于1897年刊出的《孝感屠梅君侍御辨辟韩书》一文中提到:"昨读译《东华》杂志《汉学再兴论》,为之踌躇四顾,默愧之,滋畏之。以彼人士犹能言修身齐家,设立教育之当取法;犹知尊《论语》为纯然道义之书,并推存亡消息之理;谓国学勃兴,将压倒西学。我方靡焉欲步其后尘,彼乃皇然而思返古道;我方贬圣贤以遵西洋之善治,彼且稽经史而建东洋之政策。两册鳞次之间,自立也若彼,自屈也若此。"[②]这充分表明当时保守人士感受到西学对中国固有学术的巨大冲击,试图通过弘扬中国固有学术以与之抗衡的文化心态。受这种思想的影响,1902年,邓实、黄节等在上海创办《政艺通报》,宣传国学。1904年,邓实发表《国学保存论》,论述保存"国学"的重要性。次年,邓实、黄节、刘师培等在上海成立国学保存会,以"研究国学,保存国粹"为宗旨,出版《国粹学报》,撰稿人除了邓实、黄节,还有章炳麟、刘师培、陈去病、黄侃、马叙伦等。1906年,章炳麟在日本鼓吹反满革命,同时提倡研究国学。留日青年成立国学讲习会,请他讲授国学,鲁迅就是章炳麟的学生之一。此可谓近现代中国"国学热"发展的第一阶段。

新文化运动期间,随着各种西学思潮不断涌入中国,传统文化遭到了更为猛烈的撞击。自晚清以来思想界兴起的新旧学之争、中西

[①] 田正平、李成军:《近代"国学"概念出处考》,《华南师范大学学报(社会科学版)》2009年第2期,第75—80页。

[②] 屠仁守:《孝感屠梅君侍御辨辟韩书》,《时务报》(第30册),中华书局1991年版,第2051—2055页。

学之争、传统与现代之争,遂演化为一场影响深远的东西文化大论战。但随着民族主义思潮的发展,在文化保守主义者及新派人士"殊道同归"的推动下,国学再一次成为热学,同时还带来了一场持续数十年的"国学热",诞生了各色各样的国学教育与研究机构,如北京大学研究所国学门、清华大学国学研究院、无锡国学专修学校等。

与此同时,中国的私立大学也深受国学思潮的影响,加强国学教育和研究。燕京大学审时度势,主动向教育部申请立案,进行教学体制的改革,加强对中国传统文化的教育和研究,包括成立国学研究所,聘请著名国学专家学者到校任职,加大经费投入等,在国学教育领域取得了斐然的成就。本书主要以燕京大学为个案,分析在中国近代学术由传统到现代转型的时代背景中,燕京大学开展国学教育的宏观理念指导、制度保障、课程体系、组织化与专业化过程、特点、影响及现实启示等。

20世纪90年代,中国兴起了第三次"国学热"。在近代学术转型的视野下研究燕京大学国学教育,具有重要的理论意义和现实意义。这主要表现在:

第一,拓展高等教育史的研究领域。在以往高等教育史的研究中,学术界对中国现代大学制度的建立、大学校史研究、著名大学校长的教育思想和教育实践活动等已进行了较多的研究,硕果累累,但关于大学国学教育发展史的研究成果目前还不多见。晚清民初,西方学术思潮不断传入中国,国学饱受部分新派学者的批评,其地位岌岌可危,传统学术也不得不向现代学术转型。尽管如此,北京大学、清华大学、燕京大学、辅仁大学等依然在国学教育领域取得了一定成就,培养了众多杰出人才,如容庚、刘盼遂、启功、齐思和、谭其骧、周一良、侯仁之、林庚、陈梦家、徐中舒、陆侃如、姜亮夫、刘节、叶嘉莹等,出版《燕京学报》《华裔学志》等在国内外都有影响的学术杂志。因此,大学国学教育史值得进一步研究。

第二,为当代中国大学的国学教育提供借鉴价值。21世纪初,随着"国学热"的升温,高校以其自身的优势,成为新时期开展和推广国学教育的重要阵地。除了依靠文史哲等专业院系培养国学人才,北京大学、中国人民大学、武汉大学、厦门大学等著名高校创办了有关国学的综合性教学研究机构。2009年11月1日,清华大学国学研究院正式成立,力求秉承老清华国学研究院的精神,参与新时期以来清华文科的恢复振兴,把"清华国学研究院"办成具有世界影响的中国文化研究中心,为中国文化研究提供一流的国际化的平台。清华国学研究院重视推进高层次的研究交流,设立"梁启超讲座""王国维讲座""陈寅恪讲座",分别邀约哲、文、史诸领域的世界级学者,围绕特定的专题,来清华园进行较长时间的访问和讲演。[①] 新时期大学国学教育在培养国学人才方面取得了重要成就,但仍然存在许多亟须解决的问题,如国学课程设置和教学内容、师资聘任问题等。燕京大学在短短三十三年中培养了众多的国学人才,其开展国学教育的经验值得当代中国大学借鉴。

第二节 文献综述

一、关于国学和国学教育的研究

(一)国学研究文献综述

自近代意义上国学的概念产生后,国学先后历经晚清"国粹"思潮热、整理国故运动以及20世纪90年代以来的"国学热"三个发展阶段,国学研究也取得了众多学术成果。

---

① 《清华大学成立国学研究院》,https://www.tsinghua.org.cn/info/1012/2418.htm,2009-11-2。

从宏观角度看,研究国学的专著硕果累累,代表性的著作有民国时期章太炎、钱穆、马瀛分别著的《国学概论》,台湾学者朱维焕、龚鹏程分别著有《国学入门》,大陆学者刘韶军主编《国学基础教程》,张光兴与张劲松合著《国学概要——对国学的文化解读》等。其中章太炎、马瀛、龚鹏程等撰写的著作对国学的概念、内容以及研究国学的方法等问题阐述己见;而钱穆的用意则在于通过阐发每一时代学术思想的主要潮流,"使学者得识二千年来本国学术思想界流转变迁之大势,以培养其适应启新的机运之能力"①。张光兴、张劲松则从文化的视角对国学进行解读,分别论述国学与哲学文化、制度文化、道德伦理文化的关系,从古代诗歌、散文、戏曲、小说、书法、绘画的角度解读国学之美。② 总之,自近代意义上国学的概念产生后,学术界对国学的含义、分类、意义,治国学的态度和方法等问题的看法则仁者见仁,智者见智。

第一,关于国学的概念。自晚清开始,学术界对国学的理解就多种多样,由罗志田的著作《国家与学术:清季民初关于"国学"的思想论争》③可见一斑。时至今日,人们对国学的认识仍未统一。邓实、胡适、曹伯韩和刘韶军等学者基本认同"国学乃西学输入中国以前中国原有学术"的观点,强调国学的内容不同于西学。詹杭伦、曹胜高等则强调国学是采用现代和传统学术方法对中国传统学术的研究。实际上,国学若要在现代社会发挥作用,不仅要了解中国传统学术的内容,还应该对中国传统学术进行研究(尤其是专业学者更应如此),因此研究者应该对国学的含义有较全面的了解,国学不仅是西学输入中国以前中国原有的学术,更是采用现代学术方法对中国传统学术

---

① 钱穆:《国学概论・弁言》,商务印书馆1997年版。
② 张光兴、张劲松:《国学概要——对国学的文化解读》,科学出版社2009年版。
③ 罗志田:《国家与学术:清季民初关于"国学"的思想论争》,生活・读书・新知三联书店2003年版。

进行研究的一门学问。

第二,关于国学的分类和分科问题。学术界一般都认同国学包括经史子集的分类分法。1906年,章太炎在日本主编同盟会的机关报《民报》,刊登《国学振兴社广告》,国学讲授内容包括诸子学、文史学、制度学、内典学、宋明理学、中国历史。黄筱兰、张景博认为国学的分类包括经学、小学、史学、子学、文学等。[①] 张岱年提出"国学"应包括哲学、史学、文学、政治经济学、科技之学五大类。[②] 这里的"政治经济学",不是西方古典的或马克思主义同样名称的学科,而是约同于古代所说的政事和经世济民之学。可见,学术界关于国学分科的意见林林总总,不一而足,但大都主张对国学加以分科研究。

国学还面临身份认同的问题,即国学作为一个学科能否成立的问题。曹伯韩认为:"中国学术向来无所谓分科的,一般儒者都是以万能博士自命,他们常说'一物不知,儒者之耻',所以那些学者的全集里面,也有诗词歌赋的文学作品,也有评论史事的论文,也有代圣贤立言的经书注疏,可说对整个学术范围内的各方面都有所贡献。但就个人的才性及用力的浅深说,本来不能不有所偏至;所以一些有名的学人仍然只能以一种专长著名,如朱熹以理学著名,李白以诗著名,人们决不会指朱熹为诗人,指李白为理学家。所以事实上,国学仍然是分了部门的。"[③]陈来则认为国学确实是一门学科,理由是西方的汉学有一个学科的框架,在大学被作为一个独立完整的学科来对待、来建制;人类的学术发展在不断发展摸索,在不断变换角度,反映在学科上就是有分有合,中国的学问是沟通的,需要整合,不能囿于科系划分这些传统的做法。朱汉民认为中国的传统学术是一个整

---

① 黄筱兰、张景博编著:《国学问答》,中央编译出版社2017年版。
② 张岱年:《如何研究国学》,《文史哲》1994年第3期,第32—33页。
③ 曹伯韩:《国学常识》,生活·读书·新知三联书店2008年版,第5页。

体,建立国学学科可弥补文史哲分科之缺陷。[1] 干春松则认为国学学科化不是解决学科分割和意义系统丧失的有效途径,因为将边界不明的国学引入到学科体制的讨论,或者作为现行学科的一种纠偏机制,效果可能适得其反;如果一定要为禁锢于学科局限的古典研究寻找一种补偿机制,那么已经有悠久历史的"古典学"可能是最为合适的学科方案。[2]

第三,关于国学的功能和意义。钱基博认为:"'国学'之一名词,质言其义曰'国性之自觉'云尔!"所谓"国性的自觉"有两层意思,"第一层意思,就是我们学了国学,我们可以觉到,这个国家和我们的关系,不仅是法律、政治等等能够保障我们生命财产一切权利;并且他的历史、他的文化,也很够惹我们的系恋,发生一种固结不解的爱。……第二,我们觉得中国数千年文化,古色古香,自然来得可爱!然而我们也要觉到中国的文化,经了数千年,好比一面古镜,搁了岁月,也许尘封生翳,当得加以磨拭,才能光可鉴人;万勿把镜面上封了的尘,就当他镜面看,忍不得磨拭;那就千年尘封,愈古愈黯淡!"[3] 马瀛认为研究国学可以表现民族精神、整理先民遗产、破除新旧界限和沟通东西文化。[4] 曹胜高[5]、袁行霈[6]、梁涛[7]等也均强调国学对承传中华民族优秀传统文化的重要作用。可见,研究国学既具有学术的意义,也具有现实的意义,尤其对传承中华民族优秀传统文化具有重要意义。

---

[1] 朱汉民:《国学是一门学科》,http://www.aisixiang.com/data/132884.html,2022-4-20。
[2] 干春松:《"国学":国家认同与学科反思》,《中国社会科学》2009年第3期,第52—61页。
[3] 钱基博著,傅宏星编:《大家国学·钱基博》,天津人民出版社2008年版,第3—4页。
[4] 马瀛著:《国学概论》,中央编译出版社2009年版。
[5] 曹胜高编著:《国学通论》,北京大学出版社2008年版,第11—14页。
[6] 袁行霈:《国学的当代形态与当代意义》,《北京大学学报(哲学社会科学版)》2008年第1期,第42—47页。
[7] 梁涛:《国学:传承传统文化的大学问》,《北京航空航天大学学报(社会科学版)》2020年第1期,第29—33页。

第四,关于治国学的方法和态度。梁启超、章太炎、胡适、顾颉刚、马瀛等近现代学者一般都较认同用客观的科学方法和态度来研究国学,如胡适主张采取评判的态度研究国学,具体说来,一是反对盲从,二是反对调和,三是主张整理国故;①章太炎提出治国学的方法有辨书籍的真伪、通小学、明地理、知古今人情变迁、辨文学应用;②马瀛指出研究国学的方法有观察、会通、怀疑、辨伪、明诬、勘误、归纳、比较、分类、整理、辑补、统计、调查、发掘、评判等,研究国学的工具有文字学、音韵学、训诂学、章句学、版本学、文法学、言语学、考据学、目录学等③。但是,国学具有其特殊性,梁启超强调还要用内省和躬行的方法研究国学。④ 钱基博认为治国学的方法是"博学于文,约之以礼",主张以人文主义的态度对待国学,"'人文主义'者,以为国学之大用,在究明'人之所以为人之道',而以名物考据为琐碎"⑤。李庆本对梁启超的观点进行评价,认为这种治学态度与治学方法对于中国文化的延续与发展起到了积极的作用,但也有弊端。他主张以客观求实的态度研究国学,在尊重事实的前提下提倡方法的多元化,包括采用自然科学的方法。⑥

此外,学术界对北京大学研究所国学门、清华大学国学研究院、齐鲁大学国学研究所、厦门大学国学研究院等著名国学研究机构及其相关杂志进行了研究。罗志田指出虽然在民初趋新学者的认知中,20世纪20年代的国学机构有三类,即赛先生的"国学"、冬烘先生的"国学"和神怪先生的"国学",分别以北京大学国学研究所、无锡国学专修馆和上海同善社的国学专修馆为代表,但当时还有一些较难

---

① 曹伯韩:《国学常识》,生活·读书·新知三联书店2008年版,第13页。
② 章太炎:《国学概论》,江苏人民出版社2019年版。
③ 马瀛著:《国学概论》,中央编译出版社2009年版。
④ 梁启超:《梁启超讲国学》,金城出版社2008年版,第191页。
⑤ 钱基博著,傅宏星编:《大家国学·钱基博》,天津人民出版社2008年版,第24页。
⑥ 李庆本:《国学研究中知识与价值二元论》,《中国文化研究》1998年第2期,第18—20页。

纳入这三类的国学机构,比如东南大学的国学研究院就与北大国学研究所异中有同,而更年少的新人物甚至连北大派国学也不予承认,"国学"一名最后不得不在反对声中逐渐淡出思想和学术的主流。①陈以爱指出现代学术机构的建立对学术成长是一巨大助力,她把北大研究所国学门的创办放在现代学术研究机构在中国兴起的历史脉络中加以考察,通过阐述国学在此机构中的发展动向,以及国学门与整理国故运动的关系,来说明现代学术体制出现后对学术发展的影响。②

综上所述,学术界从宏观和微观角度对国学的概念、内容、研究方法,国学研究机构等问题已进行了诸多研究,但系统梳理百年来国学发展历程的著作却甚少,国学还有诸多领域值得进一步研究。

(二)国学教育研究综述

20世纪90年代以来,随着"国学热"的升温,国学教育研究硕果累累,当前国学教育研究关注的主要内容如下:

第一,国学教育的概念。学术界对于国学概念没有统一的界定,因此对国学教育的理解也有所不同。范涌峰把国学分为广义的国学和狭义的国学,广义的国学指的是中国传统学术文化的总和;而狭义的国学主要是指意识形态层面的传统思想文化,它是国学的核心与精髓。据此,他认为国学教育是指以中国传统思想文化为核心内容,以培养人们的传统文化素养、人文精神、民族意识以及健全人格为主要目标的教育。③ 况晓慢、司学红则认为国学是在中华民族历史发展中形成的,以儒家思想为主要内涵,具有中国特色的思想文化和学术

---

① 罗志田:《难以区分的新旧:民初国学派别的异与同》,《四川大学学报(哲学社会科学版)》2001年第6期,第99—107页。
② 陈以爱:《中国现代学术研究机构的兴起——以北大研究所国学门为中心的探讨》,江西教育出版社2002年版。
③ 范涌峰:《国学教育的理性探究》,《太原师范学院学报(社会科学版)》2008年第6期,第141—143页。

体系;国学教育可以界定为:以国学为核心内容的,旨在传承中华民族思想、文化和学术传统,培养民族意识和民族精神的教育。①

第二,国学教育的特点和类型。梁涛主张国学教育的特点是注重经典研读,主张知识与价值并重,是大学人文教育的有效载体,其效用不仅限于人文学科的专业培养,而且对当代大学教育中与文化传承、人格涵育等相关的人文通识教育具有积极的辐射作用。② 赵淑梅认为大学国学教育可以划分为专业型国学教育、普及型国学教育和陶冶型国学教育三种类型。专业型国学教育重点培养从事国学研究与教育工作的专业型人才;普及型国学教育指高等院校可针对自身实际情况开展相应的国学教育,其目的是提高大学生的国学素养、民族意识、人文素质和道德素质,为其专业学习奠定文化基础;陶冶型国学教育指大学应该注重营造良好的文化环境,让学生每时每刻能感受到国学的魅力。③

第三,国学教育的作用和实施策略。郭齐勇、赵淑梅、骆兵等学者非常强调大学国学教育的重要性,并就如何开展大学的国学教育提出建议。郭齐勇认为国学教育对取得全社会普遍的族群认同与伦理共识、和谐社会的建构与可持续发展等非常重要;要想办好大学的国学教育,全社会应当重视对幼儿和中小学生加强中华民族人文知识与人文精神的教育;大学国学教育自身的课程体系存在缺陷,一定要改变概论(原理)加通史(专史)的模式,使之变成以研读中外古今之原著经典为主的方式。④ 侯秋月认为国学教育在目的与内容上与大学生社会主义核心价值观培育相契合,是大学生社会主义核心价

---

① 况晓慢、司学红:《开展国学教育 提升大学生文化素质》,《河北大学成人教育学院学报》2008年第1期,第68—69页。
② 梁涛:《国学:传承传统文化的大学问》,《北京航空航天大学学报(社会科学版)》2020年第1期,第29—33页。
③ 赵淑梅:《大学国学教育类型浅探》,《江苏高教》2008年第3期,第152—153页。
④ 郭齐勇:《浅谈大学人文教育、国学教育的课程设置》,《读书》2006年第4期,第19—25页。

值观培育的有效载体,主张以国学教育促进大学生社会主义核心价值观培育。① 冯浩、蒋希主张迈向优质国学教育,要从以下几个方面协调推进:把传统融入现代,构建国学教育体系;依托现代大学,重视国学研究;扎根基础教育,深化课程改革;政策引导实践,法制规范行为。② 常进、罗旭主张优化高校国学教育的文化氛围,全方位提高师资水平,建设涵盖教学考用的高校国学教育内容体系和更具影响力的高校国学教育平台。③

第四,国学教育存在的问题。赵淑梅认为大学国学教育存在的主要问题是高校基本处于各自为政的状态,国学学位难设立,专业教师难觅,课程资源匮乏。产生这些问题的原因有:对国学教育的价值缺少科学认识;大学生的功利成才观阻碍国学教育的开展;对国学教育的开展缺少政策支持和深入研究等。④ 冯浩、蒋希认为近年国学教育存在五大误区,即教育模式商业化、教育内容狭窄化、教学方法简单化、教育活动表面化、传递糟粕隐匿化。⑤ 常进、罗旭认为当前国内高校国学教育存有氛围"虚热"、教育师资断层影响较大、教育内容体系面临双重困境、国学教育平台权威性有待提高等问题。⑥ 可见,国学教育存在教师聘任、课程设置等方面的困难,这已成为部分学者的共识。

第五,近现代国学教育发展史。熊贤君认为20世纪30年代,中国教育界悄然掀起了一场国学教育运动,他们通过成立国学教育机构、开展国学研究、中学教育渗透国学、中小学读经等方式推进国学

---

① 侯秋月:《国学教育:大学生社会主义核心价值观培育的有效载体》,《中国高等教育》2020年第19期,第33页。
② 冯浩、蒋希:《国学教育误区的审视与规避》,《教育评论》2017年第7期,第37—40页。
③ 常进、罗旭:《国际比较视域下高校国学教育的创新发展战略》,《江淮论坛》2018年第1期,第184—188页。
④ 赵淑梅:《大学国学教育的现实解读》,《现代教育科学》2008年第6期,第84—87页。
⑤ 冯浩、蒋希:《国学教育误区的审视与规避》,《教育评论》2017年第7期,第37—38页。
⑥ 常进、罗旭:《国际比较视域下高校国学教育的创新发展战略》,《江淮论坛》2018年第1期,第184—188页。

教育。① 他还指出国学教育运动的形成与国家命运紧密相连,是现代中国知识分子目睹国难日深,为救亡图存,探索以国学为代表的中国文化如何发展做出庄严而沉重的选择。② 赵新华分析了清末民国国文课程中的国学教育,认为清末民初时期,现代国文科成立,国人具有保持国粹意识的自觉;国语运动时期,国文课程重视推广国语,勿忘国故;南京国民政府时期,国文课程强调了解固有文化,强化国学教育。③ 李成军著《近代国学教育思想研究》以传统文化与现代化的关系为视角,系统梳理了中国近代国学教育思想的发展。④ 此外,还有学者对大学国学教育史或著名国学大师的国学教育思想进行研究,如何建明考察了陈垣对辅仁大学的国学教育与人才培养所做出的贡献⑤;孙邦华分析了辅仁大学的国学教育,指出辅仁大学实施通专并重的人才培养模式,特点是重视国文教育、注重学生国学科研能力和方法的教育⑥;吴湉南通过探讨无锡国学专修学校的办学宗旨、过程、经费筹集、课程设置、师资力量、教学方法、管理模式和国学研究成果等,对无锡国专国学教育的得失及其地位作出理论上的分析⑦;朱俊瑞⑧、郭军⑨等分别对梁启超、章太炎的国学教育思想进行了研究。

---

① 熊贤君:《民国时期的国学教育及价值解读》,《民国档案》2006年第1期,第99—104页。
② 熊贤君:《现代中国国学教育运动形成原因破译》,《华东师范大学学报(教育科学版)》2006年第1期,第76—83页。
③ 赵新华:《清末民国时期国文课程中的国学教育》,《语文建设》2017年第7期,第60—63页。
④ 李成军:《近代国学教育思想研究》,复旦大学出版社2014年版。
⑤ 何建明:《陈垣与辅仁大学的国学教育》,《华中师范大学学报(哲社版)》1996年第2期,第67—71页。
⑥ 孙邦华:《试论北京辅仁大学的国学教育》,《北京社会科学》2005年第4期,第97—103页。
⑦ 吴湉南:《无锡国专与现代国学教育》,华东师范大学博士学位论文,2006年;安徽教育出版社2010年版。
⑧ 朱俊瑞:《梁启超国学教育思想研究》,浙江大学博士后报告,2006年。
⑨ 郭军:《章太炎"国粹"教育思想探析》,西北师范大学硕士学位论文,2006年。

综上所述,学术界虽已对国学教育的含义、特点、意义等问题进行了一定程度的研究,但对国学教育研究还存在一些问题,表现在:第一,对国学教育研究的关注程度不够,发表在核心期刊的文章数量较少。在中国知网学术期刊库,以"国学"为篇名进行搜索,时间不限,可以搜索到4712篇文章(于2021年10月28日搜索),搜索结果不可避免存在一些论文题目中有"国学"两个字但并不具有"国学"含义的情况,即使去除这些文章,关于"国学"的研究论文数量也非常多,其中有不少文章发表在核心期刊上。但是,以"国学教育"为题名在中国知网学术期刊库进行搜索,仅搜索到556篇文章。国学在现代中国的传承和发展离不开国学教育,因此学术界应该更加重视对国学教育的研究。第二,已有研究多为分散和局部性的研究。目前学者多采用论文的形式发表有关国学教育的研究成果,系统深入研究国学教育理论和实践问题的学术成果较少。第三,已有研究多集中于探讨国学教育的概念、功能、实施措施或对个别学校国学教育实施现状的调查等问题,缺少创新性研究或理论层次较高的研究。第四,国学教育史研究还有待加强。20世纪上半叶中国出现了两次"国学热",学术界对当时的国学已进行较多研究,如罗志田著《国家与学术:清季民初关于"国学"的思想论争》、桑兵著《晚清民国的国学研究》等,但关于国学教育研究有影响的学术成果目前还不多,大学国学教育史、国学大师的国学教育思想等问题都有待于进一步深入细致地研究。

二、关于燕京大学的研究

燕京大学是20世纪上半叶我国一所著名的私立大学,随着学术界对大学史研究的日益重视,对燕京大学的研究也取得了丰硕的成果。

首先,学术界非常重视对燕京大学的史料收集。1982年台北南京出版有限公司出版《学府纪闻·私立燕京大学》一书,书中各篇文章都是由燕大校友撰写,内容丰富,包括燕大的简史及沿革、师友的故事、燕园生活记往等。[1] 燕大文史资料编委会先后编辑出版 10 辑《燕大文史资料》,主要着重于燕大校友对燕大各系科、师长、同窗长幼、校园生活、学生运动等的回忆与介绍。[2] 燕京大学校友校史编写委员会编写了《燕京大学史稿》一书,包括燕京大学历史概述、各院系介绍、燕京人、燕京大学大事记等内容。[3] 为了介绍燕京校友的风貌,表彰他们的业绩、慰藉他们的心灵,也为了展示一些罕见的材料,弘扬燕京办学经验,燕京研究院编《燕京大学人物志》,书中介绍一部分燕大校友的人生事迹。[4] 另外还有大量关于燕大教师或学生的人物传记、回忆录或纪念文集等,包括陈毓贤著《洪业传》[5]、侯仁之著《我从燕京大学来》[6]、《邓之诚学术纪念文集》[7]、《王钟翰学述》[8]等等,这些资料为我们对燕京大学进行研究奠定了基础。

其次,学术界对燕京大学进行了一些具体研究。如《中华民国大学志》中有一章专门介绍燕京大学,作者翁飴雨介绍了燕京大学创始的过程、院系设置等学校概况,并指出学校具有三个特色:自由研究与平均发展,特长学科造就新材为社会致用,我国文化对外之发扬与国际间学术之沟通。[9] 美国学者艾德敷著《燕京大学》、顾长声著《传教士与近代中国》、谭双泉著《教会大学在近现代中国》都对燕京大学进行专门介绍,介绍了燕京大学的创办过程,以及校长司徒雷登的办

---

[1] 董鼐:《学府纪闻·私立燕京大学》,台北南京出版有限公司 1982 年版。
[2] 燕大文史资料编委会:《燕大文史资料(1—10 辑)》,北京大学出版社 1988—1997 年出版。
[3] 燕京大学校友校史编写委员会编:《燕京大学史稿》,人民中国出版社 1999 年版。
[4] 燕京研究院编:《燕京大学人物志》,北京大学出版社,第 1 辑 2001 年,第 2 辑 2002 年。
[5] [美]陈毓贤:《洪业传》,北京大学出版社 1996 年版。
[6] 侯仁之:《我从燕京大学来》,生活·读书·新知三联书店 2009 年版。
[7] 邓珂编:《邓之诚学术纪念文集》,北京大学出版社 1991 年版。
[8] 王钟翰著,诸同学整理:《王钟翰学述》,浙江人民出版社 1999 年版。
[9] 张其昀等著:《中华民国大学志》,中华文化出版事业委员会 1954 年版,第 359—366 页。

学方针、措施、延聘教师、课程设置、学生运动等。美国学者魏思特（Philip West）以燕大为个案，探讨西方文化进入中国后所造成的影响、基督教文化与中国儒家传统文化的对峙、西方宣教团体如何在中国工作等问题。① 陈远著《燕京大学1919—1952》，从中西方文明冲突的角度入手，描述了燕京大学这一外来文明的象征，随着中外政局的动荡不断调适，在持续本土化的过程中逐渐融入中国的历程。② 史静寰在《狄考文与司徒雷登——西方新教传教士在华教育活动研究》一书的第五章介绍司徒雷登与燕京大学的建立，第六至九章从燕大的办学宗旨看司徒雷登的教育思想，指出燕大具有宗教性、学术性、中国化、国际性的特点。③ 罗义贤著的《司徒雷登与燕京大学》一书论述了司徒雷登与燕大的创立、办学宗旨、教学研究、学生的关系，较全面地分析了司徒雷登与燕京大学的关系。④ 有些学者还对燕京大学的校长、校务长司徒雷登进行专门研究，如李跃森著《司徒雷登传》、郝平著《无奈的结局——司徒雷登与中国》，这些著作有助于理解燕京大学的办学方针、课程设置等。此外，学术界还发表了不少研究燕京大学的论文，如徐以骅的《双峰对峙——燕京大学宗教学院与金陵神学院之比较》⑤、田正平和刘保兄撰《消极应对与主动调适——圣约翰大学与燕京大学发展方针之比较》⑥等。

学术界目前针对燕京大学国学教育的相关研究主要包括以下几个方面：

---

① Philip West: *Yenching University and Sino-Western Relations*, Cambridge, Harvard University Press, 1976.
② 陈远：《燕京大学1919—1952》，浙江人民出版社2013年版。
③ 史静寰：《狄考文与司徒雷登》，珠海出版社1999年版，第187—269页。
④ 罗义贤：《司徒雷登与燕京大学》，贵州人民出版社2005年版。
⑤ 徐以骅：《双峰对峙——燕京大学宗教学院与金陵神学院之比较》，《复旦学报（社会科学版）》2002年第2期，第89—94页。
⑥ 田正平、刘保兄：《消极应对与主动调适——圣约翰大学与燕京大学发展方针之比较》，《高等教育研究》2006年第4期，第90—95页。

第一,对哈佛燕京学社的研究。哈佛燕京学社是哈佛大学和燕京大学于1928年联合建立的,是民国时期对中美文化交流贡献最大的学术机构之一,对燕京大学国学教育的开展做出了重要贡献。较早撰文对哈佛燕京学社进行介绍的是曾于1947—1950年间担任哈佛燕京学社副社长兼北平办事处总干事的陈观胜,他在《哈佛燕京学社与燕京大学之关系》一文中介绍学社成立的经过及其展开的各项学术活动,重点叙述学社在中国培养人才、出版学术刊物和对图书资料的收集,使人们对哈佛燕京学社在中国的情况有了一个比较直面的认识。[①] 王钟翰对哈佛燕京学社与引得编纂处有过撰述,叙述二者关系并重点介绍学社的机构和引得编纂处编纂索引的程序。[②] 20世纪80年代末期张寄谦对该学社的情况进行比较深入的讨论,他在《哈佛燕京学社》一文中对学社成立的经过、哈佛大学与燕京大学的合作关系、学社的机构设置等问题展开研究,引起学界的瞩目。[③] 朱积孝、张何清等也对哈佛燕京学社引得编纂处进行了研究,评述了引得编纂处的建立、著述活动、特点,以及其所采用的引得编纂法。[④] 樊书华研究哈佛燕京学社十余年,出版《文化工程:哈佛燕京学社与中国人文学科的再建(1924—1951)》一书,主要以哈佛燕京学社为案例,探讨美国如何将西方人文学术移植到中国,在美国国内从事有关

[①] 陈观胜著,熊大绛译:《哈佛燕京学社与燕京大学之关系》,燕大文史资料编委会编:《燕大文史资料》(第三辑),北京大学出版社1990年版,第8页。

[②] 王钟翰:《哈佛燕京学社与引得编纂处》,燕大文史资料编委会编:《燕大文史资料》(第三辑),北京大学出版社1990年版,第22页。

[③] 张寄谦:《哈佛燕京学社》,收录于章开沅、[美]林蔚主编:《中西文化与教会大学》,湖北教育出版社1991年版。

[④] 朱积孝:《试论哈佛燕京学社引得编纂处的著述活动与引得编纂法》,《新世纪图书馆》1985年第4期,第16—18页;朱积孝:《哈佛燕京学社所编六十四种引得评述(一)》,《图书馆学研究》1985年第6期,第77—79页;朱积孝:《哈佛燕京学社所编六十四种引得评述(二)》,《图书馆学研究》1986年第1期,第97—101页;张何清:《哈佛燕京学社引得编纂处及其所编引得分析》,《河南图书馆学刊》1991年第2期,第45—49页。

中国的知识生产。① 李春博在总结哈佛燕京学社研究现状的基础上，对洪业主持的索引编纂事业加以概述，认为哈佛燕京学社的工作对于民国时期索引编纂的科学化有着重要影响。②

第二，对燕京大学历史系、国文学系等文科院系的研究。查时杰在《私立基督教燕京大学历史系所初探》一文中从名师大家、哈佛燕京学社等角度探讨燕大历史系的发展及其在国际汉学界的领导地位。③ 陈建守在其硕士学位论文中以燕京大学的史学研究活动为起点，采取结合燕大内部学术刊物登载文稿所释放的学术讯息，以及外在政治、学术环境的变迁所造成的影响两种研究面向，把学术研究的外部环境纳入考察视野，重视外在文化机制（包括学术建制）对学术发展的影响，揭示出学术文化演进的现象和原因所在。④ 石增银从组建背景、机构建制、实践活动、治史成绩和风格等角度研究了燕京大学历史学会，反映、呈现了历史学会的基本面貌，并分析其制度建设和运转体制的特征，探讨其在学术上取得突出成就的原因，以为今日史学进步之殷鉴。⑤ 张惠思从几则燕京大学师生的杂忆来看当时的文学教授群在校际高流动性下的"出现"、上课的情形以及学生在写作与互动之间所构成的别具味道的文学图景。⑥ 齐世荣曾在燕大历史系就读，他追记了邓之诚、齐思和、翁独健、贝德等几位老师的事迹。⑦ 王翠艳

---

① 樊书华著，方堃杨译：《文化工程：哈佛燕京学社与中国人文学科的再建（1924—1951）》，北京大学出版社2017年版。
② 李春博：《哈佛燕京学社与民国时期的索引编纂》，《中国索引》2006年第2期，第60—62页。
③ 查时杰：《私立基督教燕京大学历史系所初探》，《台大历史学报》1996年第20期，第631—632页。
④ 陈建守：《燕京大学与现代中国史学发展（1919—1952）》，台湾师范大学硕士学位论文，2007年。
⑤ 石增银：《燕京大学历史学会初探》，华东师范大学硕士学位论文，2006年。
⑥ 张惠思：《燕大师生杂忆与文学气氛》，《云梦学刊》2009年第5期，第33—36页。
⑦ 齐世荣：《记20世纪40年代中期燕京大学历史系的几位教授》，《首都师范大学学报（社会科学版）》2015年第2期，第1—4页。

著《燕京大学与"五四"新文学》从校风状况、课程建设、师资构成、校园刊物及学生创作与主流文学社团的关系等角度,对燕京大学与中国新文学的关系进行了细致的梳理和揭示。①

第三,从整体上对燕京大学的国学教育进行研究。陶飞亚、吴梓明所著《基督教大学与国学研究》一书的研究对象主要包括13所新教大学和天主教会的辅仁大学,讨论内容限定于教会大学对国学的教学和研究。在第四章从燕京大学的领导人物、哈佛燕京学社、国学教师、学生毕业论文、出版物等方面分析评论燕京大学的国学教育与研究。②

综上所述,学术界关于燕京大学的研究已取得了不少成果,研究内容涉及燕京大学的教学、科研、社会服务诸方面,研究视角包括教育学、历史学、社会学、文学等。然而,目前从宏观角度系统研究燕京大学国学教育的成果还不多见,在微观研究方面学术界较重视对燕京大学历史系、哈佛燕京学社的研究,但对燕大国文学系、哲学系等院系的研究成果较少。在中国近代学术转型、国学地位降低的历史背景下,燕京大学在国学教育方面依然取得杰出成就,享誉中外,因此有必要对燕京大学国学教育进行深入研究。

第三节 概念界定、研究方法与研究思路

一、概念界定

金岳霖认为:"概念明确,是正确思维的首要条件。没有明确的概念,就不会有恰当的判断,就不会有合乎逻辑的推理和论证。"③笔

---

① 王翠艳:《燕京大学与"五四"新文学》,文化艺术出版社 2015 年版。
② 陶飞亚、吴梓明:《基督教大学与国学研究》,福建教育出版社 1998 年版。
③ 金岳霖:《形式逻辑》,人民出版社 1979 年版,第 24 页。

者在借鉴前人研究成果的基础上,对学术转型、国学、国学教育、通识教育的概念进行了界定。

(一)学术转型

朱维焕认为所谓"学术",乃相应环绕于人生之诸问题,以探讨其原理、原则,并寻求解决之方法;就此探求而得之原理、原则,以及解决之方法,所成就之理论系统,称为"学术"[①]。笔者在此基础上,认为学术是人们通过探讨研究人生、社会中的诸种问题而获得的若干系统的理论,这一理论不仅包括对问题的理性认知,还包括解决问题的方法。学术转型是学术界根据新的时代精神,在新观念的指导下,运用新的研究方法,从已有学术形态转而去探索建立新的学术形态。

中国传统学术有其固有形态和独特的运行机制,并产生了令人瞩目的成就。但近代鸦片战争以后,中国被迫打开国门,西学也传入中国,中国传统社会逐渐向近代社会转型。与此相适应,中国学术文化亦发生重大转型,即从传统学术向近代学术转型。陈平原教授认为中国学术的现代转型是"戊戌与五四两代学人的共谋"之果,将转型的上限确定在戊戌时期,下限锁定在1927年左右。[②] 刘梦溪认为中国现代学术发端于晚清,确立于五四时期。[③] 左玉河认为:"中国现代学术之最终确立是在五四之后,特别是五四后的整理国故过程中,但它的发轫和初步确立,则是在晚清时期。"[④] 黄兴涛、胡文生认为中国现代学术的转型"不仅可以追溯到鸦片战争时期,甚至可以溯源到明末清初西学东渐萌生之时。然而,作为一种'型变',一种整体性的

[①] 朱维焕:《国学入门》,中国人民大学出版社2005年版,第1页。
[②] 陈平原:《中国现代学术之建立——以章太炎、胡适之为中心》,北京大学出版社1998年版,第6页。
[③] 刘梦溪:《中国现代学术经典·总序》,河北教育出版社1997年版,第49—50页。
[④] 左玉河:《从四部之学到七科之学——学术分科与近代中国知识系统之创建》,上海书店出版社2004年版,第1页。

变革,我们认为它当是萌发于戊戌维新时期的"[1]。笔者认为,中国近代学术的转型发端于晚清,历经辛亥革命、新文化运动,传统学术一步步向现代学术转型,在南京国民政府颁布《大学令》及相关教育法案后,中国现代学术初步确立。

对近代中国学术转型问题,有不同的研究视角及方法。大致说来,目前学术界流行着三种研究框架:一是学术范式说;二是学术理路说;三是学术形态说。所谓学术范式说,就是根据库恩的"范式"理论,将中国传统学术向近代学术转型,视为"范式"之转移,陈平原、朱汉国等学者持这种观点。余英时提出并阐述学术理路说,强调中国学术自身的演化能力和发展路向,但相对忽视了外力、西学对近代中国学术转型的冲击力等问题。左玉河认为中国近代学术转型是学术"形态"的转变,即立体上的"面"之总体转变。他认为中国学术的发展演变,主要体现在两个方面:一是思想层面的演变,二是制度层面的发展;具体到近代中国学术转型,则不仅体现在学术思想本身的转型,而且体现在学术思想赖以产生和发展的学术制度之转型。[2]

周洪宇认为教育史学的研究对象不仅包括教育思想史和教育制度史,而且应该包括教育活动史。[3] 受此观点影响,笔者认为中国近代学术的转型不仅包括学术观念和学术制度的转型,而且包括学术实践活动的改变,三者密不可分,互相影响。

(二)国学

"国学"一词在人们交谈的过程中不断地被提到,其意义已是人人皆知,家喻户晓。但是,日常语言中的词常常是模棱两可的,如果

---

[1] 黄兴涛、胡文生:《论戊戌维新时期中国学术现代转型的整体萌发——兼谈清末民初学术转型的内涵和动力问题》,收录于复旦大学历史学系、复旦大学中外现代化进程研究中心编:《中国现代学科的形成》,上海古籍出版社2007年版,第177页。

[2] 左玉河:《中国近代学术体制之创建》,四川人民出版社2008年版,第6—7页。

[3] 周洪宇:《对教育史学若干基本问题的看法》,《河北师范大学学报(教育科学版)》2009年第1期,第5—16页。

不给这些词作详细说明,就可能陷于混乱之中。因此,首先应清晰界定"国学"的概念。

邓实认为:"国学者何?一国所自有之学也。有地而人生其上,因以成国焉。有其国者有其学。学也者,学其一国之学以为国用,而自治其一国者也。"[①]胡适认为:"中国的一切过去的文化历史,都是我们的'国故';研究这一切过去的历史文化的学问,就是'国故学',省称为'国学'。"[②]曹伯韩强调"国学"是因为欧美学术输入才发生的,它的范围,是把西学输入以前中国原有的全部学术包括进去的。[③] 在综合前人对国学认识的基础上,笔者认为国学是与西学相对应的、中国社会所固有的学术,也是运用现代立场与眼光对中国传统学术进行研究与阐释的一门学问。它包含两个层面的内容:其一是传统学术文化的内容,包括哲学、文学、史学、政治学、自然科学以及宗教、艺术等;其二是用现代眼光来阐释与研究传统的学术。前者是指国学的"内容",后者则是就国学的"研究方法"而言。

"国学"的概念不同于"国粹""国故","国粹"指的是中国学术的精粹部分,"国故"强调的是"本国文献"这一研究对象,而"国学"包括的范围则较广泛。钱穆认为:"学术本无国界。'国学'一名,前既无承,将来亦恐不立。特为一时代的名词。"[④]的确,学术本不应有国界,但各国历史、国情不同,中国学术没有和世界学术完全融合为一,从多元文化发展的角度考虑,"国学"在中国的存在也具有其合理性。

(三)国学教育

学术界对于国学的概念没有统一的界定,因此对国学教育的理解也有所不同。范涌峰认为国学教育是指以中国传统思想文化为核

---

① 邓实:《国学讲习记》,《国粹学报》1906年第2卷第7期。
② 胡适:《〈国学季刊〉发刊宣言》,《胡适全集》(第2卷),安徽教育出版社2003年版,第7页。
③ 曹伯韩:《国学常识》,生活·读书·新知三联书店2008年版,第1页。
④ 钱穆:《国学概论》,商务印书馆1997年版,第1页。

心内容，以培养人们的传统文化素养、人文精神、民族意识以及健全人格为主要目标的教育。① 况晓慢、司学红则认为国学教育是以国学为核心内容的，旨在传承中华民族思想、文化和学术传统，培养民族意识和民族精神的教育。② 笔者认为国学教育是以中国传统学术为核心内容，根据社会发展需要和学生身心发展规律，有目的、有计划、有组织地引导学生了解、研究或阐释中国传统学术，旨在传承中华民族思想、文化和学术传统，提高学生人文素养，培养民族精神的教育。国学教育可以分为家庭型、社会型和学校型国学教育，本书主要关注的是学校型国学教育，尤其是大学国学教育。

(四)通识教育

燕京大学重视实施国学教育，与其采用的通识教育人才培养模式有关，故有必要对通识教育的概念、通识教育与国学教育的关系略做阐释。

通识教育源于西方的自由教育(liberal education)，或译为博雅教育、文雅教育等。随着时代的发展，学术界从不同的视野和角度对通识教育的概念进行了界定。有学者利用理想类型的方法，综合各家表述，对通识教育的概念作出了初步建构：就性质而言，通识教育是高等教育的组成部分，是所有大学生都应接受的非专业性教育；就目的而言，通识教育旨在培养积极参与社会生活的、有社会责任感的、全面发展的社会的人和国家的公民；就内容而言，通识教育是一种广泛的、非专业性的、非功利性的基本知识、技能和态度的教育。③ 顾明远主编的《教育大辞典》认为"通识教育"的含义是："近代关于教

---

① 范涌峰:《国学教育的理性探究》,《太原师范学院学报(社会科学版)》2008年第6期,第141—143页。
② 况晓慢、司学红:《开展国学教育 提升大学生文化素质》,《河北大学成人教育学院学报》2008年第1期,第68—69页。
③ 李曼丽、汪永铨:《关于"通识教育"概念内涵的讨论》,《清华大学教育研究》1999年第1期,第96—101页。

育目的和内容的一种教育思想以及据此实施的教育。在高等教育阶段,指大学生均应接受的有关共同内容的教育。通常分属若干学科领域,提供内容宽泛的教育,与专门教育有别。"[①]笔者认为通识教育主要是以共同科目和隐性课程的形式让学生接受相同的教育影响,终极目标旨在实现人的全面、和谐发展,既具有广博的知识,又具有一定的理智能力,且道德高尚,身心健康。

国学教育和通识教育都是大学教育的组成部分,在培养学生健全人格和良好的文化素养方面具有重要作用。本书将大学国学教育分为普及性国学教育、专业性国学教育和陶冶性国学教育三类,其中普及性国学教育和陶冶性国学教育可纳入通识教育中,通过设置大学国文等公共必修课程向学生普及基础的国学知识,通过校园文化等隐性课程对学生产生潜移默化的影响;但专业性国学教育则属于专门教育,目的是培养学生获得国学某一专业领域的精神知识和技能,成为社会所需的国学专门人才,其目的和内容均不同于通识教育。燕京大学把国学普及教育和陶冶教育作为通识教育的重要内容之一,利用文史哲等院系实施专业性国学教育,在通识教育和国学教育两方面都取得了良好的教育效果。

二、研究方法

本书所采用的研究方法主要是历史研究法、个案研究法和比较研究法。

历史研究法可以借助于对相关社会历史过程的史料进行分析、破译和整理,从而认识研究对象发生、发展和演变的历史事实,最终得出研究结论。笔者在搜集燕京大学相关研究资料的基础上,在近代学术转型的视野下考察分析燕京大学的国学教育。文献是历史研

---

① 顾明远主编:《教育大辞典(增订合编本)》,上海教育出版社1998年版,第1555页。

究的基础,笔者着力收集整理与选题相关的第一手和第二手文献,并通过对文献的研究形成对历史事实的科学认识。第一手文献包括民国时期出版的关于燕京大学的报刊著作,如燕京大学主办的《燕京大学校刊》《燕大周刊》《燕大年刊》《燕京新闻》等,此外还包括目前保存在北京大学档案馆的燕京大学档案、亚洲基督教高等教育联合董事会档案中的燕京大学档案(145—204卷)等。第二手文献包括有关燕京大学的校史、回忆录、传记、纪念文集等,如《燕京大学史稿》《燕大文史资料》(1—10辑)、《燕京大学人物志》等。在收集文献的基础上,笔者通过搜集、鉴别、整理、分析研究文献资料,从而得出研究结论。

何谓个案研究法?个案研究法又称为案例研究法。风笑天认为:"所谓个案研究,是指对一个个人、一件事件、一个社会集团,或一个社区所进行的深入全面的研究。"[①]王金红认为个案研究法需要综合运用多种收集数据和资料的技术与手段,通过对特定社会单元(个人、团体组织、社区等)中发生的重要事件或行为的背景、过程的深入挖掘和细致描述,呈现事物的真实面貌和丰富背景,从而在此基础上进行分析、解释、判断、评价或者预测。[②]笔者在收集相关史料的基础上,对燕京大学的国学教育进行深度描述,并对其典型特征进行深入而缜密的研究分析。

有比较才能鉴别,才有助于得出结论。本书采用比较研究的方法,将燕京大学国学教育与其他教会大学的国学教育、国立大学的国学教育进行比较,主要是对不同高校国学教育理念、组织机构、内容和方法、师资队伍、经费、人才培养成就等方面进行比较,以显示燕京大学实施国学教育的特点,并对当代中国大学国学教

---

① 风笑天:《社会学研究方法》,中国人民大学出版社2005年版,第248页。
② 王金红:《案例研究法及其相关学术规范》,《同济大学学报(社会科学版)》2007年第3期,第87—95页。

育的实施提供参考价值。

三、研究思路

胡朴安认为:"一种学术,必有他种学术,与之接触,始能发生新学术之径途。因欧洲哲学之影响,研究诸子学者日多;因欧洲言语学之影响,研究六书学者日多;因欧洲美术学之影响,研究诗画学者日多;因欧洲历史学之影响,研究群经古史学者日多。"[①]因西学输入中国等环境因素的影响以及学术发展的内在理路,清末民初成为中国学术界"大蜕变大革新"的一个时代,学术在思想、制度和实践三个层面均发生巨大变化,中国传统学术不得不向近代学术转型。

随着中国近代学术的转型,国学的地位日益衰微,国学教育的重要性也被诸多高等教育机构或学术研究机构所忽视。然而,燕京大学作为一所私立大学,既重视英语教育,也重视国学教育,培养了众多国学人才,其成就享誉海内外。在近代学术转型的背景下,我们不禁要问:燕京大学何以如此重视国学?如何具体实施国学教育?与其他大学相比其国学教育有何特色?对当代中国大学的国学教育有何启示?因此,笔者在近代学术转型的视野下对燕京大学的国学教育进行研究,论文第一章主要探讨燕京大学国学教育兴起的历史文化背景;第二章主要分析司徒雷登和吴雷川的教育理念及其对燕京大学实施国学教育的影响;第三章主要论述了燕京大学实施国学教育的制度保障;第四章论述了燕京大学实施国学教育的课程体系;第五章分析燕京大学国学教育是如何实现组织化和专业化的。最后笔者主要探讨了燕京大学实施国学教育的特点、影响及其现实启示。

---

① 胡朴安:《民国十二年国学之趋势》,收录于桑兵、张凯、於梅舫编:《近代中国学术思想》,中华书局 2008 年版,第 181 页。

第一章　燕京大学国学教育兴起的历史文化背景

燕京大学重视实施国学教育,从外部因素看,与中国近代学术的转型、非基督教运动与收回教育权运动的兴起、整理国故运动的兴起和发展等密切相关。

第一节　中国传统学术向近代学术转型

晚清以降,随着西学传入中国,中国传统学术逐渐向近代学术转型,具体表现在中国近代学术观念和学术体制的转型,以及学术实践活动的改变,三者密不可分,互相影响。

一、中国近代学术观念的转型

中国近代学术观念的转变主要表现在由"定于一尊"理念向"兼容并包"理念的转变、"厌倦主观的冥想而倾向于客观的考察"、学术自由和平等意识初步萌生、主张进化论等。

（一）从"定于一尊"到"兼容并包"

自汉武帝"罢黜百家,独尊儒术"以来,儒家思想在中国学术界占据统治地位,经学处于中心地位。虽然经学中有宋明理学与清朝朴学之争,但这仅为方法论的区别,在本质上没有超越经学的范畴。中国古代学校主要以儒家经典为主要学习内容,科举考试以儒家的四书五经为主，这对学术研究和文化传播影响很大，强化了儒家思想在中国学术史上的正统地位。

明末清初，西方耶稣会传教士来华后，向中国传播了数学、天文学和地理学等西学知识。当时的士大夫徐光启、梅文鼎、李之藻等认识到西学的优越性，积极与传教士合作译书，引进了西学，中西学术有了初步融合的迹象。

鸦片战争以后，伴随着西方列强的坚船利炮，西学再次传入中国，使有见识的士大夫的观念发生了变化。林则徐、魏源、徐继畬等开始著书立说，介绍和传播西学。虽然地主阶级顽固派反对学习西学，强烈维护儒家纲常名教思想，但随着洋务运动的开展，统治者日益重视引进西方科技知识，西学在中国的传播范围益广，影响日益加深，儒学"定于一尊"的传统学术格局开始有所改变。

在甲午战争中国战败后，知识分子一方面感受到巨大的民族危机，另一方面开始意识到中国传统的儒家思想存在缺陷，必须向西方和日本深入学习。儒学独尊的地位逐渐动摇。19世纪末20世纪初，中国开始派遣大量留学生到日本学习，之后又派遣留学生到欧美留学。到新文化运动时期，西方各种社会思想如潮水般涌入中国。一些学者开始具有"兼容并包"的理念，最有影响的当属北大校长蔡元培先生。

蔡元培在担任北大校长后，提出"思想自由、兼容并包"的理念。他主张"兼容"不同学术流派，如哲学的唯心论与唯物论、文学的写实派与理想派、伦理学的动机论与功利论、宇宙论的乐天观与厌世观等，聘请陈独秀、李大钊、胡适、辜鸿铭等具有不同学术思想的学者到北大任教，以保证不同学说的传播和研究。

除了蔡元培先生，燕京大学校长司徒雷登也以融贯中西为目标，因此燕大建设了中西合璧风格的新校园，不仅聘请博晨光、高厚德、王克私等西方学者以及洪业和顾颉刚等新式学人任教，还延聘张尔田、邓之诚等旧派学人,希望将中西学识"熔于一炉",使学生"各采其长"。

总之,儒学独尊的局面已一去不复返,"兼容并包"思想实质上是把中西文化、新旧学术、古今思想纳于一体,同时并存,相互竞争、相互吸收、相互融合,争奇斗妍,为中国近代学术转型提供了必要的思想基础,中西文化融合成为中国学术发展的新趋势。

(二)学术自由和平等意识的初步萌生

中国古代学者往往做学问与做官兼而有之,"学而优则仕"。晚清时期不少学者认识到中国学术缺乏独立的品格,要求将做学问与做官相分离,学术自由意识初步萌生。1905年,科举制度被废除,新式学堂发展迅速,学人更加自觉地追求学术自由和平等。

首先,从研究学术的目的来说,学人读书不再以做官为唯一目的,至五四时期学人的学术旨趣已呈现多元化的态势。有三种倾向较为流行,分别是:"学术救国"的旨趣;"为学问而学问"的旨趣;"为新生活而读书"的旨趣。[1] 这反映了五四学术的自由精神和独立品格。

其次,从学术内容来说,儒家经典不再是唯一的学习和研究内容,各学科之间没有价值高下之分。具体表现在:第一,中西学术平等。洋务派中的先进人物提出"中体西用论",突破了不识西学、轻视西学的观念,开始向引进西学、重视西学转变;资产阶级代表人物康有为、梁启超、孙中山等主张仅仅学习西方科学技术是不够的,必须学习西方的政治制度;陈独秀、李大钊、胡适等新派代表人物批判了儒家传统文化,主张学习西方的科学和民主。随着对西学认识的逐渐加深,很多学人认识到应平等看待中学和西学。第二,中国传统学

---

[1] 朱汉国:《创建新范式:五四时期学术转型的特征及意义》,《北京师范大学学报(社会科学版)》1999年第2期,第50—57页。

术内部各流派平等。具体表现在：经子平等，即经学和诸子学地位平等；今古文平等，即对今文经学和古文经学平等相待；雅俗平等，即扩大国学研究的范围，传统的经学、史学等与小说研究、民俗学研究"平起平坐"。①

第三，从学术研究方法来说，中国传统治学方法和西方新式治学方法在中国获得同等重视。当时既有邓之诚、容庚等学者以考据、辨伪等中国传统治学方法研究学术，也有傅斯年、洪业等采用西方治学方法研究学术。胡适把杜威实用主义和中国传统的考据学在方法论层次上结合起来，撰写《中国哲学史大纲》，这种中西交汇的治学方法对当时的学者有重要影响，使学术范围逐渐扩大，不再局限于经学的研究，小说、戏剧、诸子学说等研究也日益得到重视，学术自由和平等的思想被愈来愈多的学者所认可。

总之，五四新文化运动时期，在蔡元培、胡适、陈独秀等学者的极力提倡下，中国古代专制的思想逐渐被打破，学术自由和平等成为近代中国学人追求的学术理念，对中国学术的进步产生了重要影响。

（三）"厌倦主观的冥想而倾向于客观的考察"

中国传统学术思维方式具有主观臆测、轻视实证、缺乏精确等缺点，这是中国近代科学落后于西方的重要原因之一。

明末清初，理学末流渐趋"空谈心性"，许多进步思想家开始反思以往"主观冥想"的思想传统，更加重视现实，实学思潮逐渐兴起。徐光启是晚明经世思潮的先导人物之一。他一生为学"务求实用"，志在"率天下之人而归于实用"。他身体力行，亲自进行农田水利调查，并向当时来华的意大利著名传教士利玛窦学习天文、数学、历法，翻译西方古典数学名著《几何原本》，编译《测量法义》《测量异同》《勾股

---

① 卢毅：《建立一种"平等的眼光"——论"整理国故运动"与中国现代学术转型》，《江西社会科学》2006年第11期，第86—92页。

义》和《泰西水法》等实用科技著作,开辟了一种与中国学术传统大不相同的演绎推论的思维方式。在晚年,徐光启倾注全部心力领导编纂《崇祯历书》,完成了我国古代不朽的科学巨著《农政全书》。在徐光启等人的影响下,顾炎武、黄宗羲、王夫之、颜元等学者充实了"经世致用"思潮的内容,推动了学术思想的发展。

鸦片战争后,西学东渐,魏源等经世派代表人物主张"师夷长技以制夷",热心于接受和传播西学。为挽救岌岌可危的清朝统治,地主阶级改革派曾国藩、李鸿章,早期维新派思想家王韬、薛福成等都在寻求经世致用之实学,倾向于学习西方近代科技知识。在学习西方科学技术的过程中,中国学者的思维方式和治学方法也逐渐发生明显变化。

在戊戌变法时期,严复、康有为、谭嗣同等思想家积极提倡科学方法。康有为著有《人类公理》《公理书》《实理公法全书》等,形成了较为系统的科学观念,认为人类社会也存在"公理"。谭嗣同受《几何原本》的影响,推断出27条"公理",并贯穿于《仁学》全书中。走出"宗经征圣"的思维模式,重视公理、公例的探讨,成为19世纪末20世纪初中国思想界的一个重要现象。

晚清时期对于西方现代学术方法论介绍最为系统、影响最大者当推严复。他认为,传统中国学术思维模式的特征在于:"宗经征圣、求诸方寸、短于逻辑。""宗经征圣"是从教条和本本出发,重因袭而轻创作,迷信权威。"求诸方寸"具有两个特征:整体统观,缺乏精确;主观臆测,轻视实证。"短于逻辑"特别是形式逻辑,造成传统学术一些弊端,如知识不系,轻视归纳法的运用,概念含混模糊等。[1] 应当说严复对于中国传统学术进行了切中要害的诊断。因此,如何进行一

---

[1] 黄兴涛、胡文生:《论戊戌维新时期中国学术现代转型的整体萌发》,收录于复旦大学历史学系、复旦大学中外现代化进程研究中心编:《中国现代学科的形成》,上海古籍出版社2007年版,第181页。

场思维方式的变革是中国近代学术转型的重要课题。

严复重视逻辑性著作的译介,在《天演论》中对西方先进的治学方法进行了概括,大力提倡科学实证的方法。他将逻辑与实证的方法介绍到中国,成为中国近代科学方法史上的一个划时代事件。

在五四新文化运动时期,胡适提出的"大胆假设,小心求证"的方法论被时人认可和接受。1919年,胡适发表《实验主义》《问题与主义》和《新思潮的意义》等文章,并出版《中国哲学史大纲》上卷。他在这些论著中展示了研究问题的新方法。第一,他全面地介绍了杜威的实验主义的研究方法。他把杜威的实验主义的思维方式概括成五步:(1)疑难的境地;(2)指出疑难所在;(3)提出种种假定的解决方法;(4)决定哪一种假设是适用的解决方法;(5)证明。[①] 第二,他把杜威的实验主义的思维方式与清代的考据学结合起来,主张以"评判的态度"对待旧学术,用"科学的精神"来"整理国故"。[②] 胡适的思想学说对当时的学术界产生了重要影响。

除胡适外,陈独秀、李大钊、鲁迅、蔡元培等人也发表了一系列文章,主张以科学的方法来研究学术。提倡演绎推理、归纳综合、实验研究等现代学术方法成为五四学术新范式的一大特征。

(四)以"进化论"为核心的学术理念初步确立

在中国传统社会,以经学为核心的儒家意识形态和学术范式,一直占据着正统地位,如此延续几千年未变。两千多年的经学发展,因其阐释和议论的形式不同分为今文经学和古文经学两大学派,演变成义理学与考据学之分。尽管如此,它们仅仅是一种方法上的对立,基本观点是一致的,学术范式是相同的,即把"经"当作"学"的唯一思想资源和学术本体。至清季,考据学成为经学正统,也成为经学的最后形式。

---

① 胡适:《胡适文存(二)》,亚东图书馆1921年版,第120—126页。
② 胡适:《胡适学术文化随笔》,中国青年出版社1996年版,第36—37页。

戊戌维新时期，不仅自由、民主、科学等思想受到维新派思想家的重视，进化论思想也逐渐得到传播，为中国学人带来了崭新的世界观和方法论，传统经学范式遭到了前所未有的冲击，推进了中国学术范式由"传统"向"近代"的转型。严复翻译的《天演论》及有关论文使进化论思想深入知识分子的头脑，取代了传统的循环论和天命史观，成为当时学术、文化和整个社会转型的理论基础。在进化论观念的指导下，中国学者开始了对传统学术的激烈批判，或者对其中部分内容进行全新的阐释，这些对西学的深入传播和学术转型产生了重要影响。

20世纪初，进化论思想被当时的知识界当作自然、宇宙的终极真理，渗透到了大部分的研究成果之中，如梁启超创立的新史学，又如小说界革命、诗界革命以及白话文运动的开展等。

新文化运动时期，进化论思想成为中国学术的主导性范式。陈独秀、李大钊等学者以进化论的观点来阐明儒学不能适应现代社会的发展，不能定为国教，反对尊孔复古的逆流。陈独秀认为："文明进化之社会，其学说之兴废，恒时时视其社会之生活状态为变迁。"[①]李大钊则认为："孔子者，数千年前之残骸枯骨也。宪法者，现代国民之血气精神也。以数千年前之残骸枯骨，入于现代国民之血气精神所结晶之宪法，则其宪法将为陈腐死人之宪法，非我辈生人之宪法也。"[②]既然社会、学术是不断发展的，对国学重新进行研究就非常有必要了，进化论思想为整理国故运动奠定了基础。

中国传统学术奉儒学为圭臬，而进化论思想则激发了中国学者的怀疑和探究精神，有力地推动了中国近代学术的转型。

二、中国近代学术体制的转型

近代以来，西学传入中国，中国传统学术体制也不得不向近代学

---

① 陈独秀：《孔子之道与现代生活》，《新青年》1916年第2卷第4期，第1—8页。
② 李大钊：《孔子与宪法》，《李大钊文集（上册）》，人民出版社1984年版，第258页。

术体制转型。阎光才认为:"所谓学术制度,是指在学术活动体制化过程中形成的一系列对学术人活动构成激励或约束的不成文和成文的规则。"①左玉河认为,20世纪30年代所建立起来的中国现代学术体制,是以大学和研究机构为中心,包括新式学会、学术期刊、现代出版业、近代图书馆、现代基金会和学术评议会诸多要素在内的学术研究、学术交流、学术评估、学术奖励及学术资助制度等一套较完整的制度。②笔者在此重点论述中国近代学科体制和大学制度的建立对学术转型的重要意义,其他不再赘述。

(一)中国近代学科体制的建立

近代学科体制的建立是中国传统学术体制向近代学术体制转型的重要一环,与新式学堂的设立以及新的知识分类体系的出现有密不可分的关系。

先秦时期,中国已出现学术分类观念。《周易》曰:"是故形而上者谓之道,形而下者谓之器,化而裁之谓之变,推而行之谓之通,举而措之天下之民谓之事业。"这种"道"与"器"的分别对中国传统知识分类体系的发展产生了重要影响。

在殷周时代,主要的学术分类是"六艺",即礼、乐、射、御、书、数。春秋时期,六艺的内容逐渐演变为《诗》《书》《礼》《乐》《易》《春秋》。孔子对这六种古代典籍进行整理,使之成为六种学术分类,"六艺"逐渐被尊称为"六经"。孔子还根据学生的特长,分为德行、言语、政事、文学四科。如颜回以德行著名,宰予以言语著名,子有、子路以政事著名,子游以文学著名等。"孔门四科"后来被清儒引申为义理、经济、考据和辞章"四科之学"。

中国古代的分科体系和知识系统集中体现在典籍分类上,关于

---

① 阎光才:《中国学术制度建构的历史与现实境遇》,《北京师范大学学报(社会科学版)》2008年第6期,第21页。
② 左玉河:《中国近代学术体制之创建》,四川人民出版社2008年版。

典籍分类的学问被称为"目录学"。西汉时期出现的目录书已经包含了中国学术史的多种因素。汉成帝、哀帝期间,刘向、刘歆父子奉命整理宫中藏书,最后编出一份分类目录。刘歆以刘向编的《别录》为基础,"撮其指要,著为《七略》"。他将全部图书分为六大类,每一类做成一"略",包括六艺略、诸子略、诗赋略、兵书略、数术略、方技略。每一略中又有一些小类(属),六略合计则为三十八小类。刘歆还将这三十八类的"小序"收在一起,称为"辑略",合以上六略遂成《七略》,从而使学术分类更加细密。

表格 1　刘向《七略》分类表

大类	类目	数量
辑略		
六艺略	易、书、诗、礼、乐、春秋、论语、孝经、小学	9
诸子略	儒家、道家、阴阳家、法家、名家、墨家、纵横家、杂家、农家、小说家	10
诗赋略	屈原赋之属、陆贾赋之属、荀卿赋之属、杂赋、歌诗	5
兵书略	兵权谋、兵形势、兵阴阳、兵技巧	4
数术略	天文、历谱、五行、蓍龟、杂占、形法	6
方技略	医经、经方、房中、神仙	4
总计		38

刘歆《七略》已佚,但东汉班固的《汉书·艺文志》是以其为蓝本编写的,借助此书可窥见《七略》体例。《七略》是最早的国家图书总目,是秦汉时期主要的学术分类及知识系统的呈现,是世界上现存较早的图书分类法之一。

南北朝时期,王俭著有《七志》,分类基本沿袭《七略》。南朝阮孝绪著《七录》,将当时典籍分为经典录、纪传录、子兵录、文集录、术技录、佛法录、仙道录七大类。与刘歆七略分类法相比,南北朝时期的学术分类发生了变化，史学典籍独立为纪传录，出现独立的佛法录、仙道录。

东汉以后，我国的"四部"分类法也逐渐酝酿发展。西晋荀勖在所编的《新簿》中将典籍分为四部：一为甲部，包括纪六艺、小学等书；二为乙部，包括古诸子家、近世子家、兵书、兵家、数术；三为丙部，包括史记、旧事、皇览簿、杂事；四为丁部，包括诗赋、图赞等。唐代《隋志》吸取前人研究成果，对先秦到唐初的图书典籍进行分类，分类体系为：经部分为易、书、诗、礼、乐、春秋、孝经、论语、纬书、小学 10 类；史部分为正史、古史、杂史、霸史、起居注、旧事、职官、仪注、刑法、杂传、地理、谱系、簿录 13 类；子部分为儒、道、法、名、墨、纵横、杂、农、小说、兵、天文、历数、五行、医方 14 类；集部分为楚辞、别集、总集 3 类；此外还包括附道经 4 类和佛经 11 类。①《隋志》的分类体系主要是经、史、子、集四部，表明以四部为框架的知识系统初具雏形。

清朝乾隆时期，纪昀主持编定《四库全书总目》，系统分析了前人历代分类法的优势和弊端，将典籍分为经、史、子、集四部，建立了 4 部、44 类、66 属的三级分类体系，建构了完备的四部分类知识系统。这一学术分类体系较全面地反映了中国古代学者的学术研究成果以及明清时期知识系统的构成状况，但具有分类标准不一致、类目较少等缺点，不能完整地反映当时学术分科和分类的情况。

中国传统学术分类系统虽然从"七略分类法"发展到"四部分类法"，但始终没有发展成为近代意义上的"专门之学"，这与中国学术"崇尚博通"是密不可分的。中国学人追求"会通"，包括两方面：一是自然科学与社会科学的会通，二是文史哲会通，因此中国传统学术分

---

① 左玉河：《从四部之学到七科之学——学术分科与近代中国知识系统之创建》，上海书店出版社 2004 年版，第 53—55 页。

类更多的不是以研究对象为分科标准,而是以研究性质为分科标准。[①] 从孔子的四科(德行、言语、政事、文学)到晚清时期的儒学四门(义理、词章、考据、经济)都反映了"会通"的取向。直到西学传入中国,中国的学术分科意识和制度才发生了根本性变化,朝学术分科的方向发展。

明清之际,西方传教士不仅向中国人介绍西方天文、历法、数学等近代意义上的学科,而且对西方分科设学的学校制度作了介绍,如耶稣会士艾儒略著有《西学凡》。1839 年,新式学堂马礼逊学堂创办,设立天文、地理、历史、算数、化学以及"四书"课程等。鸦片战争后,外国传教士在中国各地设立很多教会学校,除了宣传教义外,还按照西方学校制度设置近代意义上的课程,传授西学知识,包括数学、物理学、化学、天文学、地理学、生物学等西学科目。

1862 年,清政府创办京师同文馆,开始仿效西方分科设想的做法,规定"分设教习以专训课""设立提调以专责成""分期考试以稽勤惰"等办学原则,分别教授英、法、俄、德四国文字。洋务派还奏请朝廷开设天文馆、算学馆,实施天文和算学教育,在与顽固派经过一系列争论后,终于获得朝廷批准,为西方学科在新式学堂的设立打开了缺口。到 19 世纪 80 年代,同文馆要求学生在学习洋文外,必须兼习天文、算学、格致、化学、医学等;中国已建立外语学堂、军事技术学堂、水师武备学堂和各种实业学堂等,培养专业性人才。这可视为近代中国学科体制化的肇端。

在西方现代学术的影响下,中国知识分子逐渐接受了学术分科的观念,并在清末民初所设的新式学堂中进行分科教学。戊戌变法时期,孙家鼐草拟《京师大学堂章程》,分"十科立学",即天学科、地学科、道学科、政学科、文学科、武学科、农学科、工学科、商学科和医学

---

① 左玉河:《从四部之学到七科之学——学术分科与近代中国知识系统之创建》,上海书店出版社 2004 年版,第 90 页。

科。1903年清政府颁布"癸卯学制",确定了经学、政法、文学、医、格致、农、工、商八科分学的学科架构。1912年中华民国教育部规定:大学分为文、理、法、商、医、农、工等七科。1916年,蔡元培出任北京大学校长,进行了一系列改革。在学科建设上,蔡元培于1919年宣布"废门设系",北京大学共设数学、物理、化学、地质学、哲学、中国文学、英国文学、法国文学、德国文学、俄国文学、史学、经济学、政治学、法律学14个学系。

国学在整理和研究的过程中,也进入了现代学术的分类体系之中。如北京大学研究所国学门分设文字学、文学、哲学、史学、考古学五个研究室;清华国学研究院将国学分为中国语言、历史、文学、哲学;厦门大学国学院分为历史古物、博物(指动植矿物)、社会调查、医药、天算、地学、美术、哲学、文学等14个研究组。这说明通过引进新学科或对传统学科进行转换,国学在制度上最终被纳入近代知识体系中,中国近代学科体制初步建立。

(二)中国近代大学制度的建立

中国古代官学、书院与科举制度相结合,形成了一套较为完备的古代中国学术体制。[①] 清朝设有各级各类的学堂,中央有国子监和为八旗子弟设的官学,地方有府学、州学、县学,各地还有书院。虽然书院官学化倾向明显,但官学、书院及科举制度仍是清代学术体制的主体。至乾隆后期,清朝盛极而衰,步入颓境,传统教育的弊端也愈来愈明显。

鸦片战争后,为了培养与外国人交涉国家事务的政府官员,清政府于1862年创办了京师同文馆,初设英文馆,后又相继添设法文馆、俄文馆、算学馆、德文馆和东文馆,并逐渐扩充课程,许多自然科学和社会科学知识都被列为教学内容。1902年,京师同文馆被并入京师

[①] 左玉河:《中国近代学术体制之创建》,四川人民出版社2008年版,第20页。

大学堂,改称译学馆。京师同文馆是"中国教育早期现代化起步的界标,也是中国现代高等教育制度的萌芽"①。

甲午战争中国战败,一些人开始认识到,发展新式教育的最大障碍在于八股科举制度。康有为、谭嗣同等或从救亡图存、开启民智的角度,或从中西考试取士制度对比的角度,分析和批判科举制度的弊端,主张"大讲西学"才有出路。为了培养专门人才,1895年天津中西学堂创办,1896年上海南洋公学创办。1898年,光绪帝降旨开办京师大学堂,办学宗旨是"中学为体,西学为用"。军机处和总理衙门草拟了《京师大学堂章程》,包括总纲、学堂功课例、学生入学例、学成出身例、聘用教习例、设官例、经费等内容,京师大学堂成为全国的最高学府。其后,各省大学堂相继成立,一般以四年为限,分政、艺两门,艺学包括算学、天文学、地质学、测量学、格物学、化学、生物学等。北洋大学堂、南洋公学、京师大学堂等近代大学在课程设置、教学方法等方面都与传统的官学和书院有了区别,这也标志着中国近代大学制度的肇始。

1901年,清政府在内外压力之下,宣布实行"新政",并进行教育改革。1902年,清廷颁布近代中国第一个学制系统"壬寅学制",但这一制度并未实行。1904年,清廷又颁布张百熙、张之洞、荣庆拟定的《奏定学堂章程》,史称"癸卯学制"。这一学制把整个学程分为三段,包括初等教育、中等教育和高等教育,高等教育又分高等学堂三年、分科大学堂三年到四年、通儒院五年。《奏定高等学堂章程》规定普通中学堂毕业生愿求深造者可入高等学堂,以教大学预科为宗旨,使学生学有专长。《奏定大学堂附通儒院章程》规定高等学堂毕业生入大学堂,大学堂分设八科,即经学科大学、政治科大学、文学科大学、医科大学、格致科大学、农科大学、工科大学和商科大学。分科大

---

① 田正平、商丽浩主编:《中国高等教育百年史论》,人民教育出版社2006年版,第47页。

学毕业生可升入全国最高学府,学习五年,"以中国学术日有进步,能发明新理以著成书,能制造新器以利民用为成效"①。此外,除各学堂外,"癸卯学制"另设有师范教育和实业教育两个系统,初步形成了较为完善的教育系统。

1905年,清政府宣布正式废除科举制度,这是中国近代教育史上的巨大改革,更加促进了新式教育的发展。中华民国成立后,1912年到1913年,教育部颁布了一系列法令和规程,对晚清的学制进行修订,建立新的学校系统,史称"壬子癸丑学制"。1912年10月24日,教育部公布《大学令》,摒弃清末大学堂"以忠孝为本""以经史之学为基"的封建性宗旨,规定大学的宗旨是"教授高深学术、养成硕学闳材、应国家需要";大学分为文科、理科、法科、商科、医科、农科、工科,各科设学长一人,主持一科事务;设大学院,可聘教授、助教授,遇必要时得延聘讲师等。②1913年1月,教育部又公布《大学规程》,规定大学文科分为哲学、文学、历史学、地理学四门,理科分为数学、星学、理论物理学、实验物理学、化学、动物学、植物学、地质学、矿物学九门,法科分为法律学、政治学、经济学三门,商科分为银行学、保险学、外国贸易学、领事学、税关仓库学、交通学六门,医科分为医学、药学二门,农科分为农学、农艺化学、林学、兽医学四门,工科分为土木工学、机械工学、船用机关学、造船学、造兵学、电气工学、建筑学、应用化学、火药学、采矿学、冶金学十一门。③《大学规程》还规定可设大学院,作为大学教授与学生高深研究的场所,各以其所研究的专门学命名,如哲学院、史学院、植物学院等,并对大学的修业年限、学生入

---

① 王炳照、郭齐家等编:《简明中国教育史》,北京师范大学出版社2007年版,第299—302页。
② 《教育部公布大学令》(1912年10月24日),见陈学恂主编:《中国近代教育史教学参考资料》(中册),人民教育出版社1987年版,第198—200页。
③ 《教育部公布大学规程》(1913年),见璩鑫圭、唐良炎编:《中国近代教育史资料汇编·学制演变》,上海教育出版社2007年版,第708—723页。

学资格等作出了详细规定。此外,教育部还颁布了《私立大学规程》《高等师范学校规程》等法律法规,大学制度得以初步建立。

1917年,教育部公布《修正大学令》,规定大学设正教授、教授、助教授,本科修业年限为四年,预科二年;大学设评议会。[①] 1919年,全国教育会联合会第五届年会开始讨论学制系统,并于1921年的第七届年会上讨论决定了"学制系统草案"。1922年,教育部根据这一草案,正式颁布《学校系统改革案》,史称"壬戌学制"。

1929年7月,国民政府颁布了《大学组织法》《专科学校组织法》。8月,教育部颁布《大学规程》,两年后又颁布了《专科学校规程》。据此,高等教育机构分为大学、独立学院与专科学校三种。大学内分文、理、法、教育、农、工、商、医八个学院;凡成为大学者,必须同时设立三个学院以上,且三个学院中必须有一个学院为理学院或农、工、医学院之一;不满三个学院者,只能成为独立学院,不能称大学。这样,大学得到了清理并形成规范。中国近代大学制度的逐步确立对中国传统学术向近代学术转型产生了重要影响。

三、中国近代学术实践活动的转变

随着中国近代学术观念和学术体制的转变,学者开展的学术实践活动也逐渐发生了变化,表现在学术内容和研究形式趋向多元化发展、学术研究场所从藏书楼转向图书馆等方面。

(一)学术内容和形式趋向多元化发展

中国古代大多数学者主要研究儒学,较少关注其他领域的知识形态,走着科举—做官的道路。如果从现代学科分类的角度去考察古代学术,可以划分出不同的领域,但实质上这些领域都被涵盖在经

---

① 《教育部公布修正大学令》(1917年9月27日),见潘懋元、刘海峰编:《中国近代教育史资料汇编·高等教育》,上海世纪出版股份有限公司2007年版,第381—382页。

学之中。清季，音韵学、校勘学、训诂学、金石学、地理学等研究领域有了很大的发展。但就总体而言，它们仍从属于经学，未能获得独立的学术品格。随着近代学术的转型，学术内容和形式也趋向多元化发展。

首先，学术研究内容日益丰富。

晚清以降，西学传入中国，儒学独尊的地位不复存在。西方科学技术在中国的传播和发展，冲击了中国的传统文化。同时，新式学堂逐渐开始传授西方自然科学和政治经济学、国际法学、社会学、政治学等现代社会科学，对中国学术的发展产生了重大影响。尤其是晚清和民国初年各种专业性学会纷纷涌现，如中国科学社、中国地质学会等。各类学会的出现更加分清了自然知识和其他知识的界限，为学术的专业化奠定了基础，哲学、文学、历史学、经济学、社会学、教育学等具有独立意义的学科，也逐渐分化出来，并逐步走向成熟，学者的研究内容日益丰富，不再只是传统的经学。

其次，学术研究者日益职业化。

在中国古代，由于受经济条件的限制，多数读书人无法将学术研究作为谋生的职业，或多或少以官吏的职业身份在业余时间从事学术研究，没有形成独立的学术共同体。明清时期，随着社会经济的发展，许多学者不单纯把学术作为个人爱好，而是将其作为一种专业研究的职业，从事纯粹的考据学研究，出现了近代学术研究职业化的"现代性"因素，为吸纳近代西方学术职业化体制奠定了基础。①

近代以来，随着大学、研究所、出版社、学会、图书馆等新式学术机构的建立，近代知识人以教授、研究员、编辑、图书馆员等职业身份从事学术研究，学术逐渐职业化。尤其是随着现代大学制度的建立，大学成为近代学者聚集的中心，大学教授成为学术研究的主体。

20世纪20年代以后，各省纷纷兴办大学，一些深谙传统学术的

---

① 左玉河：《中国近代学术体制之创建》，四川人民出版社2008年版，第113页。

老辈学人进入其中,教授弟子,如陈衍入北京大学、厦门大学,袁嘉谷入东陆大学,姚永朴入安徽大学,高步瀛入北京师范大学、北京女子师范大学、辅仁大学,朱师辙兼课辅仁大学,李详入东南大学。[①]

学者进入现代教育机构,有了专门的谋生职业,不必再像以往的读书人那样依附于政治,可以安心从事知识生产和传播的工作,同时也必须遵守大学制定的各种规章制度。学者研究职业化成为中国近代学术转型的标志之一。

再次,学术交流形式多样化。

中国古代士绅往往栖身于书院、官学或幕府等,以个人研究为主,学术交流的渠道是信札、会面及典籍刊刻。近代学者则可以通过组织学会、出版刊物等多种方式进行学术交流。

戊戌时期,以康有为、梁启超等为代表的士绅成立了新式学会,如强学会、中国公会等。至新文化运动期间,赵元任、任鸿隽等留美学生组织成立了中国科学社,以振兴中国的科学事业为目标,并发起创办了《科学月刊》,以"提倡科学、鼓吹实业、审定名词、传播知识"为宗旨。1918年中国科学社总社迁回中国。中国科学社是我国近代最早的一个全国性的学术机构,标志着中国学术共同体的出现。从此,一些学有专长、有着共同的探索目标的学术研究者陆续组织成立综合性或专业性的学术团体和研究机构,如中国物理学会、中国化学会、中国植物学会、中国地理学会、中国动物学会和中国哲学会等,起到了会聚同仁、交流学术的作用。

此外,作为重要研究机构的现代大学,亦成立了各种学术社团。例如,1919年北京大学成立了国文学会、史学会、数学会、心理学会、教育学会、新文学研究会、俄罗斯研究会、画法研究会、马克思学说研究会、哲学研究会等学术团体。20世纪二三十年代,燕京大学成立

---

① 桑兵:《晚清民国的学人与学术》,中华书局2008年版,第200页。

了国文学会、历史学会、哲学会和教育学会等专业性的学会。专门性学会与专科化的系科,相辅相成,共同促进大学学术的发展。这些学会的参加者除了有学生,还有教师,学会还召开学术会议,举行学术演讲,刊行杂志等,因而加强了教师之间以及师生之间的学术交流,推动了学术的发展。

新式学会的出现对学者的交流产生了重要影响。学者之间的交流方式除了传统的信函交往、面对面交往等,还有学术会议的召开和相对稳定出版周期的学术期刊的发行。

民国时期政局混乱,学者常常来往于中国各地,住址和工作地点常常变换。新式学会经常举办学术年会,从而将有共同研究兴趣的学者聚集一堂进行学术讨论,互通声气,互相砥砺。例如,自 1916 年起,中国科学社经常举行学术年会,直到 1948 年。大学的专业性学会也常常召开学术会议,邀请学者演讲,宣读论文等。各种学术会议的召开不仅可以让学者联络感情,交流学术研究的心得及经验,而且可以提高年轻人研究学问的兴趣,促进学术人才的发展。

随着近代交通条件的改善,学者到异地参加学术会议、举行学术研究更加便利,同时中外学者的交流也日益增多,如杜威、孟禄、伯希和等人均到过中国考察和举行学术演讲,推动了中外学术的交流。

学术期刊的意义则是:"不仅强化了成员之间非直接的交流,推动了共同体的规模扩展,更重要的是它构成共同体内部'学术认可'的基本依据,而这种'学术认可'正是共同体内部规则建构和运行的核心机制。"[1]例如,随着整理国故运动的发展,各种国学刊物纷纷涌现,其中最为著名的是《国学季刊》《清华学报》《中央研究院历史语言研究所集刊》和《燕京学报》四大杂志,其发表的很多文章即使在今日看来依然具有很高的学术价值。围绕学术期刊,学者可以就他人的

---

[1] 阎光才:《中国学术制度建构的历史与现实境遇》,《北京师范大学学报(社会科学版)》2008 年第 6 期,第 21 页。

著作发表书评,并将讨论学术问题的私人书信公开发表,使更多的人可以参与到学术交流中来,同时还可以奖掖后进,鼓励年轻人研究学术。因此,学术期刊也成为人才培养的重要途径。

(二)研究场所:从藏书楼到图书馆

中国历史源远流长,流传下来的古籍浩如烟海,藏书楼在学术发展的过程中所起的作用功不可没。

我国古代学者进行经学、金石学、校勘学、文学、史学等学术研究活动,一般要以图书为基础,因此很多著名的经学家、金石学家、文学家、史学家等都非常重视图书的收藏,兼有私人藏书家的身份。他们通常不是纯粹地为了收藏而藏书,而是主张"藏以致用",力图通过阅读藏书来提高自己的修养与学识,并以自己的藏书为研究对象,进行文学、历史等多种学术研究,并取得了杰出的成就。清代史学家章学诚、版本学家、校勘学家黄丕烈,校勘学家、版本学家顾广圻等都是著名藏书家。

中国古代的图书收藏大概可分为三类:宫廷藏书、书院藏书、私家藏书,其作用多为储藏珍本,而不是向民间传布有用的书籍,因此图书馆多被称为藏书楼,其发展历史已有 3000 余年。殷周时代即设有专人管理收藏甲骨文献的"藏室"。在春秋战国和秦汉时期,藏书活动基本集中在官府。两汉以后,随着造纸术的逐渐进步,纸张应用日益广泛,为图书生产和传播创造了有利的条件,于是私人藏书逐渐多起来,也不再局限于达官贵人。至明清时期,皇家藏书得到空前发展,而私人藏书也更加普遍。

中国古代藏书楼经过三千多年的发展,于 19 世纪中期出现了近代图书馆事业的萌芽。林则徐、魏源、姚莹、徐继畬等人最早开始"开眼看世界",他们在撰译《四洲志》《海国图志》《瀛环志略》等著作的过程中,也注意到了英美各地图书馆的发展。随着洋务运动的开展,出国访问、求学、考察、外交人员不断增多。1866 年,在中国担任总税务司的英国人赫德回国度假,他的中文教师斌椿率领同文馆学生张德彝等人随同他一起前往欧洲国家访问,包括参观图书馆,并对其进行了简要的描述。1867年,王韬开始在欧洲的游历,并将自己的见闻观感记录下来,回香港后整理成《漫游随录》,在该书中他介绍了欧洲一些国家的图书馆情况,其中认为法国最重读书,收藏之富殆所未有也。具有顽固守旧思想的刘锡鸿在国内时已耳闻英国伦敦有大博物院、大书院,1876年,在实地参观后亦感叹万分。郭嵩焘在参观了法国巴黎国家图书馆后,非常钦佩其丰富的藏书,并在《伦敦与巴黎日记》中对其藏书内容、编排、使用等作了较详细的记载。还有如郑观应、薛福成等,都是该时期介绍西方图书馆情况的代表人物,他们所写的游记、考察报告和日记等,通常偏重于描述图书馆所藏图书、建筑、摆设等情况,注意对所藏中国典籍和版本的记载,并留意到图书的来源及为公众服务的特点。

随着西学东渐日益深入,西方图书馆的藏书和服务观念也为愈来愈多的中国学者所熟知,逐渐改变了我国传统的藏书楼管理模式,对晚清时期公共藏书的形成和传播产生了积极影响。中国人愈来愈了解西方图书馆,逐渐认识到有必要把图书馆当作一种启迪民智的教育机构和社会事业来兴办。

1894年,我国正式使用"图书馆"名称。1895年,强学会成立"强学书藏",模仿西方图书馆的做法对广大民众开放,并以普及新学、启迪民智为己任,这对以后古越藏书楼、湖南省图书馆等新型图书馆的建立起到了示范作用。各地也出现了创办学会的热潮,而各学会又大都创办附属的小型藏书楼。据统计,1895—1897年期间,全国各地共成立学会87个,其中设置藏书楼的就达51所。[1] 这些学会的藏书楼不仅收集国内经史子集等,而且注重采购西方政教及各种图书。

---

[1] 胡俊荣:《晚清西方图书馆观念输入中国考》,《图书与情报》1999年第4期,第75—78页。

1902年，罗振玉奏请在全国普遍设立公共图书馆。此后的十余年间，全国建立了数百所图书馆，很多大学也纷纷设置了大学图书馆。康有为、梁启超、章太炎、蔡元培、王国维等著名学者非常重视图书馆的建设，并翻译、撰写图书馆著作，对图书馆事业的发展做出了重要贡献。

自1902年至辛亥革命前夕，全国公立、私立和公共图书馆逾20所，全国18个行省中，除江西、四川、新疆三省外，均设立了省立公共图书馆，基本上达到了学部的要求，完成了藏书楼向近代图书馆的过渡。①

在1914—1926年期间，去美国等一些国家深造的图书馆学专业学子先后回国，他们是：沈祖荣、胡庆生、杜定友、刘国钧、李长春、袁同礼等。他们在回国后借鉴西方图书馆事业的教育管理模式，积极投身于中国近代图书馆的普及与提高工作，直接引导和推动了以学习西方为主要内容的新图书馆运动。

自1917年开始，我国兴起的新图书馆运动持续了约20年，其本质是"反对藏书楼，建设现代图书馆"，核心问题是"按美国方式建立面向大众开放的新式图书馆"，掀起了一股宣传图书馆、建设图书馆、普及图书馆的热潮，为图书馆的发展奠定了基础。新建图书馆以几倍、几十倍的速度增长。这一运动的具体表现有：图书馆的发展，1930年全国共有图书馆1428所，1936年为5196所；新型图书馆不断涌现；服务观念的转变；图书馆管理和业务活动深化，如打破经史子集四部分类法，创造新的分类法，开架阅览逐步推广等；图书馆研究成果显著增加；专业人员培训得到发展；对外交流工作活跃。②

---

① 南开大学图书馆学系等：《理论图书馆学教程》，南开大学出版社1986年版，第113—114页。
② 吴稌年：《图书馆活动高潮与学术转型》，兵器工业出版社2005年版，第147—151页。

高校图书馆在新图书馆运动中起了"发动机"的作用,表现在:发起和参加人员主要都在高校图书馆;培养大批具有新式图书馆思想的专业人才;在图书馆理论研究方面发挥了主力军作用;是图书馆管理与技术创新的主体,较早采用了一些先进的技术方法,如卡片式目录、开架服务方式等,在管理人员水平、藏书、经费、分类法、参考咨询、管理改革、馆舍、设备等方面都处于领先地位,引领着新图书馆运动的发展方向。

图书馆的模式对学者治学产生了重要影响。以往学者往往利用私人藏书研究学问。例如,缪荃孙(1844—1919)一生以搜集图书、传播图书、考证版本、校雠异同为事业,以"续先哲之精神,启后学之途轨"为己任,以博学、求真、豁达、率直而流传百世。他向友人广泛出借自己的藏书,或为其觅书、抄书、校书、鉴书及解答咨询,重视撰书、刻书、辑书,以多种途径传播图书,但其学术实践活动主要是属于私人藏书和治学。他自述:"荃孙年十二三,住申浦老屋,屋中存书四大厨,读经之暇,即取阅之,诸史杂家,尤所心喜。庚申之难,只字不存,转徙江淮,流离琐尾,亦时购零本,以消永日。甲子游蜀……遇书辄购,所积遂多。"①到1900年时,他的藏书有十余万册。在丰富的藏书基础上,缪荃孙勤于治学,一生著述颇丰,撰有《艺风堂文集》《艺风堂文外集》《艺风堂文漫存》《艺风堂金石目录》《续国朝碑传集》《碑传集补遗》《常州词录》等,成为清末民初著名的藏书家、版本目录学家、图书馆学家等。

随着近代图书馆的发展,不少学者充分利用图书馆的藏书进行学术研究,并取得了杰出成就。著名历史学家、教育家陈垣先生早年在私塾、书馆接受教育,阅读传统的经史之学,并多次参加科举考试,但始终不尽如人意,于是决定另谋他途。1913年,陈垣参加民国初

---

① 缪荃孙:《艺风藏书记》,上海古籍出版社2007年版,第3页。

年第一届国会会议,之后定居北京。1915年,文津阁《四库全书》从热河避暑山庄运到北京,10月前后移交京师图书馆(今国家图书馆前身)。从此陈垣在京师图书馆借阅、研究《四库全书》整整十年时间。1920年,他亲自带领助手,按册、逐页对《四库全书》进行了彻底的清点,基本了解该部《四库全书》的概况。1922年陈垣开始兼任京师图书馆馆长,他亲率馆员,对馆藏八千余卷敦煌文书进行了全面梳理与详细考订,最终编纂成敦煌学界第一部大规模的文献目录书籍《敦煌劫余录》。陈垣以图书馆为治学研究的场所,为后来在史学研究领域取得杰出成就奠定了基础,这也充分反映了近代学者学术研究场所的变化和学术实践活动的改变。

随着中国传统学术向近代学术的转型,中国传统的国学教育也发生了变化,其传播内容不再局限于传统的四书五经,而增加了诸子学、语言学、宗教、考古学、金石碑铭学、民俗歌谣等内容;其传播的场所不再以私塾、书院等为主,而是转移到新式中小学校以及大学;其教学方式不再以自学、个别授课制为主,而是班级授课、个别授课和学生自学相结合;教学方法也趋于多元化,包括读书指导法、讲授法、参观法、练习法等;师生研究学术的场所也从藏书楼转到现代图书馆。当然,晚清民初是中国学术新与旧、中与西、传统与现代剧烈冲撞的非常时期,学术转型尚未完成,这决定了当时中国大学开展的国学教育具有其独特的风格,而燕京大学就是在国学教育方面取得杰出成就的著名大学之一。

第二节　非基督教运动与收回教育权运动的兴起

在非基督教运动和收回教育权运动的影响下,燕京大学顺应中国历史发展的趋势,积极进行改革,大力发展国学教育成为其实现"中国化"的必然选择。

一、巴顿调查团来华调查

自鸦片战争后,在不平等条约的保护下,西方各国传教士纷纷到中国传教,并以教育作为传教的手段之一。早期的教会学校办学层次主要停留在初等教育阶段,以宗教灌输为办学目的。自 19 世纪中后期起,传教士认识到向中国人传播西学知识的重要性,逐渐把办学的重点转移到高等教育领域,创办了中国最早的一批大学。到 20 世纪初期,基督教的高等教育已"诚有卓然可观者",表现在布置之奂皇、课程之丰满、管理之严明和精神之活泼等方面。[①] 辛亥革命后,清朝专制统治被推翻,中华民国建立,确立了新的教育制度,为中国本土高等教育的发展提供了相对宽松的环境;同时,"一战"期间中国民族资本主义的发展迎来了"短暂的春天",社会对各种高级人才的需求也大大增加,民初大学教育在数量和质量两方面都有了显著进步。北京大学成为新文化运动的中心和中国最著名的国立大学,蔡元培领导的北大改革对其他大学的发展产生了重要影响,中国本土大学的学术水平、教学质量等都跃上了新的台阶。

具有浓厚世俗色彩的儒家思想是中国传统文化的核心和精神支柱,对教会教育具有天然的排斥性。20 世纪初,随着中国人民族意识的增强以及本土教育的发展,教会学校意识到在中国的发展将遇到更大的阻力。为了探索如何更好地开展教会教育,1921 年 9 月至 1922 年 1 月,由巴顿(Ernest D. Burton)、司徒雷登等 18 名具有良好教育背景并在教育界或宗教界担任领导职务的中外人士组成的"巴顿调查团"分南北两路对中国基督教教育进行实地考察。考察结束后,调查团出台考察报告——《中国基督教教育事业》,提出为了消除中国新式学校带来的威胁,保持教会学校的强盛,对教会学校进行改

---

① 余日章:《基督教会之高等教育之特色》,收录于李楚材编著:《帝国主义侵华教育史资料——教会教育》,教育科学出版社 1987 年版,第 135—136 页。

革势在必行,并提出改革的三个原则是使教会学校更加效率化、更加基督化、更加中国化。首先,所谓"效率化",是指中国逐渐建立了新的教育制度,教会学校应该提高办学效率,在未来的发展中以质量取胜,以吸引学生。其次,所谓"基督化",并不意味着在教会学校中进一步推行强迫的宗教教育,而是要以培养基督化的人格作为学生德育的标准,用基督化的人生观、习惯、态度、理想与知识潜移默化地影响学生。第三,所谓"中国化",是指教会学校应进行教学改革,更好地适应中国社会的需要,培养中国社会所需要的人才。巴顿调查团的报告对教会大学的改革产生了重要影响。

燕京大学校长司徒雷登参加了巴顿调查团,深受此次调查的影响,他允许学生宗教信仰自由,主张把燕大办成一所"以学术为目的的教育机构,使学生在智、德、体方面得到发展,成为国家领袖人才,以满足国家与社会的需要"[1]。司徒雷登积极采取措施实现燕京大学的"中国化",并向教育部申请立案,加快燕京大学改革的步伐,建立了高效率的行政管理体系和教学体系,使燕大进一步中国化、世俗化。

二、非基督教运动与收回教育权运动

20世纪20年代非基督教运动和收回教育权运动的发生,更坚定了司徒雷登使燕京大学"中国化"的办学理念。

1922年4月,世界基督教学生同盟在清华学校召开第十一次大会,有32个国家的146名代表参加,另有中国代表550多人(包括列席者),王正廷为会议主席,余日章为中国代表主席。大会的主题是"基督在世界重建中",讨论的具体专题包括国际与种族问题;基督教与社会及实业界的改造;如何向现代学生宣传基督教;学校生活的基督化;学生在教会中的责任;如何使女界基督教学生同盟在世界中成

---

[1] 郝平:《无奈的结局——司徒雷登与中国》,北京大学出版社2002年版,第141页。

为更强有力团体之一等内容。会议举行期间,北洋政府总统徐世昌在总统公府接见了出席会议的代表。会议闭幕后,大会又组织各国代表到中国各地参观游览。

世界基督教学生同盟第十一次大会选择在北京的国立学校清华学校召开,引起了一些知识分子和青年学生的反感。他们反感的原因主要有两点:"一是北京是中国的首都和政府驻地,不应该成为外国基督教的宣教场地;二是清华是国立学校,不允许宗教势力掺杂入教育之中。"[1]此外,五四新文化运动以来,中国社会的民族意识与教育独立意识日趋增长,因此这次会议的筹备和召开直接导致了非基督教运动的爆发。为了维护民族尊严与生存,反对教会依靠特权在中国发展,北京、上海等地的青年学生纷纷成立反对基督教的团体,1922年上海一批青年学生成立"非基督教学生同盟";北京大学一批学生则宣布成立"非宗教大同盟",并发表《通电》和《宣言》,要求教育与宗教相分离,取消教会在中国的特权。京津等地的青年学生、知识分子、文化界名流纷纷响应,相继成立非基督教或非宗教团体,召开演讲会,出版宣传品,虽然这些活动未能阻止世界基督教学生同盟大会在清华学校召开,但却形成了一场声势浩大的全国性非基督教运动。

随着民族主义思潮日趋高涨,1923年持国家主义思想的余家菊发表《教会教育问题》的文章,揭露教会对华实施教会教育的目的是使中国成为一个"基督教国家",陈述基督教教育对中国的危害,即具有侵略性、制造宗教阶级、妨碍中国教育的统一。他主张教育应实行"中立",收回教会在中国办教育的特权。[2] 这篇文章在当时的学术界产生强烈的反响,引起不少人的共鸣。1924年,收回教育主权运动

---

[1] 杨思信、郭淑兰:《教育与国权——1920年代中国收回教育权运动研究》,光明日报出版社2010年版,第74页。
[2] 余家菊:《教会教育问题》,《少年中国》1923年第4卷第7期,第1—19页。

正式兴起和发展，反基督教运动的组织性明显加强，将斗争目标直接对准外国在华教会学校。广东、湖南、河南等省发生多起教会学校风潮，中华教育改进社、全国教育会联合会等教育团体均形成收回教育权的决议，国家主义派教育家对教会教育进行了猛烈的批判。

随着形势的发展，政府教育部门对收回教育权运动作出反应。1925年11月，北洋政府教育部发布《外人捐资设立学校请求认可办法》6条。这个法令坚持"私立""中国人控制""教育与宗教分离"的三大精神，规定：(1)凡外人捐资设立各等学校，遵照教育部所颁布的各等学校法令规程办理者，得依照教育部所颁布关于请求认可的各项规则，向教育行政官厅请求认可；(2)学校名称上应冠以私立字样；(3)学校校长，须为中国人，如校长原系外国人者，必须以中国人充任副校长，即为请求认可时的代表人；(4)学校设有董事会，中国人应占董事名额的过半数；(5)学校不得以传布宗教为宗旨；(6)学校课程，须遵照部定标准，不得以宗教科目列入必修科。同时，该布告还申明前此有关布告、训令均予以废止。[①]

1927年南京国民政府成立后，对此前的立案标准作了修改，又颁布了《大学组织法》，提高了立案要求，颁布《私立大学及专门学校立案条例》《私立中等学校及小学立案条例》《私立学校条例》《私立学校校董会条例》和《私立学校规程》等多部有关教会学校的教育法规，形成了较为成熟的处置教会学校的政策。

1927年12月20日，大学院公布《私立大学及专门学校立案条例》与《私立中等学校及小学立案条例》两个条例，规定"专门以上学校，其立案原当从严"，并提高私立学校立案的门槛，在办学经费、学校设备、师资队伍等方面均有严格规定，而且在呈请立案时还要准备"校名""学校种类""校址校地校舍""开办经过""经费及预算表""组

[①] 《教部通令遵办外人设校认可办法》，《申报》，1925年12月10日，第10版。

织编制、课程及各项规划""图书仪器、标本教具、体育卫生及各种设备""教职员履历表""学生一览表"多达九大项的书面材料。呈请立案后,相关教育行政部门要派员"就地调查",核实无误后才准予立案。

在非基督教运动与收回教育权运动发展的过程中,一开始,大部分教会人士对运动持怀疑、批评态度。五卅运动后,帝国主义的暴行惊醒了教会教育家,很多基督教知识分子及团体纷纷发表声明谴责帝国主义的罪行,要求惩办凶手、改组工部局,并进而取消帝国主义的特权、废除不平等条约。燕京大学中国教职员也联合发表声明及通电,谴责列强的暴行。燕京大学司徒雷登、吴雷川、徐宝谦等对收回教育权运动表示赞成。

司徒雷登是现代派教会教育家的代表人物,主张教会学校要充分重视为中国社会服务。他认为:"(燕京大学)应牢牢地以中国生活为基础,与西方国家同中国签订的条约或任何别的外部因素都没有关系,仅享有中国人自己享有,或他们愿意同我们共同分享的权利。"[1]他主张以赞赏的态度看待收回教育权运动,并在1925年12月9日写给纽约托事部的信件中说明原因:一是教会创办的学校运转正常,正在生长和结果实,行政管理人员能干,学生学习努力,即使转入中国人之手也可以顺利开办下去;二是教育部颁布的要求教会学校立案的政策是合理的,政府做事是有秩序的,大部分人民的愿望也是善良的,因此不必为前途担心。[2] 因此,司徒雷登积极主动向教育部申请立案,顺应中国收回教育权的舆论要求。

吴雷川肯定教会学校在教育文化上对中国的贡献,认为:"若不是基督教会来华,在内地倡立学校输入科学的知识,说不定中国改革

---

[1] 燕京大学校友校史编写委员会编:《燕京大学史稿》,人民中国出版社1999年版,第9页。
[2] 《司徒雷登关于宗教工作及重要问题写给哈佛燕京学社和托事部的信件(1925年)》,燕京大学档案 YJ25002,北京大学档案馆藏。

学制的动机,还要迟到数十年以后。"同时,他又指出:"不幸教会的保守性太重,自从国家遍设学校之后,教会学校的进步,反而迟滞。……一般非难基督教的人,以为基督教不应当将传道事业与教育事业,并为一谈,更不当以学校为传道的机关。这是很有理由的。"他提出教会学校应该听取"删去圣经""废去早晚祷"等改良意见。①他还进一步提出"向中国政府注册""依部定章程设置课程""重新决定办学宗旨""重视国文与中国历史教员选择"等颇具启发意义的新主张。②

显而易见,司徒雷登、吴雷川等燕大教师已充分认识到非基督教运动和收回教育权运动爆发的必然性和合理性,主张教会方面应认真思考其教会教育主张,并改革教会学校的行政管理、课程设置和宗教教育形式等,从速向政府立案。这种积极态度无疑是可取的。

在《外人捐资设立学校请求认可办法》颁布后,司徒雷登立即为燕大注册进行各种必要准备,如添设中国副校长,改组董事部,以中国人占董事名额的多数等。1926 年 11 月,燕京大学按照北京政府的规定,率先向中国政府申请注册,并获得批准,成为最早向中国政府立案的教会大学。1929 年,燕京大学又按照南京国民政府教育部的新标准申请立案,定名为"私立燕京大学",并获批准。燕京大学参照政府的教育法令加快改革步伐,聘请前清翰林吴雷川先后担任副校长、校长,大量延聘中国籍教师,包括陈垣、郭绍虞、容庚、钱玄同、顾颉刚、冯友兰等国学名师,增加中国史、中国文学等课程的教学分量,并加强对中国文化的研究,朝着"中国化"和"本土化"的方向顺利发展。

---

① 吴雷川:《对于教会中学改良的我见》,《真理》1923 年第 1 卷 16 期。
② 吴雷川:《敬告基督教会办学诸君》,《真理》1924 年第 2 卷 37 期。

第三节　整理国故运动的兴起与发展

一、清末民初的国粹思潮

鸦片战争以后,中国不仅出现了民族危机,而且西方文化及价值观登陆中国,传播范围和影响日益扩大,中国传统学术的地位下降,命运堪忧。为了抗衡欧化思想,19世纪末20世纪初国粹思潮逐渐产生和发展,代表人物有章太炎、刘师培、黄侃、邓实等人,他们试图通过提倡"国学"和"国粹"思想,实现保存和发扬中国固有学术的目的。

1902年,邓实、黄节等在上海创办《政艺通报》,发表《国粹保存主义》《国学保存论》等文章,宣传国学,为国粹派和国粹思潮的产生奠定了基础。1904年,邓实发表《国学保存论》,论述保存"国学"的重要性。次年,邓实、黄节、刘师培等在上海成立国学保存会,以"研究国学,保存国粹"为宗旨,创办《国粹学报》,撰稿人除了邓实、黄节,还有章炳麟、刘师培、陈去病、黄侃等。他们来往密切,互为声援,政治、学术旨趣更趋一致。1906年,章炳麟在日本鼓吹反满革命,同时提倡研究国学。留日青年成立国学讲习会,请他讲授国学,鲁迅就是学生之一。

国粹派与地主阶级守旧派维护封建统治的思想有本质的不同,他们在一定程度上肯定和吸收西方文化,主要观点有:一是对孔子和儒学不是作为圣人和圣经来崇拜,而是作为历史人物和文献典籍来分析研究,反对独尊儒学,提倡诸子学,把发扬国粹看作是"复兴古学";二是针对"醉心欧化"者的民族虚无主义思想,通过发扬国粹来"激动种性,增进爱国的热肠",从中国传统文化中寻求"排满光复"的助力。[1] 他们主张弘扬国学,批判君学,强调国学兴则国兴,认为中西文化各有所长,应调和互补。

1912年春,《国粹学报》停刊,实际上也宣告国学保存会的结束。由于政治形势骤变,国粹派发生了分化,有人投身教育,有人闭门著书。随着新文化运动的兴起,其中大多人站到了运动的对立面。可以说,随着晚清时代的结束,国粹派发生了分化,国粹思潮的黄金时代已逝去。

国粹思潮虽然存在着一些局限性,比如具有典型的文化保守色彩,对文化的民族性与时代性的认识存在着偏颇。但他们主张以中国文化为主体,适当吸纳西方文明之长等观点,具有一定的合理性。

晚清国粹派及其思潮对中国近代学术的发展产生了重要的影响。首先,启发了国学研究热潮的出现。民国时期整理国故运动的兴起,可谓源于晚清国粹派的思想。其次,章太炎等学者批判君学,加速了传统经学的衰落,但开创了客观研究经学的新路径。第三,批判旧史学,促进了"新史学"的产生。第四,启发了著名学术派别——古史辨派的产生。古史辨的创始者顾颉刚先生早年师从章太炎,受其思想与实践的启发,从事古史辨的探索,形成了20世纪著名的史学流派。[2] 总之,晚清国粹思潮影响了鲁迅、钱玄同、胡适等思想家的成长,对中国学术的进步起到了思想解放的作用,其所提出的文化理论和引发的国学研究热潮至今仍值得探究。

二、整理国故运动的兴起

新文化运动期间,随着各种西学思潮不断涌入中国,传统文化遭到了更为猛烈的撞击。自近代以来思想界兴起的新旧学之争、中西学之争以及传统与现代之争逐渐演化为一场东西文化论战。五四期

---

[1] 龚书铎主编:《中国近代文化概论》,中华书局2002年版,第37—38页。
[2] 喻大华:《论晚清国粹派与国粹思潮》,《故宫博物院院刊》2002年第3期,第78—84页。

间,随着民族主义思潮的发展,在文化保守主义者及新派人士"殊道同归"的推动下,国学再一次成为热学,整理国故运动逐渐兴起。

胡适首先提出了整理国故的倡议。1919年11月,胡适在《新思潮的意义》一文中,明确提出"评判的态度"以及"重新估定一切价值"的理论主张,并且系统完整地提出"研究问题、输入学理、整理国故、再造文明"的口号,深入阐述了"整理国故"的指导思想和宗旨。他认为,应该系统整理和探寻前人的学术思想,再用科学的方法加以精确地考证,以求弄清古人的真实意图。他论述了研究整理国故的方法和原则,即首先要扩大研究范围;第二,注意系统整理;第三,要进行"比较研究"[①]。胡适应清华学校毕业生之邀拟定《一个最低限度的国学书目》,梁启超则对此书目提出批评,另拟《国学入门书要目及其读法》;毛子水、傅斯年等学者也纷纷加入讨论,提出要用科学的精神与方法来研究"国故"、整理"国故",由此推动整理国故运动的扩大。

此外,西方及日本的文化入侵,也加剧了国人整理国故的意识。在列强军事入侵中,中国大批古籍与文物流向海外,日本人趁中国混乱、厌弃旧学之际,把大批中国古籍用不同方式运入日本。同时,东方大陆成为西方及日本考古学家与探险家关注的对象。在他们一次次的考古与探险中,一批批的文物资料被运走。西方及日本的汉学研究似乎取得了令国人意想不到的成就,这使中国学者感到了压力,也激发了中国人以西学新知整理国故的热情。[②]

1921年10月,蔡元培在北大的开学典礼中呼吁:"现在西洋各国,对于中国从来的文明,极想知道,正从事搜集中国的典籍,供他们学者研究。我们一方面注意西方文明的输入,一方面也应该注意将我固有文明输出。幸今日中外文明,既有沟通交换的机会,我们是格外要留心的。本校国学研究所,现由马幼渔先生、沈兼士先生担任整

[①] 胡适:《胡适学术文化随笔》,中国青年出版社1996年版,第30—38页。
[②] 刘毓庆:《国学概论》,北京师范大学出版社2009年版,第3页。

理贡献。望诸位性近于此者,多尽些责任研究。"[1]

在蔡元培支持下,1922年北大研究所国学门正式成立,是第一所为实践"整理国故"理念而成立的学术研究机构,沈兼士担任国学门主任。蔡元培草拟了国学门委员会名单,包括蔡元培(委员长)、顾孟余、李大钊、沈兼士、马裕藻、朱希祖、胡适、钱玄同和周作人等,是以国文、历史学和哲学三系教授为主干,其职责为规划国学门应进行的一切事宜,审查研究生入所资格及其研究所得的论文。[2] 国学门除培养研究生从事专题研究外,还成立了方言研究会、风俗调查会、考古学会、明清史料整理会和歌谣研究会,以及编辑室、研究室和登录室。可见,北大研究所国学门是一个包罗多种功能的学术机构,并出版发行《国学季刊》等刊物,备受学界瞩目。

在北大研究所国学门的影响下,东南大学、清华大学、厦门大学和燕京大学等高校均成立了专门的国学教育与研究机构,编辑出版《清华学报》《燕京学报》等一批重要的国学刊物和研究著作。"整理国故"的口号得以迅速传播到全国各地,引起学术界的广泛注意。燕京大学位于文化中心北京,深受整理国故运动的影响,因此愈来愈重视国学教育的实施。

小　结

晚清以降,伴随着西方列强的炮火,西方学术传入中国,日益受到国人的重视。中国传统学术的地位不断下降,不得不向近代学术转型,具体表现在学术观念、学术体制和学术实践活动的改变。首

---

[1] 蔡元培:《北大一九二一年开学式演说词》,高平叔编:《蔡元培全集》(第四卷),中华书局1984年版,第94—95页。
[2] 陈以爱:《中国现代学术研究机构的兴起——以北大研究所国学门为中心的探讨》,江西教育出版社2002年版,第80—81页。

先,在学术观念方面,儒学"定于一尊"的理念向"兼容并包"的理念转变,思维方式由"主观冥想"而转向提倡科学方法,学术自由和平等意识初步萌生,奉儒学为圭臬的僵化思想被进化论思想取代等。其次,在学术体制方面,传统学术的"四部分类法"向现代学术分科体制转变,以官学、书院以及科举制度为主体的古代教育制度向现代教育制度转变,并产生了新式的学术交流、奖励和资助制度等。第三,在学术实践活动方面,学术研究者日益职业化,大学教授成为学术研究的主体,研究内容日益丰富和专业化,学术交流形式趋向多元化发展,学者的研究场所从藏书楼转到图书馆等。

中国传统学术向近代学术的转型对国学教育产生了重要影响。传统国学教育的教学内容主要是四书五经等儒家经典,向学生传授的研究方法主要是训诂学、音韵学、文字学、考据学等,教学场所主要以中央和地方官学、私塾和书院等为主,研究场所主要是藏书楼。在学术转型的影响下,近代国学教育的内容更加丰富,增加了诸子学、语言学、宗教学、考古学、金石碑铭学、民俗歌谣等内容,并向学生传授西方治学方法;教学场所主要在新式中小学校和大学实施;教学方式和方法趋于多元化,如采用读书指导法、讲授法、参观法和练习法等,班级授课、个别授课和学生自学相结合;师生研究学术的场所从藏书楼转到现代图书馆。

随着西学东渐,传教士在中国兴办教会学校,教学内容包括宗教、西方科学知识和传统经学,并逐渐把教会学校发展到大学阶段。20 世纪初,中国近代教育体制逐步确立,尤其是在蔡元培对北京大学进行改革后,北大等国立大学发展迅速,给教会大学的地位带来了威胁。在五四新文化运动的影响下,中国人的民族主义意识逐渐加强,发起了非基督教运动与收回教育权运动,教会大学对此作出了不同的反应。与圣约翰大学校长、传统派教会教育家卜舫济不同,燕京大学校长司徒雷登是现代派教育家的代表人物之一,他认为传教士在中国创办教育要适应中国国情,培养中国所需要的人才,为中国社会服务,因此希望燕京大学成为对中国最有用的学校。燕京大学顺应历史发展的潮流,积极向教育部申请立案,聘请吴雷川担任校长,司徒雷登改任校务长,使燕京大学进一步"中国化"。

为了更好地实现燕京大学的"中国化",尤其是在整理国故运动的影响下,燕京大学把发展国学教育作为措施之一,在国学研究和国学人才培养方面取得了杰出成就。

第二章　燕京大学国学教育的宏观指导理念

一所大学的治理模式和发展方向深受校长办学理念的影响。司徒雷登（Stuart John Leighton）是燕京大学的创办人，长期担任燕京大学校长、校务长，被称为"燕京之父"。吴雷川先后担任燕京大学副校长、第一任华人校长，为燕大的发展做出了重要贡献。燕京大学重视国学教育，在国学教育领域取得杰出成就，这与司徒雷登、吴雷川的教育理念密不可分。

第一节　司徒雷登的教育理念

一、司徒雷登教育理念的形成

司徒雷登教育理念的形成与其个人成长和受教育经历、教育实践经验等因素是分不开的。

1876年6月24日，司徒雷登出生在中国杭州，父母是美国新教长老会传教士。父亲斯图尔特·约翰·林顿，是美国南长老会的牧师，1868年来中国传教，在杭州生活46年，1913年病故。母亲霍顿·玛丽，1878年来中国传教，曾在杭州创办女子学校，1925年病逝。

司徒雷登儿时，父母为他选择中国奶娘、女仆，他还结识了中国小伙伴。耳濡目染，他学会了说一口流利的杭州话，对中国人民的婚、丧、节庆等社会风俗有了初步的了解。同时，母亲教他学习英语、数学等知识。司徒雷登在中国度过了童年时光。

1887年，司徒雷登在11岁时回到美国接受学校教育。次年，入亚拉巴马州莫尔比城小学校。1893年考入汉普顿—悉尼学院，毕业时获文学士学位。1897年到潘尼普斯附中任拉丁文和希腊语教师三年。1899年进入里士满城协和神学院。1901年加入学生义勇海外布道团。1902年被授为长老宗牧师，同年6月神学院毕业，获神学士学位。[1]

19世纪末20世纪初，美国社会经济发展迅速，美国的政治制度和社会氛围等影响了司徒雷登世界观和价值观的形成。随着美国经济向中国的扩张，美国人日益重视到中国进行传教事业，学生志愿传教事业应运而生。由于受家庭的熏陶，朋友选择传教志向的推动，两次应邀参加基督教青年会和学生立志国外传教运动召开的大会所受到的感召等多种因素的影响[2]，司徒雷登最终决定到中国传教。

1904年，司徒雷登回到中国。他看到父亲仅仅招收了几个教徒，对传教事业的前景悲观失望。于是，他将全部精力投入到对中国传统文化的学习中，聘请高敬甫为中文老师，学习汉语，诵读经史子集，学会许多中国谚语和先哲的名言。[3]

两年后，司徒雷登开始在杭州北郊的农村从事传教工作，有机会接触更多的中国人，对中国老百姓的生活和所思所想有了更深的了解。他开始反思基督教传统的传教方法。当时基督教有传统派和现代派之分，传统派认为传教的目的在于传播福音；现代派认为传教不仅应该传播基督福音，而且应该对社会的发展产生影响。司徒雷登赞成现代派的观点，认为传教不应过分重视洗礼、做礼拜等形式，没

---

[1] 娄献阁、朱信泉主编:《民国人物传》(第十卷)，中华书局2000年版，第551页。
[2] 罗义贤:《司徒雷登与燕京大学》，贵州人民出版社2005年版，第42页。
[3] 罗义贤:《司徒雷登与燕京大学》，贵州人民出版社2005年版，第44页。

有必要让皈依基督教的中国人抛弃祭祀祖宗的习惯。他的主张后来为许多传教士接受。

1908年,司徒雷登来到金陵神学院,开始了11年的教学生涯。他一般半天指导学生学习,半天从事研究,并在业余时间写作。1916年,司徒雷登当选为中国基督教理论教育特别委员会主席。①

司徒雷登积极进入中国人的社会生活。韩迪厚认为:"司徒雷登之爱中国,是和他同时代的人公认的事实。基本的原因恐怕是他生在中国,很自然的和中国发生了感情。其次是他少年时代返美求学,很多人把他当中国人看待。无论这些人的态度是严肃的还是取笑的,对于一个童稚的心灵影响相同。更深一层的原因是他彻底了解中国的语文,因而更景慕中国文化,更同情中国人。最广泛的原因是司徒雷登是一个有爱心的人。"②他努力适应中国人的生活方式,顺应中国人的习俗,使得他成为在华传教士中引人注目的人物,最终被推荐担任燕京大学的校长。

燕京大学是由华北协和大学(英文名称为 North China Union College)③、北京汇文大学(英文名称为 Peking University)④及华北

---

① 罗义贤:《司徒雷登与燕京大学》,贵州人民出版社2005年版,第49页。
② 韩迪厚:《司徒雷登略传》,收录于董鼎主编:《学府纪闻·私立燕京大学》,台北南京出版有限公司1982年版,第118页。
③ 华北协和大学的前身是创建于1869年的潞河书院。最初学生人数较少,后来学校规模逐渐扩大,至19世纪末潞河书院已包括大学和中学两部分。1900年6月,义和团运动发展到通州,潞河书院被烧毁。1902年,美国基督教公理会、长老会、英国伦敦联合会在通州重建学校,将"潞河书院"改为"协和书院"。1905年,潞河书院改组,由基督教公理会、长老会、伦敦会合办,改称华北协和大学。
④ 汇文大学的前身是由基督教美以美会创建于1870年的汇文学校,最初只有一间房子,到1893年有了一栋楼房,7位教师。1890年汇文书院由英美合资办理,1893年更名为"汇文大学"。

协和女子大学(英文名称为 North China Union College for Women)[①]三校所组合而成。20世纪初,随着美国南北教会的联合,在华各差会也逐步趋同,开始了联合办学的尝试。1916年,汇文大学与协和大学开始商谈合并事宜,但由于两所学校办学理念不同,在校长、校名、校址、学制等问题上争论激烈,分歧严重,双方相持不下。与此同时,北京大学在蔡元培的主持下发展迅速,逐渐在国内外享有盛名。面对国立大学发展所带来的挑战,两所学校下决心解决现有矛盾,决定聘任一个既与教会有关系,又热心教育的局外人担任合并后的新校长。1919年,司徒雷登被推荐为燕京大学校长。

司徒雷登接手的燕京大学办学条件有限,经费不足,校园简陋,运动场地不足,教师以外籍教师为主,与他理想中的大学有着巨大反差。面对困难,他没有气馁,多次不辞辛劳往返中美发动募捐活动,1922—1936年共募捐250万美元[②],解决了创办和发展燕京大学的经费问题。他积极物色新校址,在北京西郊海淀购买了总面积达1000余亩的土地。1921年开始兴建,1925年基本竣工,建成了一所独树一帜、环境优美的新校园,1929年举行落成典礼。

20世纪20年代,中国先后爆发了非基督教运动和收回教育权运动,极大地冲击了教会学校。司徒雷登决定顺应中国社会发展的需求,逐步将燕大的管理体制"世俗化"和"中国化",于1926年向北京政府教育部呈请立案,不久立案报告得到了批准。

南京国民政府成立后,颁布了《大学组织法》《私立学校规程》《大

---

① 华北协和女子大学是由贝满女校发展而来的。1864年,英国传教士宾威廉(William Burns,1815—1868)在北京的街头见到一位妇女带着三位小女孩乞讨,非常同情她们的遭遇,因此带她们去见贝满夫人(Mrs. Eliza J. Bridgman)。善良的贝满夫人收留了这三个女孩,并创办贝满女校。1895年发展为"贝满女中"。在美国长老会、伦敦会和美以美会的妇女国外布道会的帮助下,该校最后发展成为中国女子高等教育的先驱——华北协和女子大学。
② 娄献阁、朱信泉主编:《民国人物传》(第十卷),中华书局2000年版,第553页。

学研究院暂行组织规程》等教育法规，规定大学分文、理、法、教育、农、工、商、医各学院。私立燕京大学也依法对学校管理体制进行改革，分设文、理、法三学院；向南京国民政府教育部申请立案，改司徒雷登为校务长，先后选任吴雷川、周诒春、陆志韦等为校长或代理校长；并将各学系原有的研究课程，重加编整，正式成立研究院，设文、理、法三个研究所。

"九一八"事变后，日本占领东北三省，觊觎华北，国难日益严重。司徒雷登没有像圣约翰大学校长卜舫济那样阻止学生举行抗日活动，而是希望学生能将研究学问和救国工作合而为一，密切联系，两方面平衡发展。因此，燕京大学很多学生（如侯仁之等）将学业和救国工作结合起来，真正实现了平衡发展。

1937年"七七"事变后，日本占领华北。北京大学、清华大学等国立院校，多已相继南迁。燕京大学则仍留原地开课，因燕大与美国教会的关系，日本人不敢妄加干涉，弦歌因之不辍。为避免日本人的骚扰，司徒雷登由校务长改任为校长。陈礼颂、程曦曾回忆："沦陷区青年学生，因仰慕本校处于恶劣环境之中，尚能岿然独存，于是负笈前来报考者，与时俱增。"[①]1938年7月，新生入学考试报名1594人，录取新生605人，秋季注册学生为945人，比上年在校生几乎多了一倍。[②] 日本还曾经提出应聘请日本人到燕大任教，燕大经研究聘请了只专注工作的考古学家鸟居龙藏来校任教，使日本派人侦察燕大的企图未能得逞。

1941年12月8日，珍珠港事变发生后，日本军警公然入侵燕大校园，勒令燕大解散，师生被迫仓皇离校。日军逮捕陆志韦、赵紫宸、邓之诚等14位教师，以及蓝铁年等11位学生，还在天津逮捕了司徒

---

① 陈礼颂、程曦：《燕京大学建校经过》，收录于陈学恂主编：《中国近代教育史教学参考资料》（下册），人民教育出版社1987年版，第186页。
② 燕京大学校友校史编写委员会编：《燕京大学史稿》，人民中国出版社1999年版，第31页。

雷登。司徒雷登度过了三年零八个月的幽禁生活。

燕大被日军封闭的消息传到重庆后,校友们一致要求在后方复课。1942年,燕大实现在成都复校的计划,梅贻宝任代理校长。

燕大师生在成都艰苦淬砺,历时四载。1945年,日本宣布无条件投降。司徒雷登在获得自由后同陆志韦、洪业、林嘉通、侯仁之等商讨复校事宜,决定成立复校工作委员会,由陆志韦等主持复校工作。正当司徒雷登为燕京大学的进一步发展深入奔走的时候,马歇尔却推荐他出任美国驻华大使。他选择了离开燕京大学,出任大使,协助马歇尔调停国共之间的内战,结果以失败告终,不得不在1949年黯然离开中国。

1952年,司徒雷登辞去美国驻华大使的职务。同年,燕京大学被撤销。司徒雷登晚年主要在华盛顿傅泾波寓所静养,撰写并出版了回忆录。1962年9月19日,司徒雷登因病逝世,享年86岁。

二、司徒雷登教育理念的内容

司徒雷登长期担任燕京大学校长、校务长,形成了丰富的教育理念,对燕大的办学实践产生了重要影响。

(一)教育目的观

在教育目的观方面,司徒雷登主张燕大主要是培养适应中国社会需要的人才。

司徒雷登为燕大制定了"因真理得自由以服务"的校训。他解释说这一校训是受《马太福音》和《约翰福音》中两句话的启示而形成的,那两句话分别是"非以役人,乃役于人","你们必晓得真理,真理必叫你们得以自由"。燕京大学的校歌情文并茂:"雄哉壮哉燕京大学,轮奂美且崇;人文荟萃,中外交孚,声誉满寰中。良师、益友如琢如磨,情志每相同;踊跃奋进,探求真理,自由生活丰。燕京、燕京,事业浩瀚,规模更恢宏;人才辈出,服务同群,为国效尽忠。"《私立燕京大学组织大纲》明确规定燕大"以教授高深学术,发展才、德、体、力,养成国民领袖,应中华民国国家及社会需要为宗旨"①。司徒雷登提出燕大不要变成世界上最有名的学校,也不要成为有史以来最有名的学校,而是要实现"中国化",成为当时中国最有用的学校。

(二)教育文化观

近代以来西学传入中国,中国文化不得不融入近代世界体系,中西文化既有冲突,也不断交流融合。针对中西文化的关系,胡适等学者主张"全盘西化";王新命、何炳松、陶希圣等学者则主张"中国本位的文化建设"。1935年1月10日,王新命、何炳松、陶希圣、萨孟武等十位知名教授联合署名在《文化建设》杂志第1卷第4期上发表《中国本位的文化建设宣言》一文,这个宣言又称"十教授宣言",或"三五宣言",或"一十宣言",引发了当时中国思想文化界的一场关于"中国文化出路到底是中国本位还是全盘西化"的大论战。司徒雷登出生在中国杭州,在美国接受学校教育,因而对中西文化皆有所了解。在教育文化观方面,他主张中西文化兼重并举,希望学生对中西学术各采其长,以求多获益处。

司徒雷登非常热爱中国,也十分了解中国文化,认为"学习与研究汉字是一件非常有意思的事",偏爱文言文,在中国哲学家中他"最喜欢的是代表先进社会学说的孟子和集施政者、教师和具有罕见洞察力的思想家于一身的王阳明"②。他为燕大建设了一所新校园,把中国古代建筑风格的美和西方文明功利主义的效率结合起来,在燕京大学建设中既保留中国传统文化,又接受西方文化的新文化,做到中西文化的兼容并举。

---

① 《私立燕京大学组织大纲》(1930年6月修改),收录于陈大白主编:《北京高等教育文献资料选编》,首都师范大学出版社2002年版,第624页。
② [美]约翰·司徒雷登著,程宗家译:《在华五十年——司徒雷登回忆录》,北京出版社1982年版,第77—80页。

司徒雷登曾经在师生大会明确提出：

> 燕京目的，在将中西学识，熔于一炉，各采其长，以求多获益处。因此参用西学，乃使学生获得广阔之训练，而为将来进取之准备。同时，对于国际情形，既能洞悉无疑，则爱国热忱，自不难油然而生。吾人所同心企望者，固在本校如何始能对中国有所贡献，而欲求对中国有贡献，则必须训练一般人材，对中西情形，皆有相当了解，然后方能成竹在胸，应付裕如。①

燕大学生在课堂上必须听懂双语讲授的课程。司徒雷登同学生讲话时，使用汉语或英语，也常临时变更，其意图是使学生掌握从一种语言灵活地转到另一种语言的能力，建立起不同文化之间的关联。甘培根回忆道："在课堂上，第一次接受西方式的英文教学法，一反以前在成都上中学时死背生词与死记文法的做法。郑林庄、赵守愚、唐炳亮、陈志让等老师讲授的西方经济学与货币银行学是我接受西方经济学的启蒙教育。我选修了当时国学大师陈寅恪、吴宓等老师的一些文学课后，更使我大开眼界，以前浅薄的文学基础得到了提高。燕京给予我知识，给予我接受东西方教育与文化结合的机会。"②在司徒雷登的领导下，燕京大学颇为重视文化的兼容并蓄，中西兼重，培养了一批杰出毕业生，获得了学生的认同。

（三）课程观

为了创办"梦寐以求的大学"，司徒雷登认为他的任务似乎包括四个方面：传播基督教；提高科学水平，开设专业课程；增进同中国的关系，增进各国之间的了解和友谊；开辟经费来源和筹办物资设备。③

---

① 《司徒雷登讲"燕京大学中西一冶"》，《燕京新闻》，1935年9月24日，第1版。
② 燕京研究院编：《燕京大学人物志》（第二辑），北京大学出版社2002年版，第234页。
③ 司徒雷登：《燕京大学——实现了的梦想（节录）》，收录于陈学恂主编：《中国近代教育史教学参考资料》（下册），人民教育出版社1987年版，第194页。

他主张学生既要学好基本知识,也要学习专业知识,实施通识教育,设置广博与专精相结合的课程体系。在横向结构方面,燕大课程包括公共必修、专业必修和选修课三大类,公共必修课是所有学生都必须学习的课程,包括国文、英文、自然科学、社会科学、体育训练等;专业必修课是学生在所学专业领域内必修的课程;选修课是除上述必修课以外的所有课程。

燕大不仅要求学生必须学习人文社会科学和自然科学的基本知识,而且要求学生在专业领域内既要掌握宏观的理论,同时还要学习和研究更加专门的学问。在纵向结构方面,燕大的课程规划是学生在大一、大二主要学习普及性的课程,在大三、大四学习专业课程并写作毕业论文。例如,所有学生在大一、大二都要必修国文课程;国文学系循序渐进地实施课程计划,"一二年级多属普通功课,期其丰富常识,培植根基,三四年级较偏专门性质"①。历史学系要求学生学完"国史鸟瞰"等基础课程后,才能学习先秦史、宋辽金元史和清史等断代史类的课程。哲学系要求学生学完导论类和哲学史类的课程后,才能学习学派类和专题类的课程等。

对佛学、宋明理学等颇有研究的学者黄公伟在燕大读书期间学习了国文、哲学等院系所开的多门课程,他回忆道:

> 时我读中文系,是个典型的书呆子,和容庚、许地山、吴校长(雷川)、郭绍虞、谢冰心、李荣芳、黄宪昭来往最近。……我当时一开学便轮到马、容、郭、吴各师家赴宴。对师长均系一时之名学者,仰慕甚殷。我修中国学术史于马师季明,文字学容希白师,应用文吴雷川师,文学史、修辞学、训诂学、文学批评史是郭师绍虞所授。他年不过四十多岁,博学而高超。许地山授梵文

---

① 《北平私立燕京大学本科各学院学系概要》,燕京大学布告第 13 号第 17 届,1932 年,第 1 页。

及佛学,和廖太初同班上课,吴世昌号称燕京布衣,亦在座。时新由国外来校任教之康德大师张君劢,授德国哲学,张东荪开"黑格尔哲学",同学许宝骙亦选修。我深受其洗礼而入哲学作业。侯锷开"经学通论",白涤洲开"声韵学",黎锦熙(师大文学院院长)开"比较文法""中国通史",顾随开"苏辛词",张尔田(光绪老师)开"两宋词",马太玄开"目录学",祝廉先开"唐宋诗",均极叫座。谢冰心开"新文学习作",我都修过。①

燕大经济系学生常自超在校期间学习了将近20门课程,扩大了知识面,其中财政、经济、会计等专业课程为他一生从事财政工作打下了坚实的基础,认为燕大的"通才教育"使他终身受益。②

(四)师生观

在师生观方面,司徒雷登主张建立合作、民主、平等与和谐的师生关系。

他倡导师生合作,希望师生共同努力"促成理想中之燕大"。他指出:"我自然绝不疑惧学生与教职员或华人与西人之间,会发生甚么意见。不过我仍很诚恳地希望,希望我们都要觉得这个学校是我们大家的,都要合作起来,使我们共同的生命的各方面,得到美满的效果。"③他对燕大师生的合作提出了要求,一是在思想上无教职员学生之分,互相了解,相互合作,一德一心谋燕京之前进,为国家广育人材;二是希望教职员和学生都不以学校现状为满足,"务须多方寻求学校之短处,而设法匡正之改良之,方可成理想中之燕大"④。

司徒雷登还主张中西籍教师平等。燕京大学是由美国教会创办

---

① 黄公伟:《燕大"九一八"时代的回忆》,收录于董鼐主编:《学府纪闻·私立燕京大学》,台北南京出版有限公司1982年版,第273—274页。
② 燕京研究院编:《燕京大学人物志》(第二辑),北京大学出版社2002年版,第174页。
③ 司徒雷登:《我的意见》,《燕大月刊》1927年1卷1期,第1页。
④ 《本学年始业典礼》,《燕京大学校刊》,1930年9月19日,第1版。

的,早期学校教师大多是信仰基督教的外籍人士,其薪酬待遇远远高于中国教师。司徒雷登长时间在中国生活,十分了解中国人民的民族自尊心,清醒地认识到若以国籍、宗教信仰为教师聘任的标准,是不可能招揽到名师的,并将影响学校未来的发展前途。他主张:"凡一切权利义务,共同参与,既无种族之分,而对于用人,因才而取,尤无国籍之别,但吾人仍望中国人能得有优先权利,以完成本校为一纯粹中国化之机关;西国代表,如于管理必须之下,亦能留校照常服务。"[①]他在校长权限范围内尽可能聘任优秀的中国学者来校任教。1921年,在没有征得纽约托事部同意的情况下,他完全按照西籍教师的薪资水平聘请留美归来的学者刘廷芳、洪业来校工作。1922年,又实行中西籍教师待遇一律平等,教师的聘用不以个人的种族、国籍、门派、政治观点、宗教信仰为标准,只重才学、人品。[②]

师生关系是教师与学生在教育、教学活动中结成的相互关系,是教育过程中最基本、最重要的人际关系。在中国传统社会,"师道尊严"是师生关系理念的主流,而司徒雷登则主张建立民主平等和谐的师生关系。他以身作则,以一种父辈之情关心着学生的成长,经常邀请学生到临湖轩便餐,谈家务话,倍加亲切。他曾谈道:

> 就我个人来说,对于燕京作为表现个人和社会生活的一定理想,它表现在全体教职员学生之间,而不是表现在它的物质财产上,我是颇感快慰和自豪的。这些突出的理想和愿望之一,就是在过去的国际关系十分紧张的年代里,中国人和西方人士能够和谐地相处,愉快地生活在一起,并在工作和生活中能互相帮助。另一个理想,就是在目前的情况里,没有什么困难,教师和学生都十分愿意地能够在一起工作,而彼此充满着合作

[①] 《燕京大学校长报告书》(1927年6月),收录于陈大白主编:《北京高等教育文献资料选编》,首都师范大学出版社2002年版,第573页。
[②] 罗义贤:《司徒雷登与燕京大学》,贵州人民出版社2005年版,第117页。

和友善的精神;并且按照宪章规定的传统做法与爱的更高的法则,大家都能一样地想着那些是最有利于这一所属于我们全体的大学。①

司徒雷登的这种理想凝聚了燕京人,塑造了师生互相关心、互相照顾、亲如一家的"燕京精神"。燕大政治学系学生汪玉岑回忆说:"燕大校园民主、师生关系亲密融洽,我虽非国文系学生,但我经常上郭绍虞、容庚、董璠、王西徵诸教授府上请教。此外,历史系邓之诚教授、研究院陆志韦教授都曾给我许多教益。如果我今日有点滴收获,都是与这些通今博古、学贯中西的学者、师长的教导鼓励分不开的。"②

校长可以分为开拓型领导者、管理型领导者、求生者、替罪羊。开拓型领导者是指"那些领导学校进入新天地的校长",即"通过审慎努力创造出新的发展方向,或在现有方向上对学校进行了实质性改进,或两者兼而有之"。管理型领导者"更关心地是如何更有效的推进既定事业,某些学校成员希望做什么或者当下情形要求做什么。他们维持,他们应对,但不创造"。求生者(或者说随波逐流者)"没有让学校从长期看更好更强或在短期内更加有效的意愿。他们所寻求的是尽可能在校长职务上呆的时间越长越好,至少是一个可以预见的时期如五年。然后在任期延长时没人把他们记入黑名单"。最后一种类型的校长则把责任推卸给前任校长,从而把前人当成替罪羊。③ 很明显,司徒雷登属于开拓型领导者,他具有成为开拓型领导所需要的特定的人格要求,包括:形成愿景的能力、推动前进的勇气、

---

① 司徒雷登:《燕京大学史略》,收录于陈学恂主编:《中国近代教育史教学参考资料》(下册),人民教育出版社1987年版,第188—189页。
② 燕京研究院编:《燕京大学人物志》(第二辑),北京大学出版社2002年版,第108页。
③ [美]克拉克·科尔、玛丽安·盖德著:《大学校长的多重生活:时间、地点与性格》,广西师范大学出版社2008年版,第47—53页。

坚忍不拔的追求、克服阻力的个人力量以及愿意在整个过程中承担和忍受痛苦的意愿。正是因为具有这种开拓精神，司徒雷登形成了自己的教育理念，对燕京大学进行了大刀阔斧的改革，为燕大国学教育的实施奠定了基础。

第二节　吴雷川的教育理念

吴雷川担任过燕京大学副校长、第一任华人校长，长期在燕大国文学系任教，其教育理念对燕大国学教育的实施产生了影响，故有必要对吴雷川教育理念的形成和内容进行考察。

一、吴雷川教育理念的形成

吴雷川(1870—1944)，本名吴震春，字雷川，浙江杭县（今杭州）人，清末翰林，中国近代著名教育家。

吴雷川于1870年在徐州出生，祖父为江苏候补知县，在徐州做官；父亲为南河候补同知，在清江浦任事。他自幼随母亲、兄弟姐妹在徐州随侍祖父。母亲在大家庭中，从不和人争论，总是忍耐，并且教育子女们学习吃亏，认为忠厚宽大的人才是载福之器。这种清高的人格，在日常的言行上表现出来，不知不觉影响了吴雷川。①

他幼时在家塾中读书。十三四岁之后，因为哥哥们都能独自研读，不必再请师傅，他就在姑丈家中继续附馆求学。17岁在杭州考取秀才，次年在北京结婚。20岁携眷返清江浦，随侍其父及庶母，前后凡十四年。

吴雷川1893年中举，1898年点翰林。吴雷川本有入进士馆的机会，因居母丧不得不放弃。其后，他曾在清江浦充任江北高等学堂监

---

① 赵紫宸：《当代教育家吴雷川先生》，《逸经》1936年第16期，第41页。

督,两三个月后因其父调他处任职,吴雷川便立刻辞去监督的职务,侍从而行,直到其父去世。在这十四年中,吴雷川受到品行学业上最深刻的训练,详细阅读了四史、《通鉴》以及其他重要典籍,性情品格也锻炼出来了。①

吴雷川在父亲去世后,回杭州安葬父亲。后被推荐担任浙江高等学堂监督,兼杭州提学司衙门学务公所议绅以及巡抚衙门学务参事。1910年因办学有殊绩,晋授翰林院编修。

辛亥革命后,杭州光复的第二日,吴雷川被举为杭州军政府民政长。他本有做民政官的志愿,正欲走马上任,便有人请托谋事,他深恶之,立刻变计未上任。民国元年(1912),又被推为浙江省教育司佥事。六月,调到北京,任教育部佥事。从民国元年至十五年(1926),吴雷川在教育部任职,先为佥事,后又为参事。②

1915年,吴雷川加入教会,受中华圣公会的洗礼。之后,他一面在教育部任事,一面为教会作工,从事社会服务工作。

吴雷川接受过传统的中国儒家教育,没有固守基督教义,在20世纪20年代非基督教运动和收回教育权运动兴起后,他的基督教思想发生转变。他主张:"所有教会遗传的信条与解说,都未可尽信;教会的规制与礼仪,也不必重视;但耶稣的人格实在足以为我们做人的标准……同时,我以为上帝就是和真理、大自然、最高的原则相等的一种名称。所谓上帝,能治理管辖我们,就如同说:人类必须与大自然适应,不能与真理或最高的原则相违反。至于祈祷,我以为就是默想真理,和儒家的存养省察,同是一样修养的工夫。"③他发表大量学术著作,观点也与传统的基督教正统派产生了冲突。比如,他否认了传统的说法,认为耶稣的宗教不是一般所谓精神的、个人的宗教,而

---

① 赵紫宸:《当代教育家吴雷川先生》,《逸经》1936年第16期,第42页。
② 赵紫宸:《当代教育家吴雷川先生》,《逸经》1936年第16期,第43页。
③ 赵紫宸:《当代教育家吴雷川先生》,《逸经》1936年第16期,第45页。

是革命的宗教——谋求社会改造的宗教,其创造性的思想对我国基督教本色化运动也产生了影响。

1922年,吴雷川任燕大宗教学院兼任讲师。[①] 1926年应司徒雷登校长之邀,担任燕大国文学系教授,不久被聘为燕大副校长。

1928年,南京国民政府任命吴雷川为教育部常务次长,同时燕大董事部亦聘请他担任校长。经审度后,吴雷川决定辞去教育部职务而专任燕大校长,成为燕京大学第一任华人校长。

1933年春,吴雷川以年迈体气欠佳申请辞去校长职务,但董事会未予照准,给予一学期休假,由陆志韦以研究院长兼代燕大校长。是年6月间,吴雷川再恳辞,始获允。[②] 之后,他担任燕大国文学系教授,终日以教书、读书写作为乐。

1941年太平洋战争爆发后,燕京大学被日军封闭,吴雷川移居城内。他视利禄如敝屣,拒绝出任日伪职务,后将个人藏书全部捐赠给北海公园内的松坡图书馆,并移居馆内,以抄书为生,甘受穷困。1944年去世。

二、吴雷川教育理念的内容

吴雷川曾担任江北高等学堂监督、浙江高等学堂监督、浙江省教育司佥事、教育部佥事、教育部参事、教育部常务次长、燕京大学副校长和校长等职务,从事教育事业长达三十余年,逐渐形成完整的教育理念,并对其在燕京大学的教育实践活动产生了影响。

在教育目的方面,吴雷川主张教育"无非是合于当时人以为好的事体来教导人,使人成就完全的人格"[③]。学生在教育中"身受宝益",最终目的是为社会民众谋福利。他强调平生志愿只有两件事,办教

---

① 高厚德:《吴雷川先生与燕大》,《燕京新闻》,1940年4月20日,第1版。
② 高厚德:《吴雷川先生与燕大》,《燕京新闻》,1940年4月20日,第1版。
③ 吴雷川:《我的宗教教育谈》,《中华基督教教育季刊》1927年3卷2期,第20页。

育或者做县知事,这两件事的目的并无二致,前者为"间接造就代社会人群谋福利之人才",后者则为"直接改进人民之福利",最终都是为民众做贡献。①

在教育文化观方面,他强调中西文化的融合。吴雷川赞同梁启超的观点,即"文化者人类心能所开积出来之有价值的共业也"②。文化既是人类一切活动所"开发""积聚"而成的"事"和"物",而人类活动是全体通联、互相影响的。所以在整体上,文化是世界所共有的,但世界上分布着各民族,文化不得不区分为某民族或某国家的。当时关于中国文化的看法大致可以分为三派:(一)主张保存中国固有的文化;(二)主张中国应当全盘接受西方文化或充分世界化;(三)主张中国应当从中国国家民族本位去吸收西方文化。对于中国文化,吴雷川不否认中国文化在过去的贡献和对今日的意义,但也不承认中国有"复古"的可能,不主张把旧文化的某些部分机械地应用于中国。他认为文化是随着时代而演变,保守中国固有文化的观点以及全盘西化或充分世界化的观点都是不合理的。他主张:"当此世界一切正在大转变之中,基督教与中国文化将有同一的命运,它们必要同受自然规律的约束,同有绝大的演进,同在未来的新中国中有新的结合,这是可以预言的。"③可见,吴雷川主张以"兼容并包"的态度对待中西文化,并致力于中西文化的沟通融合,探索改革中国社会的道路,使中国文化演进成为一种可以创造新社会的文化。吴雷川也将中西文化融合的观念传承给了学生,比如他曾鼓励学生秦佩珩用西洋经济史的方法来治中国经济史④,后来秦佩珩成长为中国著名经济史学家。

---

① 《青年楷模之吴雷川先生对本校发展有伟大贡献》,《燕京新闻》,1940年4月20日,第1版。
② 吴雷川:《基督教与中国文化》,商务印书馆2015年版,第20页。
③ 吴雷川:《基督教与中国文化》,商务印书馆2015年版,第23页。
④ 秦佩珩:《忆吴雷川先生》,《国文月刊》1946年第50期,第31—32页。

在教师观方面,吴雷川认为教育的优良与否,全在乎办教育的人。尤其是教育管理者应该赤胆忠心,以教育为使命,看学生如同自己的子弟,事事出于至诚亲爱之心。① 他对自己也是如此要求的,喜欢接近青年,与他们切磋琢磨,以家人父子的亲爱精神,去影响他们的心志与生活。他热爱关心学生,对有困难的学生毫不犹豫地施以援手,乐于助人。他对于任何同事及学生都很诚恳,对于青年学子提携尤力,包括精神和物质两方面的提携。他不愿在学校多拿一文薪津,"教一点钟拿一点钟的钱!"他吃穿都极节俭,却替一群穷苦学生缴了不少的学费。② 他诲人不倦,把所藏的善本书,一无隐匿地公开给学生们,燕大国文学系的学生得他的助力尤多。

在学生观方面,吴雷川多年从事教育工作,经常与大学生接触,逐渐形成了独特的培育学生观。他认为在国势变迁之际,青年学生对于中国前途负有重大的责任。因此,青年学生首先要立定高尚的志愿,成就自己,做一个社会上有用的人。具体表现在:对于人生,总是抱乐观的;对于个人的人格,都自知尊重;对于个人的身体,是十分爱护的。③ 吴雷川赞同燕大校训"因真理得自由以服务",认为人生的价值在于为社会服务,然必须己身能得自由,方可服务社会。何谓自由?他以孔子"智者不惑,仁者不忧,勇者不惧"之语来诠释。他认为:"智仁勇即真理,养成智仁勇以至不惑不忧不惧,即所谓因真理得自由。故因真理得自由以服务者,换言之即具有智仁勇三达德以成就救人救世之事业者也。"④ 可见,吴雷川重视对学生的道德教育,希望学生能够养成"智仁勇"三达德,以期为社会服务。他强调大学生应重视修养之道,曾举《大学》中"在明明德在亲民"来阐述。他认为:

---

① 赵紫宸:《当代教育家吴雷川先生》,《逸经》1936 年第 16 期,第 44 页。
② 秦佩珩:《忆吴雷川先生》,《国文月刊》1946 年第 50 期,第 32 页。
③ 吴雷川:《我所想望的学校生活》,《燕大周刊》1925 年第 85 期,第 5—6 页。
④ 《本校落成典礼演词摘要》,《燕京大学校刊》,1929 年 10 月 4 日,第 1 版。

"所谓明明德者,即须认识自我与世界之关系,当如何预备自己以服务社会。又当时时提醒自己保守自己,须知前途远大,不可在小事上与人相争,以致贬损自己之人格;所谓在亲民者,即不但知有我,又须知有人,常常易地以观,见事自能通达。盼望本校师生能本此亲民之精神以互相合作。"① 其次,学生要以"勤求学业"为唯一的要务。在修业期间,只求获得真实的知识和技能,绝不掺杂博得毕业文凭以谋生的妄念;知道爱惜光阴;对于教员,有相当的敬礼。② 第三,珍惜在学校交友的机会。要承认人类都是弟兄,彼此以爱相结合;知道自治,更讲求群治,形成良好的校风,能使后来的人如同"蓬生麻中,不扶自直"。③ 第四,学生要关心国家社会的事。因为"经历学校的生活,本是为将来在社会上作事的预备。那末,凡是国家社会的事,自然不能莫(漠)不关心"④。吴雷川建议学生于功课余暇联合同学,组织调查研究本国现行政治的小团体,如内务、外交、财政、军事、教育等;诚心做服务社会的事,锻炼自己,而不是为了装饰门面,希图人的称誉。

在教育方法方面,吴雷川崇尚榜样示范法。他认为要帮助青年学子养成良好的人格,离不开学校的宣传工作。那如何开展宣传工作呢? 吴雷川强调教师要成为学生学习的榜样,与青年学子多进行联络,多讨论个人修养。他对自己也严格要求,躬行实践,潜移默化地影响了学生的人格发展。1929 年 4 月他请辞教育部常务次长。国民政府只准假三个月,教育部部长蒋梦麟破格通融,准许吴雷川以教育部常务次长兼领私立北平燕京大学校长的职务。吴雷川以不应开此恶例坚辞教育部职务,教育部又将三个月月俸(共计 1800 元,除去

---

① 《本学年始业典礼》,《燕京大学校刊》,1930 年 9 月 19 日,第 1 版。
② 吴雷川:《我所想望的学校生活》,《燕大周刊》1925 年第 85 期,第 6 页。
③ 吴雷川:《我所想望的学校生活》,《燕大周刊》1925 年第 85 期,第 7 页。
④ 吴雷川:《我所想望的学校生活》,《燕大周刊》1925 年第 85 期,第 7 页。

所得税,共合1600余元)汇寄他。按燕京大学规章,教职员不得收受兼薪。吴雷川虽家境不宽裕,但奉公守法,将教育部汇薪全数退回。[①]有人曾问他,为什么辞去了教育部的次长,而来燕大国文学系教穷书?他很坦白地说:"我并没有感到穷啊!我觉得每个文人应当咬菜根,尤其在这风雨如晦的时代,应该做些事情为社会的表率。教学生就好比栽花,有时浇浇水,看着他开了,心中便快乐,我也并没有想到替我结果子吃啊!"[②]

不少学者指出燕京大学在向南京国民政府教育部申请立案成功后,虽然司徒雷登改任校务长,但依然掌握办学实权。那曾担任燕京大学副校长、第一任华人校长的吴雷川对学校发展有何贡献和影响呢?且看司徒雷登和高厚德对吴雷川的评价。司徒雷登指出:"已而先生辞退教育次长之任,惠然来长我校,将其隆望及纯熟之经验,供给燕京,我校受益更复宏多矣。但先生之影响,尤在任何事务之外。其辉映之和气,蕴藉之谐谑,与夫对于学校个人诸般问题之兴趣,冶儒家之优良与基督教之粹华于一炉,执己与人,情理兼至,是则先生对于我校公共生活最大之贡献也。"[③]高厚德曾对吴雷川如此评价:"燕大行政在吴先生主持之下,固无往不利也。先生之学者态度,办事有条理,而专心,兼富办理教育行政之经验,故不仅为本校同仁所钦佩,且为舆论所推崇。……当日予日获与吴先生协理校务,诚大幸事,由此长时期之接触,益钦佩其人格之高尚,思想之超脱,其敏锐之智慧使其早岁获隽于科第,即预征其后日善于治理校务也。先生早年受旧式之教育,而足能适应新中国之环境。其对学生也,同情、友爱、诚挚乃其特有之表现,以此深获同学之景仰。惟近年以来,先生

---

① 赵紫宸:《当代教育家吴雷川先生》,《逸经》1936年第16期,第44页。
② 秦佩珩:《忆吴雷川先生》,《国文月刊》1946年第50期,第32页。
③ 司徒雷登著,赵紫宸译述:《校长祝词》,《燕京新闻·吴前校长七旬大庆特刊》,1940年11月26日,第1版。

以年事日高,不获继续担任校务,此最为遗憾者也。"①吴雷川的教育管理工作为燕大办学水平的提高做出了贡献,其人格魅力对学生产生了潜移默化的影响。

小　结

司徒雷登是美国传教士,曾在美国接受过现代大学教育;吴雷川从小接受的是中国传统儒家教育,是清末翰林,二人的成长经历悬殊,但他们都与燕京大学结缘,担任燕京大学校领导,相互合作,为燕大的发展做出了不可磨灭的贡献。

比较司徒雷登和吴雷川的教育理念,可以发现他们在教育理念的形成过程和内容方面存在一些共同点:第一,都受到中国传统文化的影响。司徒雷登虽然是美国人,但从小生活在中国杭州,长大成人后又从美国返回中国,喜欢中国传统文化,学习中国汉字,阅读四书五经;吴雷川幼承庭训,接受传统的儒家教育,先后中举、点翰林,完全是中国传统知识分子出身。第二,在教育观念上,他们都认为燕大的办学目的是培养适应中国社会的人才,主张中西文化融合,重视人格教育,主张构建良好的师生关系等。

司徒雷登和吴雷川的人格魅力、教育理念对燕大的国学教育产生了重要影响,表现在以下几个方面:第一,司徒雷登和吴雷川均热爱中国传统文化,对学生产生了示范作用,激发了学生学习国学的热情。有学生回忆:"司徒校务长以及教育学系高厚德主任演讲,不用英语,而是地道的杭州国语;引用'孔子曰''孟子曰'箴言,解说不穷,听者能不动容?"②吴雷川曾长期在国文学系任教,不仅在课堂上向学

---

① 高厚德:《吴雷川先生与燕大》,《燕京新闻》,1940年4月20日,第1版。
② 刘欢曾:《读燕大的感想与心得》,收录于董鼐主编:《学府纪闻・私立燕京大学》,台北南京出版有限公司1982年版,第282页。

生讲授国文等课程,还经常在家中召开学术讨论会,对学生进行指导,把收藏的古籍善本毫无保留地借给学生。第二,司徒雷登和吴雷川的教育理念对燕京大学国学教育的实施具有指导意义,推动了燕京大学教育管理制度的完善、国学课程体系的构建以及国学教育的组织化和专业化,为燕大国学教育的顺利实施奠定了基础。

第三章　燕京大学国学教育的制度保障

1919年燕京大学正式成立,司徒雷登、吴雷川等燕大管理者秉持先进的办学理念,不断改革完善教育管理制度,包括行政管理制度、教师聘任与管理制度、学生管理制度、图书管理制度等,促进了燕京大学的迅速发展,也为国学教育的实施提供了制度保障。

第一节　行政管理制度

一、确立行政管理模式

燕京大学作为美国几个新教差会联合主办的大学,最初在美国纽约州立案,大学的办学方针、人事安排、经费使用与行政大权,都由设在纽约的托事部掌握。托事部是由分别支持汇文大学和协和大学的宗教团体推举出的理事所组成的办事机构,由于理事各自代表自己教会的利益,讨论问题常常各抒己见,意见不一致,影响决策的制定。再加上托事部远在美国,对中国的具体情况不甚了了,作出的决策经常脱离实际,不能解决问题,影响了燕大的发展。

司徒雷登上任伊始,即发现了托事部职、责、权不相吻合的弊端,主张托事部应该基金会化,主要负责筹款和学校委托的相关事务,校产管理、人事任免权等应下放给燕大。这一建议多次遭到托事部的否决。然而,20 世纪 20 年代中国爆发了非基督教运动和收回教育权运动,极大地冲击了教会教育。为了顺应中国历史发展的潮流,燕京大学向中国政府申请立案,规定学校的办学宗旨是"以教授高深学术,发展才、德、体、力,养成国民领袖,应中华民国国家及社会需要为宗旨"[①]。同时,由于司徒雷登坚持不懈,多次到美国筹款,获得极大的成功,在经济方面逐渐摆脱了对美国教会的依赖。1926 年,燕大成立新的校董会,取代纽约托事部的权力,成为"负有经营学校之重责"的最高权力机构。托事部则成为燕京大学筹集款项、管理基金和受委托办理其他事务的机关。[②] 燕大开始实行由美国托事部、校董会和校长负责相结合的管理体制。

1929 年,国民政府教育部颁布《私立学校规程》。根据这一规定,私立燕京大学校董会共有 15 名成员,其中包括燕大选派的代表 4 人,以及在全国负有声望的领袖中推选 11 人。在这 15 人中,外国人至多不超过三分之一,至少须有五分之一为妇女。燕大校长、校务长及女部主任得列席校董会会议,但无表决权。校董会设主席一人,第一副主席一人,第二副主席一人,书记一人,均于年会时推选。孔祥熙曾担任燕大董事会主席,颜惠庆曾担任董事会副主席。校董会的职权如下:制定或修改燕大组织大纲;选聘本校校长及校务长;受设立者的委托,负责保管学校的基本财产及永久投资;筹募捐款,保管及支配所募得的款项;核定燕大每年预算、决算。[③]

校董会常设执行委员会、财政委员会、女部管理委员会和法学院顾问委员会等委员会。执行委员会,执行校董会所议决的事件,并于

[①] 《私立燕京大学组织大纲(1930 年 6 月修改)》,收录于陈大白主编:《北京高等教育文献资料选编》,首都师范大学出版社 2002 年版,第 624 页。
[②] 燕京大学校友校史编写委员会编:《燕京大学史稿》,人民中国出版社 1999 年版,第 92—93 页。
[③] 《私立燕京大学校董会简章(1936 年)》,收录于陈大白主编:《北京高等教育文献资料选编》,首都师范大学出版社 2002 年版,第 727 页。

校董会休会期内,代行校董会一切职权;财政委员会监视燕大财政;校董会女部管理委员会,编制女部每年的预算,监督女部一切支出用途,并处理关于女部的各种问题;校董会法学院顾问委员会向校董会发表关于法学院人员、预算以及政策的意见,并为燕大与所有协助该院的机关担任联系及传达意见的工作。校董会年会,于学年已终或将终时举行;有校董三人以上请求,或经由主席动议,随时召集特别会议,但须于五日前将开会的时间及地点通告各校董。无论年会与特别会,均以全体校董过半数出席,为法定人数。① 燕京大学明确董事会的职权,司徒雷登虽然握有管理学校的权力,但也必须接受董事会的监管。

燕京大学在立案后,改吴雷川担任校长,司徒雷登担任校务长。燕大对校长和校务长的职责也作出了明确规定。校长由董事会聘任,总辖校务,并代表全校负责对外一切关系;校务长,由董事会推选,校长聘任,协助校长管理校务,校长如不在校,代行其职权。②

燕京大学还设立了全面的会议制度,包括大学总会议、大学校务会议、大学行政执行委员会议、教职员会议、院长会议等。

1.大学总会议,为燕大的总务机关,也可以称之为"最高立法之机关"③。大学校长为主席,校务长为副主席。会员还包括研究院各所所长、本科各院院长、女部主任、辅导委员会主席、教师和各事务机关正副主任。其职权如下:规定全校各种学则;规定大学行政及事务各机关的职务;审查及规定各种惩戒事项;代表执行各种惩戒议案;审查及规定一切学生校中生活及课外事业规程;讨论各种有关全校教职员的生活事宜等。每年开例会四次,由校长召集;临时会议,由

---

① 《私立燕京大学校董会简章(1936年)》,收录于陈大白主编:《北京高等教育文献资料选编》,首都师范大学出版社2002年版,第727页。
② 《私立燕京大学组织大纲(1930年6月修改)》,收录于陈大白主编:《北京高等教育文献资料选编》,首都师范大学出版社2002年版,第624页。
③ 吴雷川:《北平燕京大学概略》,《中华基督教教育季刊》1931年第7卷1期,第5页。

校长随时召集,或由大学七人以上的教职员请求召集。每次会议,以有表决权的全体会员三分之一为法定人数。①

2. 大学校务会议。大学校长为主席,校务长为副主席。其他会员包括:研究院各所所长、各学院院长、各学系主任、女部主任、辅导委员会主席、各事务机关正主任,并由大学总会议选举教员十人,其中须有五名女部教员。其职权如下:(1)为大学总会议的临时议会,办理总会议交与办理的事项。(2)议决大学各种教务及事务的计划。(3)议决研究院、本科所提出的毕业生给与证书事项。(4)讨论校长、校务长、研究院、本科以及女部交议的事项。大学校务会议一切议案,应报告于大学总会议,每月开例会一次。临时会议,由校长随时召集,或由四名以上会员的请求,得召集之。②

3. 大学行政执行委员会议。负责执行燕京大学的行政,每星期集会一次。成员包括大学校长、校务长、校长办公室秘书长、研究院各所所长、本科各院院长、女部主任、辅导委员会主席、总务处主任、会计处主任、注册部主任,及由校务会议所选的五名代表,其中三人须为女部代表。其职权包括:担负全校行政上的各种责任;督察各事务机关;讨论教职员的聘任升黜和薪俸问题;决定全校经费预算和审查决算;讨论每年大学校历及各种大学布告;执行大学总会议和大学校务会议所议决的议案,并报告各该会议;执行董事会议决在校内施行的各种议案;执行教育长官命令。③

4. 教职员会议。研究院各所、本科各学院及大学女部,各设教职员会。各院院长为本院教职员会会议当然主席,并预备议事日程。

---

① 《私立燕京大学组织大纲(1930年6月修改)》,收录于陈大白主编:《北京高等教育文献资料选编》,首都师范大学出版社2002年版,第626页。
② 《私立燕京大学组织大纲(1930年6月修改)》,收录于陈大白主编:《北京高等教育文献资料选编》,首都师范大学出版社2002年版,第626—627页。
③ 《私立燕京大学组织大纲(1930年6月修改)》,收录于陈大白主编:《北京高等教育文献资料选编》,首都师范大学出版社2002年版,第625页。

各种职员会,处理各该部分事务,若有关于他部分的事务,须提交大学总会议或大学校务会议议决;各教职员会,可由校长或校务长介绍,向董事会,及董事会所设各委员会,或大学中其他各部分,直接商酌有关本部的事宜。①

5. 院长会议。1931年3月,校务会议及大学总会议又规定:为求各系学术工作的妥协及效率,各院院长应至少两星期举行一次院长会议。②

6. 学系会议。各学系得随时召开学系会议讨论该学系事务,具体事项如下:本学系所授的学科;选修学科与必修学科的计划;学科程度的标准;各种布告说明书的计划;预算;学系与他学系的协作等。③

燕京大学实行委员会制度,包括常设委员会、特别委员会、执行委员会等。各种常设委员会负责规划推行各部的事务,委员由校长提名,经大学总会议通过后,由校长委任;各委员会设委员长,由校长于委员会中指定。校长与校务长,可随时出席各委员会,为当然会员,有必要时得为当然主席。各委员会,须向大学总会议或校务会议报告会务,至少每年一次,此外有必要时,得随时报告。④ 例如,1931年,燕京大学的常设委员会包括研究院委员会(主席:高厚德,秘书:梅贻宝,其他成员包括文、理、法学院院长,女部主任,博爱理女士,吴文藻)、辅导委员会、招生委员会、图书委员会、学生资助委员会、大学

---

① 《私立燕京大学组织大纲(1930年6月修改)》,收录于陈大白主编:《北京高等教育文献资料选编》,首都师范大学出版社2002年版,第627页。
② 《私立燕京大学组织大纲(1930年6月修改)》,收录于陈大白主编:《北京高等教育文献资料选编》,首都师范大学出版社2002年版,第625—627页。
③ 《私立燕京大学组织大纲(1930年6月修改)》,收录于陈大白主编:《北京高等教育文献资料选编》,首都师范大学出版社2002年版,第625—626页。
④ 《私立燕京大学组织大纲(1930年6月修改)》,收录于陈大白主编:《北京高等教育文献资料选编》,首都师范大学出版社2002年版,第625页。

演讲委员会、教职员交际委员会和教职员募捐委员会。其中辅导委员会负责燕大训育事宜,校长、校务长、研究院委员会主席、各学院院长、女部主任为当然委员,并由校长于教职员中选派三人参加,于委员中推举常务委员三人负责与学生接洽事项,每两星期全体委员集会一次。① 特别委员会包括建筑委员会校景委员会、燕大女部各委员会(包括女部委员会,委俱委员会,奖学金委员会,阅书室委员会,宗教事业委员会,交际委员会)。② 燕大实行由美国托事部、校董会和校长负责相结合的管理体制,实行全面的会议制度和委员会制度,保障了学校行政领导权力的充分实施,提高了教育管理的效率,为顺利开展教育教学管理工作奠定了基础。

在行政机构设置方面,燕大成立之初设文科、理科和神科。1921—1922年度,刘海澜任名誉校长,司徒雷登任校长,亨利·鲁斯任副校长,另设书记和会计各一人。③ 校长之下分设男女两校文理科科长,设有注册部、会计、庶务兼斋务主任等。④ 历任男校科长有博晨光、达伟德、陈在新、洪业,历任女校科长有麦美德、费宾闺臣夫人。1926年,燕大男女两校合并,取消文理科长制,改设正副校务主任,分别由洪业与费宾闺臣夫人担任,增设副校长,聘请前清翰林吴雷川充任。次年,改校务主任为教务主任,因人选未定,暂设由五名教授组成的教务委员会。⑤ 1928年,副校长吴雷川被政府任命为教育部常任次长,请假离校,其副校长一职,由郭岏畴代理。燕大废止教务委员会,改设正副学长,由许仕廉、费宾闺臣夫人充任。1929年,燕大按照南京国民政府教育部的新标准申请立案,定名为"私立燕京大

---

① 吴雷川:《北平燕京大学概略》,《中华基督教教育季刊》1931年第7卷1期,第5页。
② 《燕京大学教职员学生名录(1931—1932年)》,燕京大学出版,1932年。
③ 《燕京大学布告第六(1921—1922年)》,燕京大学出版,北京大学档案馆藏 YJ21005。
④ 《燕京大学文理科男校学生须知(1925—1926年)》,燕京大学布告第三十第七届,北京大学档案馆藏 YJ24006。
⑤ 燕京大学:《北平私立燕京大学一览》,燕京大学出版,1930年,第5页。

学",并获批准。聘请吴雷川为第一任华人校长,改司徒雷登为校务长,女部主任为苏思德,注册部主任为梅贻宝,代理图书馆主任为田洪都,不再设副校长职位。之后,燕大的事务组织分设总务处、会计处、注册部、图书馆、校医处等,各机关设主任一人。[①] 1931年改注册部为教务处,执行校务会议、大学行政执行委员会、院长会议所议决关于教务的事项,分设注册、招生、校友三课,办理注册、招生、联络校友等事宜。[②]

燕京大学是中国较早招收女学生的高校,专门设置管理女学生的组织机构,为中国培养了一大批优秀女性人才。女部设主任一人,其职责是:管理女部事项;视察女部教职员工作;管理女部一切财产,及聘请女部教职员,对于女部管理委员会直接负责;为董事会、女部管理委员会以及女部教职员会当然主席。[③] 燕大重视对女生的管理,为女生做好各项服务工作,有助于使她们专心学业,提高学业成绩,为中国社会培养了一大批优秀女性工作者。

表格2 燕京大学组织机构表

名称	组成机构或制度	
校董会	常设执行委员会、财政委员会、女部管理委员会和法学院顾问委员会。	
校长	委员会制度	包括研究院委员会、学生辅导委员会、招生委员会、图书委员会、学生资助委员会、大学演讲委员会、教职员交际委员会和教职员募捐委员会等。
	会议制度	包括大学总会议、大学校务会议、大学行政执行委员会议、教职员会议、院长会议、学系会议等。

---

① 《私立燕京大学组织大纲(1930年6月修改)》,收录于陈大白主编:《北京高等教育文献资料选编》,首都师范大学出版社2002年版,第626页。
② 燕京大学:《北平私立燕京大学一览》,收录于燕京大学出版,1930年,第360页。
③ 《私立燕京大学组织大纲(1930年6月修改)》,收录于陈大白主编:《北京高等教育文献资料选编》,首都师范大学出版社2002年版,第625页。

续表

学术机关	本科	包括文学院、理学院和法学院。
	研究院	包括文科研究所、理科研究所和法学研究所。
事务机关		包括总务处、会计处、注册部、图书馆、校医处。
女部		设女部委员会、奖学金委员会、阅书室委员会、宗教事业委员会、交际委员会等。

总之,燕京大学重视大学内部治理体系的建设,机构设置比较合理(详见表格2),行政管理制度完备,人员职责明确,对校长乃至普通行政人员的职责都作出明确规定,因而提高了行政效率,为国学教育的顺利开展打下了良好的基础。

二、完善学科结构模式

燕大初定本科三年,预科二年,1923年改为本科四年,预科一年。招收专修生、本科生和研究生,并不断完善学科结构模式。

(一)专修科和本科

1929年8月14日,教育部公布《大学规程》,其中第二十二条规定:"大学各学院或独立学院各科得分别附设师范、体育、市政、家政、美术、新闻学、图书馆学、医学、药学及公共卫生等专修科。"[1]燕大本科附设专修科,包括国文专修科、教育专修科、幼稚师范专修科、制革专修科、初级护士预科、社会服务专修科、宗教事业与社会服务专修科等。如国文学系规定具有下列资格之一者可以请求为专修生:"高级中学或大学预科卒业者;大学或专门学校修业一二年者;在中小学充国文教员一年以上,由任职学校之保荐,经国文学系认为合格者。"[2]

---

[1] 《大学规程(1929年8月14日)》,收录于陈大白主编:《北京高等教育文献资料选编》,首都师范大学出版社2002年版,第611页。
[2] 《燕京大学本科附设专修科简章》,燕京大学出版,1930年,第6页。

1921—1922年度,燕大本科设国文部、英文部、科学部、教育部、职业部、医学预备部及女校。① 不久,学科设置分为五组:第一组包括中国古文学、中国新文学、英文、欧洲方言、希腊文和日文;第二组包括生物学、化学、地质与地理、数学、物理学;第三组包括经济学、历史学、哲学、心理学、政治学、社会学;第四组包括音乐、美术等;第五组包括农学、教育、幼稚园、制皮科、英文速写。② 其中,国文学系分为中国古文学和中国新文学两部,陈哲甫任中国古文学部主任,周作人任中国新文学部主任。这说明新文学革命影响了燕大国文学系的课程设置,燕大与时俱进对国文教育进行了改革。

翌年,燕大学科设置又有所变化,第一组包括古文、国语、日文、英文、德文、法文;第二组包括生物学、化学、地质学与地理学、算学及天文学、物理学;第三组包括经济学、历史学、卫生学、哲理学及心理学、政治学、宗教学、社会学;第四组包括美术、家庭经济学、音乐;第五组包括农务、教育、皮革、速记,另设工学预科、医学预科、看护预科。女校除了男校所授课程外,又添家政、音乐、美术、戏曲等专业。③

这一阶段,为了适应中国经济发展的需要,燕大新建的学科有农学、商业、社会学、新闻学、农学、皮革等。1920年,设商科,附设英文速写书记班,后改名职业专门部。1921年,燕大聘请美国人金贝林来华主办农科,取得南苑一千多亩地为试验场。同年获得管理赈灾余款委员会拨款22.5万元,为办理农科的基金,于是成立农学系,招收大学本科和速成科两类学生。④ 1922年,燕大创办国内首家社会学系。1924年,筹办中国的首个新闻学系。

---

① 《燕京大学布告第六(1921—1922年)》,燕京大学出版,北京大学档案馆藏 YJ21005。
② 《燕京大学简章(1922年秋季)》,《燕京大学布告刊件第十一》,北京大学档案馆藏 YJ21005。
③ 《燕京大学简章(1922—1923年)》,《燕京大学布告第十五》,北京大学档案馆藏 YJ21005。
④ 《北平私立燕京大学一览》,燕京大学出版,1930年,第4页。

燕大职业科目的发展并非一帆风顺。1925年职业专门部停止招生，改归大学本科，称商业学系。商业学系于1927年停办，英文速记学等科目并入经济学系。1926年，金贝林返回美国，由艾德、尤班克主持农学系。次年他们也返美，刘和继为主任，卒因经费有限、教员缺乏，于是先停止招收本科学生。1929年，农业速成科也停办，燕大与清华大学、香山慈幼院合办农事讲习所，旋改称新农农业学校，次年新农学校因故停办，同时燕大与金陵大学订定契约，将所有关于农学的事务移归金陵大学代为管理。①

1929年，燕大取消学长制，下设文学院、理学院和应用社会科学院，文学院包括国文、教育学、英文、欧洲语、历史学、哲学、心理学、宗教学、音乐学、新闻学等系；应用社会科学院包括经济学、政治学、社会服务等系；自然科学院包括生物学、化学、物理学、地理地质学、数学、家事学系。② 初任院长分别为陆志韦、许仕廉、胡经甫，未几，胡经甫、许仕廉相继辞职，由威尔逊、徐淑希继任。教务由各院院长会议处理。不久，又于文学院内增设体育学系。应用社会科学院改为法学院，增设法律学系，自然科学院改为理学院。之后人事、专业虽数次变动，但体制则一直没变。

(二) 研究院

燕大成立之后，哲学学科即设立研究课程③，培养研究生。最初规定凡具有大学本科毕业之资格者皆可申请为研究生。其后其他学系逐渐增设研究课程。每年由校务会议推选若干教授，组织研究院委员会，处理研究生培养事务。从1919年至1926年，燕大选读研究课程的学生为数甚少。1922年，获得燕大硕士学位的毕业生只有瞿

---

① 《北平私立燕京大学一览》，燕京大学出版，1930年，第4页。
② 燕京大学：《燕京大学本科简章（1929年）》，《燕京大学布告第十一号第十一届》，1929年，第25页。
③ 《北平私立燕京大学一览》，燕京大学出版，1930年，第3页。

菊农一人；其后五年间，只有四人获得硕士学位。①

20世纪20年代中期，燕京大学对文学和理学硕士学位的授予规则进行了明确规定。入学资格是：燕大文理科毕业生分率须在1.30以上者；在别校具有同样成绩者，或具有相当程度，考试合格者亦得入学。研究生修业年限至少一年，须习18个学分，其中10个学分必须为研究科课程，其余8个学分，如欲以本科高等课程代替，则必须习12个学分。要求研究生交一篇五千字以上的论文，论文内容能够表示："1.发表思想之能力；2.主修学科之普通知识；3.主修学科之研究方法；4.并表示其能独立研究创造思想且有科学方法之裁判力。"②翻译书籍亦可作为研究论文，但须经该学系主任监阅和教职员特别委员会通过。

1931年，在研究院下设文、理、法三个研究所，文科研究所下设历史学部，理科研究所下设化学部、生物部，法学研究所下设政治学部。研究院设院长一人，由校长兼任；各研究所各设所长一人，由本科各学院院长兼任，研究院所属各部，各设主任一人，由本科各学系主任兼任。

1933—1934学年计有生物学、化学、国文、经济学、教育学、历史学、新闻学、哲学、物理学、政治学、心理学、社会学十二学系招收研究生。凡学生经注册为研究生后，学则规定修学年限至少为一年，但实际上几乎没有学生能于一年终了时修完其研究课程。大多数学生须用三学期或两学年的时间，方能获得硕士学位。③

1934年，国民政府教育部颁布《大学研究院暂行组织规程》。翌

---

① 《私立燕京大学研究院概况》，收录于李森主编：《民国时期高等教育史料汇编（第8卷）》，国家图书馆出版社2014年版，第341页。
② 《燕京大学文理科男校学生须知(1925—1926年)》，《燕京大学布告第三十第七届》，北京大学档案馆藏 YJ24006。
③ 《私立燕京大学研究院概况》，收录于李森主编：《民国时期高等教育史料汇编（第8卷）》，国家图书馆出版社2014年版，第342页。

年 4 月,国民政府颁布《学位授予法》,规定学位为学士、硕士、博士三级。1934—1935 年度,燕大遂依照部颁规程改组研究院。其改进要点包括:限制设立研究课程之学系;更严格举行入学试验;规定修学年限,至少为两年;于第一年研究终了时,举行基本学识考试;研究期满时,须经过口试或口试与笔试;规定研究生不必随班听讲。燕大研究院向教育部申请立案,历史、化学、生物与政治学四部正式经教育部认可。国文、教育、哲学、物理、心理、社会六系的研究工作,虽未经教育部认可,但燕大仍准本科各教授就其所研究的问题招收若干本科毕业生以资辅助,冀收教学相长之效。①

至 1935 年,研究院下设文科、理科和法学三个研究所,文科研究所包括历史部、文哲部、心理教育部;理科研究所包括理化部、生物部;法学研究所包括政治部、社会部。1941 年,研究院执行委员会包括以下人员:研究院院长陆志韦,兼文科研究所主任和历史部主任;代理理科研究所主任兼生物部主任李汝祺;代理法科研究所主任兼政治部主任吴其玉;委员宾威廉(William H. Adolph)、郭绍虞和赵承信等。②

1927 年,燕大经正式注册为研究生者,计有 41 人。自此以后,学生人数及授予学位人数,基本上是逐年增加,见下表:

表格 3　燕京大学注册研究生和授予硕士学位人数表③

年度	注册人数	领学位人数
1927—1928	41	7
1928—1929	57	12

① 《私立燕京大学研究院概况》,收录于李森主编:《民国时期高等教育史料汇编(第 8 卷)》,国家图书馆出版社 2014 年版,第 343—344 页。
② 《燕京大学课程一览》,《燕京大学布告第 26 届第 10 号》,1941 年,第 160 页。
③ 《私立燕京大学研究院概况》,收录于李森主编:《民国时期高等教育史料汇编(第 8 卷)》,国家图书馆出版社 2014 年版,第 341—342 页。

续表

年度	注册人数	领学位人数
1929—1930	66	12
1930—1931	94	24
1931—1932	110	29
1933—1934	120	25
1935—1936	107	32
1937—1938	88	24

燕大研究生入学后，可自由选修各项课程，或由负责指导的导师指定修习各项课程。研究生在修习某种课程时，如缺课至三星期，即不得继续到堂上课。第一学年修业完毕时，由各部举行该生所研究学科的考试。学位考试分学科考试和论文考试两种。学科考试由考试委员会以笔试的形式考查，论文考试由考试委员会以笔试或口试的形式考查。燕大对研究生要求严格，保证了研究生培养的质量。

1928年，在哈佛燕京学社的资助下，燕京大学设立国学研究所，以研究中华国学、沟通中西文化为宗旨，专门招收国学研究生。但国学研究所未正式报教育部，无法授予学生正式的硕士学位，故注册学生人数逐渐减少。1932年，燕大对国学研究所加以改组，取消国学研究所名称。国学研究所存在的时间不长，但依然培养了一些人才，如白寿彝、吴世昌、张长弓、张寿林、牟传楷和班书阁等，取得了一定成绩。

第二节 教师聘任与管理制度

随着中国传统学术向现代学术转型以及近代大学制度的建立，大学教师成为学术研究的主体，也是学术职业化的标志，担负着生产知识和传授知识的重任。燕京大学国学教育的实施同样离不开大学教师,因此有必要对燕京大学的教师聘任和管理制度略做考察。

一、制定教师聘任制度

燕京大学在成立之初以外籍教师为主体,绝大多数教师是外国传教士,没有受过从事教育工作的训练,在学术上也不具备在大学任教的资格;4名中国教师,只有李荣芳和陈在新具有博士学位。[①] 司徒雷登认识到,提高教师的素质是燕京大学面临的一项迫切任务。

司徒雷登在上任后不久就向纽约托事部要求给学校一定自主权,自主聘任合格的教师。这一要求虽然被拒绝,但他还是在自己的职权范围内尽可能聘任有资格和能力任教的中国教师来校任教。1922年,燕京大学实行中西籍教师工资均等待遇的规定,教授月薪为360元,与校长相同。[②] 当时,由于军阀混战,政局动荡,国立大学教师欠薪情况严重;而燕京大学从不拖欠教师的工资,教学研究环境稳定,人文环境宽松,因而吸引了大批的中国学者来校任教,成绩显著。1927年,司徒雷登曾颇为自豪地向纽约托事部报告:

> 教职员中之中西人数,已各有五十六人,数正相等。由此观察,中国教职员人数之比例,已属大多数之增加,且于下学年恐乃有再增之势。本校文科,共二十一学系,内有十四学系之主任或代理主任,已为中国人。其中且有若干学系,如农学系、政治学系等(国文学系当然在内),全体中国人主持。更显著者,各办公室之管理职权与委员会等,亦多归中国人负责。凡此种种,对于中国人之本身。虽无若何之特殊意义,然既能得此,则殊足以表现中国人技术之高超,服务之忠诚,与其能

---

① 燕京大学校友校史编写委员会编:《燕京大学史稿》,人民中国出版社1999年,第6页。
② 燕京大学校友校史编写委员会编:《燕京大学史稿》,人民中国出版社1999年,第8页。

与西国教员之和谐合作。①

在司徒雷登的不懈努力下,燕京大学既聘任了留美归国学者刘廷芳、洪业等,也邀请到清代翰林、曾担任浙江高等学堂监督和教育部佥事的吴雷川担任燕大国文系教授、系主任乃至副校长、校长。众多优秀学者的到来使得燕大的教学水平日益提高。

司徒雷登广揽各方人材到燕大任教,并不是凭个人的喜好,而是依据教育部以及燕京大学制定的认定教师资格的规章制度。

1927年6月15日,国民政府教育行政委员会公布《大学教员资格条例》,将大学教员名称分教授、副教授、讲师和助教四等,并对大学教员资格作了严格规定。助教:"国内外大学毕业,得有学士学位,而有相当成绩者;于国学上有研究者。"讲师:"国内外大学毕业,得有硕士学位,而有相当成绩者;助教完满一年以上之教务,而有特别成绩者;于国学上有贡献者。"副教授:"外国大学研究院研究若干年,得有博士学位,而有相当成绩者;讲师满一年以上之教务,而有特别成绩者;于国学上有特殊之贡献者。"教授:"副教授完满两年以上之教务,而有特别成绩者。"②该条例还规定:大学教员均须受审查,审查时须呈验履历、毕业文凭、著作和服务证书;大学评议会为审查教员资格的机关;教员资格审查合格后,由中央教育行政机关认可给予证书;凡私立大学审查合格的教员,必须经该大学呈请中央教育行政机关立案,报由认可,给予证书,方为有效;除国内外国立大学外,其他大学给予的学位,经中央教育行政机关认可方为有效;工程师学位与学士学位或硕士学位相等者,可由大学评议会指定;国内外大学同等级之学位而取得之程度有差别者,可由大学评议会特别指定。凡于

---

① 《燕京大学校长报告书(1927年6月)》,收录于陈大白主编:《北京高等教育文献资料选编》,首都师范大学出版社2002年版,第573页。
② 《大学教员资格条例》,收录于中国第二历史档案馆编:《中华民国史档案资料汇编》(第5辑第1编,教育),江苏古籍出版社1994年版,第168—169页。

学术有特别研究而无学位者,经大学评议会议决,可充大学助教或讲师。① 1929 年 7 月,国民政府公布《大学组织法》,规定大学各学院教员,分教授、副教授、讲师、助教四种,由院长商请校长聘任;大学得聘兼任教员,但其总数不得超过全体教员三分之一。②

燕京大学对教职员聘任标准也作出了详细规定。1935 年,颁布《修正教职员待遇通则》,对各教员最低学位及经验标准、各级行政人员最低资格标准、职员最低资格标准等问题作出了规定,详见下表。并注明学位一项可以下列资格代替:甲、有同等学力或系专门的训练者;乙、精通国学的中国学者。经验可以下列资格代替:对专门工作有同等经验者;曾任高等学术机关职员得有经验者。能力指在教学上的造诣而言。

表格 4　燕京大学各教员最低学位及经验标准③

等级	学位	教学经验	能力	著作
教授	得文学士或理学士者	须教学 9 年	能指导研究院研究工作	得学位后有出版品
	得文硕士或理硕士者	须教学 7 年		
	得博士者	须教学 5 年		
副教授	得文学士或理学士者	须教学 7 年	能指导研究院研究工作	得学位后有出版品
	得文硕士或理硕士者	须教学 5 年		
	得博士者	须教学 3 年		

---

① 《大学教员资格条例》,收录于中国第二历史档案馆编:《中华民国史档案资料汇编》(第 5 辑第 1 编,教育),江苏古籍出版社 1994 年版,第 169 页。
② 《大学组织法》(1929 年 7 月 26 日),收录于陈大白主编:《北京高等教育文献资料选编》,首都师范大学出版社 2002 年版,第 574—609 页。
③ 《燕京大学修正教职员待遇通则(1935 年 5 月)》,收录于陈大白主编:《北京高等教育文献资料选编》,首都师范大学出版社 2002 年版,第 696 页。

续表

等级	学位	教学经验	能力	著作
讲师	得文学士或理学士者	须教学 5 年	能指导本科之研究工作	无须
	得文硕士或理硕士者	须教学 3 年		
	得博士者	须教学 1 年		
助教	得文学士或理学士者	须教学 3 年	能独立开班授课	无须
	得文硕士或理硕士者	须教学 1 年		
	得博士者	无须		
助理	得文学士或理学士者	无须	能助理课室实验室工作	无须
	得文硕士或理硕士者	无须		
	得博士者	无须		

燕京大学规定各级行政人员的最低资格标准如下：甲级行政人员须曾受大学或高等教育，具有职务上的专门知识，五年工作经验，而且有办事或专门才干及领袖与指导能力。乙级行政人员须曾受大学或高等教育，有职务上的专门知识，三年工作经验，而且有高尚的办事能力。丙级行政人员须曾受大学或高等教育，有职务上的专门知识，二年工作经验，而且有办事或专门才干。[①]

司徒雷登主持制定的教师聘任办法，对西籍教师同样适用，因此在燕大任职的没有相应学位的西籍教师，往往利用休假制度回美国进修，达到相应的学位标准，以符合燕大的规定。

二、完善教师管理制度

为了稳定教师队伍，最大限度地发挥教师的才能，燕京大学建立

---

① 《燕京大学修正教职员待遇通则(1935 年 5 月)》，陈大白主编：《北京高等教育文献资料选编》，首都师范大学出版社 2002 年，第 696 页。

并不断完善了教师管理制度。

1928年9月,燕京大学制定《中国教职员待遇通则》,教师职称分为教授、副教授和助教三级,职员分为主任、副主任、各课主任、事务员、助理员和书记。教授月薪分三级:250元、275元、300元;副教授月薪分五级:180元、200元、225元、250元、275元;助教月薪分七级:80元、100元、115元、130元、145元、160元、175元。学长、副学长、会计主任、总务主任、注册主任、图书馆主任、校医,与教授或副教授同等待遇。凡聘任教授、副教授、助教、主任、副主任、各课主任、事务员,均由校长致送聘书。教授、副教授,及与同等待遇之主任、副主任等任职满7年,得休假一年。还设有储金制度,规定教职员任职满十年,自第十一年起,学校可按年加给全年薪金十分之一,代为存储,于其退职离校时一并交付。①

1928年10月,燕京大学对《中国教职员待遇通则》进行了修正,规定教授月薪分五级:200元、225元、250元、275元、300元;副教授月薪分五级:180元、200元、225元、250元、275元。②次年,燕大执行委员会再次修正了《中国教职员待遇通则》,修改如下:薪金只有最高最低数目,分级办法取消;加薪数目,由行政委员会提交董事会批准;取消储金,改定保险,详细办法再定。③

1935年,燕大颁布《修正教职员待遇通则》,不仅对教师和行政人员的最低资格标准做出了规定,而且对教员薪金、行政人员薪金、晋级与加薪、休假规则、住宅等问题做出了规定。

教员分为教授、副教授、讲师、助教、助理五个等级,其薪金额度详见下表:

---

① 《中国教职员待遇通则》,《燕京大学校刊》,1928年9月21日,第1版。
② 《修正中国教职员待遇通则第二章》,《燕京大学校刊》,1928年10月19日,第1版。
③ 《修正中国教职员待遇通则第二章及第七章》,《燕京大学校刊》,1929年2月22日,第1版。

表格 5　1935 年燕京大学教员薪金表[①]

等级	月薪额	加薪最低年限	每次加薪最高数目
教授	360—460 元	每二年	20 元
副教授	270—350 元	每二年	20 元
讲师	205—265 元	每二年	15 元
助教	140—200 元	每二年	15 元
助理	75—135 元	每二年	10 元

行政人员包括校长、校务长、女部主任、教务主任、总务主任、会计主任、校医、工程师、图书馆主任、资助委员会主任，以及各办公室正副主任或代理主任等。校长、校务长同酬；其他行政人员分作甲、乙、丙三级，其薪金与待遇分别与教授、副教授及讲师的薪金待遇相等。

大学规定教员的晋级除符合前文所述学位及经验标准外，还须具有下列资格：甲、有计划并组织教材授课的才能；乙、有指导助理及学生工作的能力；丙、对特种学科有专门研究；丁、研究后有著作出版（指教授等级而言）。所有职员的聘任、免职、晋级、增薪与休假等诸问题，均由校长、校务长商同"铨叙委员会"处理。[②] 每年 4 月 1 日以前，各院长及行政人员应将来年的升级降职与另聘等问题，提交铨叙委员会；该委员会即据此将全体教职员的工作审查一次，根据此审查结果，将应升应黜以及另职各节陈报校长。

为了促进教师的专业化发展，燕京大学制定了教师休假的规定：凡讲师等级以上连续服务 6 年以上的专任教员，得请求休假半年或

[①] 《燕京大学修正教职员待遇通则（1935 年 5 月）》，收录于陈大白主编：《北京高等教育文献资料选编》，首都师范大学出版社 2002 年版，第 695 页。
[②] 《燕京大学修正教职员待遇通则（1935 年 5 月）》，收录于陈大白主编：《北京高等教育文献资料选编》，首都师范大学出版社 2002 年版，第 697 页。

一年。于请求休假时,须随交一份计划书,叙明休假的目的,或特别研究计划所需经费的着落等,呈请所属院长、学系主任和校长核准。如果该教员的研究经费须由学校供给,则其仍可照常支取薪金。如果须留学国外,则其休假期内的全薪,得按2∶1的总汇率领取美金;或与此相等的其他所在国国币。教职员在休假期间,如仍留校居住,依然享有住房、看病和医牙津贴的权利。①

此外,1935年《修正教职员待遇通则》还对教师医疗与医牙的津贴、国内旅费报销、住宅分配、教职员子女免费学额等作出了详细具体的规定,基本为教师解除了工作的后顾之忧。合理而有保障的工资待遇和其他优厚条件吸引了很多著名学者来校任教。例如,顾颉刚就是看重了燕大安定自由的教学和研究环境,到燕京大学任教,曾担任国学研究所导师、哈佛燕京学社研究员、历史系教授及主任、《燕京学报》编辑委员会主任等职务,讲授"中国上古史研究""尚书研究""中国古代地理沿革史""春秋史""古迹古物调查实习"等课程,为燕京大学国学人才的培养做出了重要贡献。

当时北平各高校教师往往在其他高校兼职,如辅仁大学校长陈垣在燕京大学担任兼职教师,燕京大学教师顾颉刚在北京大学兼课等。为了保证教师教学和学术研究的质量,燕京大学对教师兼课作出了规定。1930年9月6日,燕大教职员全体大会议决教员兼课规则,规定:"所有专任教员概不准在他校兼课。如某大学因设某科学科,必须请本校某位教员兼授者,本校大学行政执行委员会征得该教员同意后得准许之。惟须遵照下项规则办理:(甲)兼课钟点每周不得超过四小时,而同时不得在两个以上学校兼课。(乙)兼课所得酬

---

① 《燕京大学修正教职员待遇通则(1935年5月)》,收录于陈大白主编:《北京高等教育文献资料选编》,首都师范大学出版社2002年版,第698页。

金,除车马费外,余额均应交给本校会计处。"①燕京大学还规定各学系延聘的兼任讲师、助教的总数,不得超过全体教员三分之一。②

教育部曾对燕大教师聘任和管理制度予以肯定,指出:"经详加审查,该校教员多为专任,且能努力研究,职员办事亦属认真,经费支配适当,设备尚称妥善,学校供给教职员住所,多予教员学生以接触之机会,凡此成绩,堪用嘉慰。"③燕大不断完善教师聘任与管理制度,将制度管理与情感管理相结合,有助于教师队伍的稳定和教师的专业化发展。

第三节 学生管理制度

燕京大学建立了一套规范的招生制度和成绩考查制度,保证了学生的招生质量和培养质量;实行学术奖励和资助制度,有助于督促学生学习,提高教育质量。

一、规范招生考试制度

燕京大学实行推荐制和考试相结合的混合型招生模式。建校初期,其生源主要来源于教会中学所选送的学生,只要有这些学校校长的推荐,所有学生都可以免试入燕大就读,这导致燕大的招生渠道狭窄单一,严重制约了入学新生质量的提高。为了扩充招生规模,提高新生的质量,司徒雷登将招生对象有选择性地向非教会中学毕业生开放,增加燕京大学所承认的中学,学生来源地区的分布也更加广泛。

---

① 《燕京大学教员须知(1931年)》,收录于陈大白主编:《北京高等教育文献资料选编》,首都师范大学出版社2002年版,第644页。
② 《私立燕京大学组织大纲(1930年6月修改)》,收录于陈大白主编:《北京高等教育文献资料选编》,首都师范大学出版社2002年版,第626页。
③ 《教育部改进专科以上学校训令汇编第一辑》(中华民国二十二年至二十四年),收录于李景文、马小泉主编:《民国教育史料丛刊(878)》,大象出版社2014年版,第451页。

至 1928 年,燕京大学承认的学校有 11 所,试认的学校也有 11 所,无承认的女子中学,但有 16 所试认的女子中学,详见下表。燕京大学规定公立或私立中等学校,拟得燕大承认或试认者,其课程编制等须与燕大所定的承认或试认学校章程相符。①

表格 6　1928 年燕京大学承认或试认的学校②

分类	学校名称	数量
承认的学校	北京汇文学校、北京崇实学校、北京崇德学校、通县潞河中学、天津新学书院、天津汇文中学、奉天文会书院、山西太谷铭贤学校、山东潍县文华学校、山东德州博文学校、福建泉州培元中学	11
试认的学校	福州英华书院、嘉兴秀州中学、南昌豫章中学、厦门寻源书院、广州培英中学、广州培正中学、苏州萃英中学、苏州桃坞中学、杭州蕙兰中学、芜湖萃文中学、山西汾州铭义中学	11
试认的女子中学	北京贝满中学、北京慕贞中学、北京培华中学、北京笃志中学、北京美国学校、天津中西女中、南京汇文中学、南京明德中学、上海中西女校、上海圣玛利亚中学、南昌葆灵学校、长沙福湘中学、广州真光中学、杭州弘道中学、湖州湖郡女校、福州文山中学	16

从上表中可以看出,此时燕京大学主要在教会中学招生,正式承认的学校数量较少。至 1937 年,燕大所承认的中学增加到 38 所(见下表),地区分布数量也增加,学校类型不仅包括教会中学,也包括了师大附中等国立中学。燕京大学虽然与教会中学渊源颇深,但仍平等对待普通中学毕业生。设有新生奖学金,规定普通中学及承认中学投考生均可申请,并参加"奖金考试",国文、英文考试延长为 3 小

---

① 《燕京大学文理科简章(1928—1929 年)》,收录于陈大白主编:《北京高等教育文献资料选编》,首都师范大学出版社 2002 年版,第 574 页,第 598 页。
② 《燕京大学文理科简章(1928—1929 年)》,收录于陈大白主编:《北京高等教育文献资料选编》,首都师范大学出版社 2002 年版,第 574 页,第 598 页。

时（普通考试为 2 小时）。①

表格 7 1937 年燕京大学学生入学考试承认的 38 所中学②

分区	地点	中学
第一区	北平	贝满女中、慕贞女中、培华女中、笃志女中、师大附中南校、师大附中北校、汇文中学、崇德中学、崇实中学、育英中学、潞河中学
第二区	天津	中西女中、南开女中、南开中学、汇文中学、新学中学
第三区	昌黎	汇文中学
第四区	山西	太古铭贤中学
第五区	南京	中华女中、汇文女中
第六区	上海	清心女中、中西女中
第七区	浙江	嘉兴秀州中学、杭州蕙兰中学
第八区	武昌	圣希里达中学
第九区	长沙	福湘女中、雅礼中学
第十区	南昌	葆灵女中、豫章中学
第十一区	福州	文山女中、鹤龄英华中学、格致中学
第十二区	泉州	培元中学
第十三区	广州	真光女中、培正中学、培英中学、培道中学
第十四区	巴达维亚（雅加达）	中华会馆中学

为了提高学生素质，除推荐制外，燕京大学在留美归来任教的中国学者刘廷芳和洪业的协助下，建立了一套严格的入学考试制度，加强了对学生知识水平和能力的考核。燕大于每学年之始，都会招收正式生。正式生是指欲投考燕大的学生，并须在经教育部认可的新

---

① 《燕京各承认中学校积极筹备考试事宜》，《燕京新闻》，1937 年 3 月 26 日，第 2 版。
② 《燕京各承认中学校积极筹备考试事宜》，《燕京新闻》，1937 年 3 月 26 日，第 2 版。

制六年中学或已立案的大学预科毕业。正式生报名须填写报名书,并由前校详细填写报名书中的成绩表,呈验前校毕业文凭。

除了正式生,燕京大学还招收免试生、转学生、特别生和旁听生。免试生是为燕大所承认或试认的中学毕业生,其成绩与燕大所定免试升学成绩标准相符者,得由其校长保荐,免试升入燕大;报名手续与正式生同,惟须附有该校校长或教务主任的保荐书。转学生是指由其他大学转入燕京大学的学生,须由其前校在转学报名书中填注该生的成绩,并须另具前校的修业证书,以便取录后呈交给教育部备案。特别生是在入学后每星期减少上课的钟点,或不读燕大规定的必修科目,无毕业年限要求,亦不能领受学位,其入学手续与正式生同。旁听生获准在燕大旁听一年适当的课程,无学分,其入校须有燕大所认识的机关或团体致燕大教务委员会的介绍书;又须有在该项机关或团体服务三年以上的资格。①

燕京大学对本科生的入学资格作出了详细规定:"凡入本科第一年级之学生,须具有新学制六年中学毕业之程度,及曾习有六十单位以上之功课。凡在中学每星期授课四次以上,每次授课四十分钟以上,积一学期为一单位。每单位约占每学期功课五分之一。"六十个单位包括在中学期间必修功课四十二个单位和选修功课十八个单位,必修功课包括国文、英文、混合数学、自然科学、地理、历史、伦理等科目,详见下表。②

---

① 《燕京大学文理科简章(1928—1929 年)》,收录于陈大白主编:《北京高等教育文献资料选编》,首都师范大学出版社 2002 年版,第 574 页,第 598 页。

② 《燕京大学文理科简章(1928—1929 年)》,收录于陈大白主编:《北京高等教育文献资料选编》,首都师范大学出版社 2002 年版,第 574 页,第 599 页。

表格 8　燕京大学本科生入学资格规定

科目	单位	年数
国文	12	6
英文	12	6
混合数学（代数几何三角在内）	4	2
自然科学（下列之一）	2	1
生物学		
化学		
普通科学		
地质学		
物理		
地理	2	1
历史		
本国史	4	2
西洋史	4	2
伦理	2	1
总数	42	

1937年，燕京大学规定投考的学生资格为："凡在公立或曾经立案之私立高级中学毕业，或同等学校毕业，经过本大学试验及格者，得入本大学为一年级生；凡在公立或曾经立案之私立大学修业一年以上之学生，持有原校之修业证书，及学科详细成绩书，经本大学认为合格，准予参加编级试验，并经录取者，得入本大学为编级生，但学分编级，须经本大学审查后酌定之，如审查有疑义时，得分别学科另予试验。"[①]此外，燕京大学对新生还有以下规定："录取新生，须照章

[①] 《燕京大学本科教务通则（1937年）》，收录于陈大白主编：《北京高等教育文献资料选编》，首都师范大学出版社2002年版，第750页。

觅妥保证人，填具保证书，并经医生检查身体合格，方准入学；新生经本大学录取后，如因故不能于本学年到校，经本校认为理由充足，同时本校招生办法亦无变更时，得于下学年免试入学；新生入学后，其第一学年为试读期，如有成绩不及格者，本大学得随时令其退学；凡请求入学或已经录取之学生，如经发现有伪造证明文件或入学试验时有舞弊情事，或有其他不端之行为者。本大学得随时取消其投考或入学资格。"①

考生经燕大审查合格后，须参加入校考试。燕京大学每年举行两次入学考试，一次在六月，一次在八月末，地点在考前临时公布。正式生入学试验包括国文、英文、本国史、外国史、地理、混合数学（代数几何三角在内）、科学（生物学、化学、物理学、地质学、普通科学任选其一）、智能测验等科目。史地、数学以及科学的试题，分中英文两种，学生可任意选答一种。转学生和免试生经燕大审查及格者给予入学证，无须经过入学试验；惟转学生到校后须参加国文和英文编级试验，免试生则无须参加编级试验。燕京大学还特别规定："学生如于国文或英文不及格，概不准录取。但中国学生之久居国外者，或外国来学的学生，入学时国文试验得通融办理；惟入学后须补习国文。"②这一规定充分表明了燕京大学对国文与英语的重视，以及希望学生具有对中西文化融会贯通的能力。

为了便于考生准备入学考试，燕京大学各学系制定了录取标准，笔者在此重点介绍国文、历史等与国学相关学科的录取标准。

第一，国文科目。燕京大学对报考国文学系的学生的要求是：一、能运用文言，自由发表思想；二、能解读古籍；三、能欣赏并评判古

---

① 《燕京大学本科教务通则(1937年)》，收录于陈大白主编：《北京高等教育文献资料选编》，首都师范大学出版社2002年版，第750页。
② 《燕京大学文理科简章(1928—1929年)》，收录于陈大白主编：《北京高等教育文献资料选编》，首都师范大学出版社2002年版，第574页，第599页。

今名著。[1] 提醒学生准备考试的方法有:"(1)应多在图书馆浏览中文书籍,以期获得研究之途径。(2)学生读书,宜造成写札记之习惯,期能自由发挥自己之见解,及增加撰写之乐趣。(3)宜常练习文言白话互译,并善用新式标点符号。(4)宜常练习演说,熟悉发音原理,造就口才,俾能随意发表自己之意见。"[2]当时梁启超先生曾列出国学最低限度的阅读书目,包括四书、《易经》《诗经》《礼记》《左传》《老子》《墨子》《庄子》《荀子》《韩非子》《战国策》《史记》《汉书》《后汉书》《三国志》《资治通鉴》(或《通鉴纪事本末》)、《宋元明史纪事本末》《楚辞》《文选》《李太白集》《杜工部集》《韩昌黎集》《柳河东集》《白香山集》等。燕京大学建议学生在入学前即阅读梁启超先生所开的国学最低限度书目,认为"学生虽不能将各书专精研究,亦宜为稍有心得之涉猎";若未读这些书,"真不能认为中国学人矣"[3]。

第二,历史科目。燕京大学对报考历史学系的学生的要求是:"投考者宜知中国民族发达之历史,及中国民族与他族关系之概略。须于世界各种文化之背景,及现代生活中前代文明所遗留之势力,有相当之了解。至历史之研究,于国民生活及促进世界大同之生活中有何价值,亦须有精确之信念。"方法与内容是:(一)宜知历史上中西文明的主要地点,能在地图上指出其所在,并举其过去历史上之名称。(二)宜知中西历史中的重要人物,与其年代事业,及对于文化上卓著的贡献。(三)能区分中西历史的时代,并述每时代的大事。(四)能说明现代世界重要事件的历史上之起因。(五)宜知历史上的重要人名,及地名,汉英文的对照,及中西年历的比较。历史系还特

---

[1] 《北平私立燕京大学本科入学简章》,《燕京大学布告第11号第12届》,1930年4月,第9页。
[2] 《燕京大学文理科简章(1928—1929年)》,收录于陈大白主编:《北京高等教育文献资料选编》,首都师范大学出版社2002年版,第600页。
[3] 《燕京大学文理科简章(1928—1929年)》,收录于陈大白主编:《北京高等教育文献资料选编》,首都师范大学出版社2002年版,第600页。

别列出供考生参考的书籍,包括傅运森的《新学制历史教科书》二册(商务印书馆)、陈衡哲的《世界史》二册(商务印书馆)、金兆梓的《本国历史》二册(中华书局)、赵玉森的《共和国教科书本国史》二册及参考资料四册(商务印书馆)、吕思勉的《白话本国史》四册(商务印书馆)、李秦棻的《中国近百年史》三册(商务印书馆)、孟世杰的《中国最近时史》四册(北平海王书店)以及韦伯斯特(Webster)的《世界史》(World History)等英文历史著作。① 由此可见,燕京大学历史系希望学生对中西文化都有所了解,能贯通中西。

燕京大学对研究院学生的入学资格也作出了规定,要求学生:"对于所选习之专门学科有充分之准备,能用中文(如为外国人可用其本国文)作明确畅达之文章,并对于所研究学科有密切关系之外国文有相当造诣,至少能阅读所习学科之外国文原本书籍;曾在国立省立或立案之私立大学与独立学院毕业;经公开考试,并审查其在原毕业学校之功课成绩,均认为合格。"②

研究院入学考试各所各部共同考试科目有国文和英文,要求学生国文程度相当于大学本科必修国文,外国文(英、法、德、日,任选一种,在报考时声明),须有阅读及翻译专门书籍的能力,并能用简明文字发表著作。③ 此外各分部还定有自己的考试科目。如历史学部包括中国史、外国史和史学方法三方面,中国史,以能熟知通史中治乱之大端为标准;外国史,以能明了今昔国际关系变迁的梗概为标准;史学方法,以能指证史学与其他学科的主要关系及能领会数种史学名著为标准。国文学系包括中国文字学(包括文字形义学、声韵学、训诂学、甲骨钟鼎文)和中国文学史(包括历代文、历代诗词、戏曲、小

---

① 《燕京大学本科简章》,《燕京大学布告第 11 号第 11 届》,1929 年 4 月修订,第 13—15 页。
② 《北平私立燕京大学研究院入学简章》,《燕京大学布告第 19 号第 20 届》,1935 年 3 月,第 6 页。
③ 《北平私立燕京大学研究院入学简章》,《燕京大学布告第 19 号第 20 届》,1935 年 3 月,第 6 页。

说、文学批评）。①

燕大还规定考试科目或内容，除有数部已指定内容外，其余得按投考生在大学本科所修科目的性质，斟酌决定。投考生的本科成绩，必须确属优良，且所修科目的内容完备，经燕大有关所、部认为确有研究的准备，方准应分部考试。

从 1917 年至 1936 年，燕京大学招生人数逐渐增多，1917 年共招生 41 人，1936 年招生 168 人，这二十年一共招收了 1783 名学生，其中男生 1390 名，女生 393 名。其中燕大文学院总人数如下：国文学系 60 人，历史学系 79 人，哲学系 16 人，教育系 81 人，外国文学系 63 人，心理学系 15 人，新闻系 46 人，音乐系 7 人；法学院人数如下：政治学系 147 人，法律系 13 人，经济系 228 人，社会学系 122 人，农科 7 人；理学院人数如下：化学系 102 人，生物学系 179 人，物理学系 30 人，数学系 36 人，家事学系 29 人，地理地质学系 11 人；宗教学院共 51 人；研究院学生共 194 人。② 总体来说，学生较倾向学习政治、经济以及理工科等社会需求量较大的专业，虽然燕大学习文史哲等人文学科的学生数量较少，但燕大重视国学教育，其中绝大部分学生最后都成长为某一领域的研究专家，有的毕业生还在国学领域取得杰出的学术成就，成为一代大师。

二、制定成绩考查制度

除了入学考试制度规定严格，燕京大学在学生入学后依然对学生严格要求。尤其是洪业在担任教务长期间，规定：学生成绩平均不够乙等的话，就得退学；实施第一年 400 多学生中有 93 人被迫退学③。

---

① 《私立燕京大学研究院入学简章》，《燕京大学布告第 23 届第 19 号》，1938 年 3 月，第 6—7 页。
② 《历届毕业生人数统计表》，《燕京大学校刊》，1937 年 3 月 20 日，第 1 版。
③ [美]陈毓贤：《洪业传》，商务印书馆 2013 年版，第 137 页。

当时有很多人替成绩不合格的子女求情,而洪业坚持执行规章制度。

南京国民政府成立后,燕京大学依照教育部规定实施成绩考查制度。1929年8月14日,教育部公布《大学规程》,其中第十三条至第二十一条对大学试验及成绩作出了详细规定,主要内容如下:首先,每学年开始前校务会议组织招生委员会,举行入学试验。其次,各系教员随时举行临时试验,每学期至少举行一次。第三,每学期末,院长会同各系主任和教员举行学期试验;学期试验成绩与临时试验成绩合并核计作为学期成绩。第四,最后一学期,教育部派遣校内教授、副教授和校外专门学者组成委员会,校长为委员长,举行毕业试验。第五,在最后一学年上学期开始的时候,学生应确定研究题目,在导师的指导下撰写论文,完成后提交毕业试验委员会评定。第六,毕业论文、毕业试验成绩和各学期的成绩合并核计作为毕业成绩。[①] 据此,燕京大学也对学生举行入学考试、学期考试和毕业考试等。

燕大规定新生入学后,其第一学期为试读期,学期末试验成绩不及格者须退学;从他校转入的学生一视同仁。每学期实施"季中考试制度",希望对新生的修业成绩予以甄别,更资借鉴。王佩玉回忆:"入学不久,我就听说:第一学期期中考试不及格的,就得'挨刷',思想压力很大。期中考试后,确实有些新同学不见了!'淘汰制'何只是针对新生啊!无论新老同学,都是课堂上全神听课、答问、记笔记,课下更忙于预习、复习。图书馆里,阅览参考资料者白天多,晚上更多。宿舍里,尽管准时熄灯,而坚持继续学习'开夜车'者不少!"[②] 燕大严格的考试制度有助于督促学生勤奋学习,提高人才培养的质量。

---

① 《大学规程(1929年8月14日)》,收录于陈大白主编:《北京高等教育文献资料选编》,首都师范大学出版社2002年版,第574页,第611页。
② 王佩玉:《燕京·光采》,收录于燕大文史资料编委会编:《燕大文史资料》(第三辑),北京大学出版社1990年版,第392页。

燕京大学根据成绩等级以表示学生学业的优劣。1931年,燕京大学将学生成绩分为5种等级,代替普通的百分计算法,详见下表(表格9)。

表格9　1931年燕京大学成绩等级与百分数对照表[①]

等级	百分数
优 E	91—100
良 G	81—90
中 M	71—80
可 P	61—70
劣 F	0—60

1937年,燕京大学又将学生等级分为11种等级,并实施绩点计算法和平均成绩计算法,详见下表(表格10)。绩点计算法是以学生每门功课的学分数目乘以其成绩。平均成绩计算法是将学生每学期所得绩点的总数,以其所读学分的总数除之,即得这学期的平均成绩。[②] 此外还规定:凡学科成绩为3.0或3.0以上者可得学分,惟全年的平均成绩为5.0以上者方为及格;凡学生学年成绩,平均不足4.2绩点者,或连续有两学年成绩,平均不足5.0绩点者,即被认为学力拙劣,学生须退学。[③]

[①]　《燕京大学教员须知(1931年)》,收录于陈大白主编:《北京高等教育文献资料选编》,首都师范大学出版社2002年版,第644页。
[②]　《燕京大学学生须知》,《燕京大学布告第23届第20号》,1938年9月,第22—23页。
[③]　《燕京大学本科教务通则(1937年)》,收录于陈大白主编:《北京高等教育文献资料选编》,首都师范大学出版社2002年版,第751页。

表格 10　燕京大学学生成绩等级表①

成绩	百分数	成绩	百分数
十	96—100	四	66—70
九	91—95	三	61—65
八	86—90	二	56—60
七	81—85	一	51—55
六	76—80	零	51 以下
五	71—75		

燕京大学采用学分制,1937年规定在一学期内每周上课一小时,或实验调查三小时者,为一学分。② 1938年又规定学分的功用在于表示学生功课的量数,平均每学分代表一学期内每周三小时(包括上课一小时、自习两小时,或者实验三小时)的工作。依据学生所得学分,实行编级制,每学年一次。燕大学生在大一和大二各须修满36学分,大三和大四各须修满32学分。具体内容如下表:

表格 11　燕京大学编级制③

年级	学分	年级	学分
一年级生	0—18	三年级生	72—88
二年级附级生	19—35	四年级附级生	89—103
二年级生	36—54	四年级生	104—136
三年级附级生	55—71		

---

① 《燕京大学本科教务通则(1937年)》,收录于陈大白主编:《北京高等教育文献资料选编》,首都师范大学出版社2002年版,第751页。
② 《燕京大学本科教务通则(1937年)》,收录于陈大白主编:《北京高等教育文献资料选编》,首都师范大学出版社2002年版,第751页。
③ 《燕京大学本科教务通则(1937年)》,收录于陈大白主编:《北京高等教育文献资料选编》,首都师范大学出版社2002年版,第751页。

燕京大学规定学生达到以下条件方能毕业,一是新生入学后,至少须修业八学期,其中曾在他校修业的转学生,亦必须至少在燕大肄业四学期;二是学生至少须修业136学分;三是学生须于136学分之外修习党义、军事训练、体育训练,成绩及格,始得毕业;四是学生总的平均成绩须在5.0绩点以上;五是各学系自订主修学程,至多68学分,至少32学分,该系学生必须修满,方能毕业。① 燕京大学对符合毕业条件的学生授予毕业证书。各系学生的主修课程学分数还不到总学分的一半,而文学院、法学院必修国文课程为16学分,理学院必修国文课程为8学分(详见下文),说明燕大重视国文教育,并给予学生充分的学习自由,允许学生选修其他专业的课程,反映了燕大培养通才的办学目标。

燕京大学毕业试验委员会则对学生进行毕业考核。例如,1937年第21届毕业试验委员会共聘请29位校内外委员,经学校当局呈请教育部,分别聘定。校内委员包括陆志韦、梅贻宝、郭绍虞、韦尔巽、毕范理、博晨光、陆侃如、谢迪克、包贵思、梁士纯、周学章、苏路德、夏仁德、顾颉刚、窦维廉、胡经甫、谢玉铭、陈在新、吴其玉、陈其田和赵承信21人。校外委员包括朱自清、孙瑞芹、李建勋、张子高、萧公权、张重一、陶希圣和齐国梁8人。②

燕大早期毕业生数量较少,1937年毕业生共147人,其中国文学系仅4人,历史学系4人,哲学系1人,文学院共45人,法学院共45人,理学院57人。③ 但燕大依然在《本科教务通则》和《研究院学则》中对学生的毕业论文作出严格规定,要求毕业论文应用大学采用的论文纸誊录;论文封面应写明论文题目、著者姓名和毕业学位等项;

---

① 《燕京大学本科教务通则(1937年)》,收录于陈大白主编:《北京高等教育文献资料选编》,首都师范大学出版社2002年版,第752页。
② 《毕业试委会聘定29人》,《燕京新闻》,1937年5月28日,第2版。
③ 《本年度毕业生论文格式规定》,《燕京新闻》,1937年4月30日,第2版。

论文完成后须送交论文审查委员会审查;研究生论文和提要还必须呈教育部复核;论文应依照规定的格式缮写,撰著完成后,即为燕大所有物。燕京大学制定的毕业论文规则相当完善,即使与今天大学的毕业论文审查制度相比也毫不逊色,这保证了学生完成毕业论文的质量,不少学生的毕业论文最终得以出版,为日后从事学术研究奠定了坚实的基础。

燕京大学建立规范严格的入学考试制度和成绩考查制度,从而保证了学生的素质。1928年5月,国民政府教育部举行14个私立大学特别考试,两名燕大学生获得最高分。美国加州大学对亚洲高等学校学术水平进行调查统计,燕京大学被列为两所甲级基督教大学之一,毕业生有资格直接进入美国大学的研究生院。[①]

三、建立学术奖励和资助制度

燕京大学是私立大学,办学经费主要是募捐来的,因此其学费与其他国立大学相比也较多,例如1937年燕大本科正式生每学期的学费为55元,宿舍费(电、炉、水等)20元,医术费2元,体育费2元,杂费2元[②]。为减轻学生缴纳学费的压力,鼓励学生努力求学、研究学术,燕京大学专门设有学生资助委员会和辅导委员会,女部各委员会下也设有奖学金委员会,制定了完整的学生奖励和资助制度,颁布了《燕京大学奖学金特设给予规则》《燕京大学免费学额简章》《燕京大学资助奖学金简章》《燕京大学学生借款简章》《燕京大学研究院奖学金制度》《燕京大学哈佛燕京学社奖学金制度》等规章制度。

(一)学术奖励制度

燕京大学代理校长陆志韦教授曾在大学奖荣会上致词,说明燕

---

① 罗义贤:《司徒雷登与燕京大学》,贵州人民出版社2005年版,第101页。
② 《燕京大学本科教务通则(1937年)》,收录于陈大白主编:《北京高等教育文献资料选编》,首都师范大学出版社2002年版,第751页。

大设立奖学金的原因：

> 名誉本是身外之事，大可以不必强求，当至学成之后，名誉自然随之而来，正如同花开而后结果，事所必至，亦理之固然，听其自然之发展，初不必竞竞焉于名誉上下工夫也。至学校"奖荣"之目的，不过为鼓励人努力求学，以达成为学者之期望。就广义言之，举凡文化之创造，社会之改进，以及其他等等事业，无不需要学者之努力，以谋充分发展之云云。①

为鼓励学生努力求学，燕大设有多种奖学金，计有大学奖学金、哈佛燕京学社奖学金、中华教育文化基金会奖学金、司徒雷登奖学金、斐陶斐荣誉金钥匙奖、Minnesota大学特别奖金、孙中山纪念奖学金、巴尔博奖学金、山西省奖学金和河北省奖学金等。

燕京大学设有入学奖学金，大部分给予大一新生。条件为：天资优秀，品行端正，身体健康；前中学或大学成绩以及入学试验成绩均属优良；经燕大招生委员会会同奖学金资助委员会主席审查为合格。分甲乙两种，甲种每年15名，每名年得150元；乙种每年20名，每名年得110元。②

为了鼓励学生学习国文，燕大专门设有国文奖学金，由燕大留美同学会赠予400元，以每年所得利息为奖金，以奖励国文成绩最优者。③

燕京大学研究院设各项奖学金，具体包括：(甲)哈佛燕京学社奖学金。(乙)理科研究所设奖学金若干名额，每名每年给国币400元至600元。(丙)生物学部由中山文化教育馆赠予生物学研究奖学金额一名，每年给国币500元。(丁)政治学部设研究邦交或吏治之奖

---

① 《燕大今日举行本年度学业奖荣会》，《燕京新闻》，1936年5月19日，第1版。
② 《入学奖金暂行规则公布》，《燕京新闻》，1936年3月31日，第1版。
③ 《燕京大学学生须知》，《燕京大学布告第23届第20号》，1938年，第45页。

学金额若干名,每名每年给国币 300 元。(戊)教育学系设乡村建设奖学金若干名,每名每年约给国币 600 元。①

哈佛燕京学社在燕京大学设奖学金,每年若干名,每名约给国币 500 元,每年分四期发给。请求奖学金者须具备以下条件:第一,得燕大研究院许可入学为研究生,其所选研究范围以中国文学、中国文字学、中国历史学、中国哲学、中国宗教学、中国美术学和中国考古学为限;第二,得哈佛燕京学社教授社员一人许可指导其研究工作;第三,送交研究范围的说明及已出版或未出版的研究著作若干篇,以便考核;第四,凡已得奖学金的研究生,如再得其他奖学金或薪金者,须先得学社的许可,否则即行停止给予该生奖学金。哈佛燕京学社奖学金以一年为限,成绩优良者得继续请求,学社斟酌续给一年。② 国文学系学生杨明照、王世襄、王锡昌等,历史学系学生王伊同、侯仁之、曹诗成和葛启杨等都曾获得哈佛燕京学社奖学金③,日后他们在自己所学习和研究的领域均卓有成就。

1937 年 5 月 17 日,燕京大学举行学业奖荣会,奖学金种类有哈佛燕京学社奖学金、中华教育文化基金会奖金、司徒雷登奖学金、国际斐陶斐励学会金钥匙(Golden Key)奖、Minnesota 大学特别奖学金等。其中,被哈佛燕京学社派赴美国研究者有翁独健(1935 年研究院毕业);获得哈佛燕京学社奖学金者有邓嗣禹(1935 年研究院毕业)、刘选民(研究生)、张瑛玮(研究生)、蒙思明(研究生);哲学系研究生高名凯和朱宝昌,国文学系研究生李文郁;国际交换留学,获得 Minnesota 大学特别奖学金者有韩庆濂(1928 年毕业);获得中华教育文化基金会奖金者计有冯家昇(1931 年研究院毕业,燕大历史学

---

① 《燕京大学研究院奖学金制度(1936 年)》,收录于陈大白主编:《北京高等教育文献资料选编》,首都师范大学出版社 2002 年版,第 720 页。
② 《燕京大学研究院奖学金制度(1936 年)》,收录于陈大白主编:《北京高等教育文献资料选编》,首都师范大学出版社 2002 年版,第 720 页。
③ 《哈佛燕京学社受奖名额发表》,《燕京新闻》,1938 年 9 月 15 日,第 1 版。

系教师)、蒋澄清(1933 毕业);获得司徒雷登奖学金者为王钟翰(历史学系三年级);获得国际斐陶斐励学会金钥匙(Golden Key)奖者计有王伊同(历史学系四年级)、滕茂桐(经济学系四年级)、柯家龙(心理学系四年级)、郭心晖(心理学系四年级)等。当天燕大为 94 人颁发了荣誉奖学金,而历史学会会员占 18 人,几乎占全校学生的五分之一,"可谓盛极一时也"①。这充分说明在奖学金的帮助下,燕大很多学生可以专心学习和研究国学,坚持不懈,最终成为国学领域的一代大家。

(二)学术资助制度

为减轻家境贫寒学生的学费,燕京大学设立奖学金以补助这些学生。1930 年,此项奖学金总额为 2600 元,奖学金额为 65 名,每名每学年得 40 元,分两学期给予。具备下列条件的学生可以申请此项奖学金:甲、已在燕大肄业一年以上的正式生;乙、家境贫寒者;丙、上学年平均绩点在 1.00 以上者。② 申请者将请愿书交到学生辅导委员会,由辅导委员会审查合格即可给予。

1930 年,燕京大学还专门制定《资助奖学金简章》,所谓"资助奖学金"是由团体或个人捐资设立的奖学金,由学生资助委员会管理。奖学金的数额为男生每名每年 100 元,女生每名每年 150 元;奖学金的名额,视每年捐助者之增减及利息之多寡而定。凡在燕大本科肄业满一年,品行优良,学业成绩在 1.20 以上的学生,均可将请愿书填就,交与资助委员会,申请此项奖学金。③

至 1936 年,燕大为补助贫寒学生设立的奖学金分四种:第一种,

---

① 《历史学会会讯》,《史学消息》1937 年第 1 卷 7 期,第 41 页。
② 《燕京大学特设奖学金给予规则(1930 年)》,收录于陈大白主编:《北京高等教育文献资料选编》,首都师范大学出版社 2002 年版,第 631 页。
③ 《燕京大学资助奖学金简章(1930 年)》,收录于陈大白主编:《北京高等教育文献资料选编》,首都师范大学出版社 2002 年版,第 632 页。

专为一年级成绩优良者,每名 110 元,奖额 40 名;第二种专为资助二、三、四年级学生者,每名 100 元,奖额 10 名;第三种为觉顿奖学金,每名 200 元,限于理学院 2 名,文学院 1 名,经济系 1 名,共 4 名;第四种为福州校友分会奖学金。①

燕京大学还设有免学费名额,分二种:第一种是每年定额 4 名,为在燕大本科肄业满一年、品行优良、学业成绩在 1.20 以上的学生而设,每名得继续免学费 3 年,每年得此项免学费者有 12 名。第二种是每年定额 4 名,为华北长老会、美以美会、公理会、伦敦教会所选送考试及格的学生而设,每名得继续免学费 4 年,每年得此项免学费计有 16 名。凡选补此项学额的学生即可免缴全年应缴的学费。但如果获取免学费名额的学生,于学年终了时,其学业成绩不及 1.20 者,即取消其免学费资格。所遗缺额,另选其他学生补受。此外,燕大还设有陈树藩先生捐款的免学费名额,规定凡在燕京大学本科肄业的陕西籍学生,经陈树藩来函保送即得选补,但每年免学费名额以 10 名为限。资助委员会会同辅导委员会办理免学费名额的调查和选补。②

为使经济困难的学生完成学业,燕京大学制定了学生借款制度,专门募集借贷金,由学生资助委员会管理。《燕京大学学生借款简章》(1930 年)规定:凡在燕大肄业一年,其成绩绩点在 1.0 以上的学生,得享此项借款的权利;每人每年最高借款数目,不得超过现金 120 元。学生须如数偿还原本,借款利息按年八厘,利息于学生离校之日算起。凡借款者,能将原定合同完全履行时,由资助委员会给予荣誉会员证书。③

---

① 《奖学金条例公布》,《燕京新闻》1936 年 3 月 24 日,第 1 版。
② 《燕京大学免费学额简章(1930 年)》,收录于陈大白主编:《北京高等教育文献资料选编》,首都师范大学出版社 2002 年版,第 633 页。
③ 《燕京大学学生借款简章(1930 年秋季订)》,收录于陈大白主编:《北京高等教育文献资料选编》,首都师范大学出版社 2002 年版,第 630 页。

燕大制定的学生奖励和资助制度帮助学生顺利完成学业,给学生留下了深刻的印象。马绍强曾经回忆:

> 当时的燕大,许多人都认为是一个贵族学校,当然学生中确实有一些是达官贵人的子女,如颜惠庆的儿子、王正廷的女儿、宋子文的小姨子、袁世凯的儿子和两个孙子等,这些人有的相当能花钱。此外东南亚华侨和美国华侨子女,以及上海一些资本家的子女,在燕大读书的也占相当的数目。所以西装革履成风,好像燕大的学生都是贵族子弟。其实在学生中,占大多数的是广东和河北两省的学生,他们都不是贵族和资本家子弟,不那么有钱,特别是河北省的同学贫寒的多,他们在燕大不花一个钱,照样读书,照样毕业。因为学校专设有清寒学生助学金,一经证明属实,每年可从学校领取二百元补助费,再加上在学校图书馆收发书或在校园内做除草修花的工作,每日二小时,每小时二角,每日可得四角钱。这样每月的伙食费(当时男生每月伙食七元,女生六元)绰绰有余。这在当时是一种很好的措施。①

著名作家萧乾早年伶仃孤苦,在燕大求学时获得学生辅导委员会的帮助,勤工俭学,"曾给东大地的洋教授推过草坪,看过娃娃,还为新闻系叠过一份份的《燕京新闻》"②,最终顺利完成学业。可见,燕大采取的奖励、减免学费、鼓励学生勤工俭学等多种措施是非常有效的,使学生"在燕大不花一个钱,照样读书,照样毕业"。

---

① 马绍强:《回忆司徒雷登二三事》,收录于燕大文史资料编委会编:《燕大文史资料》(第十辑),北京大学出版社1997年版,第22—23页。
② 萧乾:《校门内外》,收录于燕大文史资料编委会编:《燕大文史资料》(第十辑),北京大学出版社1997年版,第71页。

第四节　图书管理制度

燕京大学是美国教会所创办的,首任校长、校务长司徒雷登是美国人,图书馆主任洪业曾在美国留学,因此燕大图书馆体制主要模仿借鉴了具有先进水平的美国大学图书馆管理制度。

在美国内战前夕,欧洲国家的图书馆事业走在世界前列,而美国很少有可以被看作研究机构的图书馆。19世纪中叶,有很多美国人把图书资源的贫乏与欧洲的丰富藏书相比较,并产生新的民族主义思想,要求大量增加对书籍和研究材料的收藏和保护。这种爱国的呼吁激发了美国的图书馆运动,并促进了美国文化的发展。1852年,曾在德国留学的爱德华·埃弗里特(Edward Everett)和乔治·蒂克纳(George Ticknor)创办了波士顿公共图书馆,由此促进了许多州创办公共图书馆,书籍、杂志、期刊的读者数量也逐步增加。[①] 19世纪中叶以后,美国的图书馆事业也得到了蓬勃发展,并成为世界图书馆活动的中心。1876年,美国发生了几件图书馆史上的重大事件:第一,美国图书馆协会成立,以"促进图书馆事业及其服务"为宗旨,并出版《美国图书馆》《学院图书馆与研究图书馆》等刊物,这是图书馆界第一次成立国家级的组织,《美国图书馆》杂志是第一份图书馆学杂志。第二,《杜威十进分类法》发表,开创了图书馆界知识组织工具利用的新时代。第三,卡特的《字典式目录规则》发表。第四,美国联邦教育局发表了关于美国公共图书馆的长达1187页的特别报告,对美国当时的图书馆发展概况作了全面的总结。这些事件对图书馆界乃至图书馆界以外,产生了深远的影响。同年,美国已有3682所各种类型的图书馆,出现了一批具有创新精神的图书馆理论家与

[①] Alexandra Oleson and John Voss: *The Organization of Knowledge in Modern America*, *1860—1920*, The Johns Kopkins University Press, 1979年,第364—366页。

实践家,如朱厄特、普尔、卡特、杜威、巴特勒等。可以说,美国的图书馆事业对世界图书馆事业的发展起着无与伦比的示范作用。①

1875年以前,大学图书馆在教育中的地位还未受到重视,美国的学术生产很少与大学教学以及大学图书馆产生联系。1876年,约翰·霍普斯金大学(The Johns Kopkins University)建立,这被视为现代美国大学诞生的标志,对大学图书馆的发展也有重要影响,美国学术与科学活动不久就围绕大学和大学图书馆重新组织。②

美国著名的图书馆学者、教育家吉尔曼提出了"大学图书馆是大学的心脏"这一著名论断。从19世纪中叶起,美国大学图书馆发生了巨大的变化,每15年至20年,藏书就增加一倍甚至两倍,到1900年,一直名列美国大学图书馆中藏书量首位的哈佛大学图书馆,其馆藏图书已接近100万册。最大的人类知识集中地——美国国会图书馆,则在这一过程中始终引领着世界图书馆事业发展的潮流。在20世纪前20年,该馆编制了《国会图书馆分类法》,为美国和其他国家许多图书馆所采用,编印目录卡片向美国数千个图书馆发行,并扩展到向世界各国发行,极大地促进了图书馆著录标准化的发展。③

燕京大学图书馆在建校初期仅有少量英文书和中文古籍图书,到1925年其全部藏书尚不足1万册。燕大与哈佛大学合作后,图书馆发展深受美国大学图书馆体制的影响。哈佛燕京学社为燕大图书馆拨款购书,燕大教师洪业、顾颉刚、邓之诚等都想方设法为图书馆购置有价值的图书,图书馆藏书量日益增长,到1929年中文藏书已增至14万册。1933年全部中外文藏书达22万册(包括3.67万余册西文书籍),其藏书量次于清华大学、中山大学、北京大学,居全国高

---

① 吴稌年:《图书馆活动高潮与学术转型》,兵器工业出版社2005年版,第98—111页。
② Alexandra Oleson and John Voss: *The Organization of Knowledge in Modern America*, *1860—1920*, The Johns Kopkins University Press, 1979年,第374页。
③ 吴稌年:《图书馆活动高潮与学术转型》,兵器工业出版社2005年版,第25页。

等院校第四位。至1936年,燕京大学藏书册数位居全国大学首位,详见下表(表格12)。

表格12　1936年全国大学图书馆简表(前五名)①

馆名	藏书册数	经费数	主任姓名	职员人数
私立燕京大学图书馆	285083	35410	田洪都	32
国立清华大学图书馆	279363	159000	朱自清	33
国立中山大学图书馆	271862	100000	谢明章	24
国立北京大学图书馆	237000	50400	严文郁	36
私立金陵大学图书馆	205316	22000	刘国钧	15

哈佛大学曾委托哈佛燕京学社北平办事处每种书采购两份,一份保存在燕大图书馆,一份寄往哈佛燕京学社汉和图书馆,汉和图书馆在短期内即跃居为仅次于美国国会图书馆的美国第二大东亚图书馆,为促进哈佛大学汉学研究的发展做出了重要贡献。

燕京大学常设图书委员会,负责决定每年的购书预算和重要事务,由图书馆主任和一些教授学者组成,下设中西文书籍审购委员会、东方学书籍审购委员会、系图书室委员会、书款分配委员会等。随着藏书量日渐增长,洪业发现图书馆在管理上存在很多问题,如:失落的书太多、毁坏的书太多、书失落了还不知道以及编目的问题。他急于改良图书馆,并辞去历史学系主任等职务,对图书馆内部管理进行改组,设法减少书籍的失落,改良编目,编订规章等。② 继洪业之后,田洪都、梁思庄、陈鸿舜都曾担任过图书馆主任。在他们的努力下,燕大图书馆管理有序,规章制度完善,提高了工作效率。

燕大图书馆还出版《燕京大学图书馆报》(1931—1939),刊登图

---

① 严文郁:《中国图书馆发展史——自清末至抗战胜利》,台湾枫城出版社1983年版,第102—106页。
② 《燕京大学图书馆整理问题》,《燕京大学校刊》,1930年12月19日,第2版。

书馆布告、工作统计、新编书籍目录以及图书序、跋、提要等,洪业、顾颉刚、顾廷龙等均有撰文刊发;还经常举行演讲等。例如,1934年9月25日晚上,历史学系邓嗣禹讲"中国类书与工具书之介绍",分数日讲完。讲题包括:《中国工具书之介绍及其为各学系之关系》《杂志总书目及引得书籍之介绍》《关于人名及时间问题之工具书》《关于字典词章及书信时联等应酬书籍之介绍》。① 燕大向师生传授查阅图书的工具、方法,可谓中国图书馆开展读者服务工作的先驱。

燕京大学图书馆馆藏精良,藏有大量清代文集和2000多种地方志,至1952年院系调整前善本书达3578种,37484册。丰富的藏书为燕大学生开展国学研究提供了良好的条件,为他们在学术研究方面取得成就奠定了基础。燕大毕业生、著名红学家周汝昌曾如此评价:"燕大图书馆是一座出奇的宝库,你想找的书,可在此处不费任何烦难手续而一索可得,可以保证借到想借的百分之九十九的高度丰富度。"② 1947年,周汝昌于燕大图书馆发现《懋斋诗钞·东皋集》(胡适先生寻求而未得),其中有六首咏曹雪芹的诗,并撰写《曹雪芹生卒年之新推定》,发表于天津《民国日报·图书副刊》,从此走上了"红学"的研究道路。可以说,燕大图书馆逐渐扩大藏书量,完善管理,为燕大师生的研究工作提供了可靠的资料保障,也成为燕大实施国学教育的重要辅助机构。

小　结

燕京大学仅存在短短的三十三年时间,却取得了辉煌的办学成就,尤其是在国学教育领域培养了众多杰出人才,闻名海内外。燕大国学教育所取得的成就与学校不断完善的教育管理制度是分不开的。

---

① 《图书馆讲演时间有更动》,《燕京新闻》,1934年9月27日,第4班。
② 周汝昌:《北斗京华》,辽宁教育出版社2001年版,第345页。

燕京大学为了更好地实现其"中国化"目标，建立了完整系统的教育制度。首先，在行政管理制度方面，燕京大学实行美国托事部、校董会和校长负责相结合的管理体制，改革学制，完善学校事务机关，高效率的教育体制成为顺利开展教学管理工作的前提。其次，在教师聘任与管理方面，燕京大学重视聘请名师，建立严格的教师聘任和管理制度，同时对教师实施学术休假制度等较人性化的措施，将制度管理与情感管理相结合，从而使洪业、顾颉刚、容庚、邓之诚、郭绍虞等国学大师对燕京大学情有独钟，长期在燕京大学任教。第三，在学生管理方面，燕京大学逐渐规范招生考试制度，实行推荐制和考试相结合的混合型招生模式，制定成绩考查制度，校园学风优良，使学生养成严谨的治学精神，一大批毕业生日后成长为世界知名的专家和学者。第四，为免除学生求学的后顾之忧，鼓励学生努力求学，燕京大学专门设有学生资助委员会和辅导委员会，制定了完整的学生奖励和资助制度，提高了学生对学习和科学研究的兴趣，为学生顺利完成学业提供经济保障。第五，完善图书管理制度，为燕大学生学习和研究国学提供书籍保障。

总之，燕京大学不断改革完善教育管理制度，发展迅速，在短时间内即成为当时中国最著名的教会大学，并适应中国国情，在国学教育等领域取得了杰出的办学成就。

第四章　燕京大学国学教育的课程体系

课程体系有广、狭之分。狭义的课程体系特指课程结构,是各类课程之间的组织和配合。广义的课程体系是在一定的教育价值理念指导下,将课程的各个构成要素加以排列组合,使各个课程要素在动态过程中统一指向课程体系目标(或专业目标)实现的系统。[①] 本章中所指的课程体系是广义的,是在学校教育系统之下的一个二级系统,包括课程目标、课程内容和教学过程等内容。

国学教育有三种:第一种是普及性的国学教育,主要目的是提高学生的国学素养和人文素质等;第二种是专业性的国学教育,主要目的是培养从事国学教育与研究工作的专业性人才;第三种是陶冶性的国学教育,指大学注重营造良好的文化环境,让学生每时每刻能感受到国学的魅力。[②] 燕京大学也实施了三种性质的国学教育,不同性质国学教育的课程设置具有不同的特点,兹分别论述分析。

第一节　普及性国学教育

燕京大学实施的普及性国学教育与近代大学通识教育的演进有关。1828 年,耶鲁大学的教授发表《1828 年耶鲁报告》,强调大学的

---

① 胡弼成:《高等学校课程体系现代化研究》,厦门大学博士学位论文,2004 年,第 23 页。
② 赵淑梅:《大学国学教育类型浅探》,《江苏高教》2008 年第 3 期,第 152—153 页。

目的是"提供心灵的训练和教养",古典文雅学科是达成这种训练和教养的最佳选择。① 次年,派加德(A. S. Packard)发表文章支持耶鲁报告,并用"通识教育"两字申论共同科目学习的必要性,这就是美国第一次"通识教育运动"的兴起。

1870—1910年,美国大学盛行自由选修制度,每个学生自己能够选择感兴趣的课程,充分体现了对学生的尊重。但这种制度也产生了不少弊病,如学生所学的知识缺乏系统性;没有共同必修科目,难以形成共同的文化等。之后,"第二次通识教育运动"出现。1909年,洛厄尔接替埃利奥特担任哈佛大学校长,开始推行集中与分配的制度,要求学生毕业最低限的16门课中,必须有6门是集中主修的专业课程,另外6门课程属于所学专业以外的自然科学、社会科学和人文科学三个领域,只有4门课程可以任意选修。② 这种科系主修制度和通识分类必修制度既有利于学生打下宽厚的基础,扩大知识面,也有助于学生掌握系统而牢固的专业知识,较好地解决了学生学习知识的博与专的关系,逐渐被许多大学采用,也传到了中国。此外,通识课程中新设了综览概论性的科目,即将广泛的学术知识作大纲概要式的介绍,目的是使学生获得人类知识的全貌。

司徒雷登曾经在美国接受大学教育,深受美国"第二次通识教育运动"的影响,重视实施通识教育,主张一般知识与专门学问并重。燕京大学采用美国大学通用的选课制和学分制,实施分步必修型课程,本科课程分为公共必修、专业必修和选修课三大类。

1928年,燕大普通必修科目包括国文、英文、近代文化、自然科学和社会科学。近代文化(后改称"现代文化")主要是邀集燕京大学各系教授,轮流讲演各该学系的课程、主修条件、研究目的和应用方法,以及与他系课程的关系,目的是使一年级学生于各项高深学识及

---

① 黄坤锦:《美国大学的通识教育》,北京大学出版社2006年版,第6页。
② 于淑秀、孙琦、姜林林主编:《大学通识教育研究》,九州出版社2013年版,第38页。

其对于现代生活的贡献有初步的了解。① 各科目必修课程及其学分如下表：

表格13　燕京大学1928—1929学年度普通必修科目表②

各科	国文	英文	近代文化	自然科学	社会科学	总数
文科	16学分	16学分	2学分	8学分		42学分
理科	8学分	16学分	2学分	16学分	8学分	34学分

1929年,燕大本科改设文、理和应用社会科学院,共同必修科目有国文、英文、现代文化、自然科学、社会科学等。各院修业有下列共同必修条件:修业八学期,修毕136学分;成绩总平均在1.00以上;党义,军事训练(女生免),体育训练,卫生学(男生免)。本科生至少须选修主修科目32到68学分,与主修科目有关系的科目16至24学分,至少须修完136学分才能毕业。③ 社会科学类的学生至少要选修人文科学和自然科学的入门课程各一门,在此基础上还可以自愿选读其他科学的高级课程;自然科学类的学生同样必须选修社会科学和人文科学的有关课程。例如:历史系学生必须选修国文、英文、近代文化课程以及到外系选修两门自然科学的相关课程,本系则将近世史、国史鸟瞰、历史研究法三门课列为必修课,要求学生掌握基本的世界史和中国史知识。学生除主修专业外,还可选副修专业,例如主修国文,副修历史。主修和副修专业可以"跨院",例如主修理学院的化学,副系是文学院的国文或历史。

---

① 《燕京大学本科课程一览》,《燕京大学布告第21号第11届》,1928年,第2页。
② 《燕京大学文理科各科概略(1928—1929年)》,收录于陈大白主编:《北京高等教育文献资料选编》,首都师范大学出版社2002年版,第574—602页。
③ 《北平私立燕京大学本科入学简章》,《燕京大学布告第11号第12届》,1930年4月,第22页。

表格 14　燕京大学 1930—1931 年度各学院普通必修科目表①

学院	国文	英文	现代文化	数学	自然科学	社会科学	总数
文学院	8学分	8学分	4学分				20学分
理学院	4学分	8学分		4学分	16学分	4学分	36学分
应用社会科学院	8学分	8学分					16学分

燕京大学实施普及性国学教育的重要途径之一是把国文课作为大一和大二本科生的必修课程,以向学生普及国学知识,训练学生国文的"齐一程度"。燕大国文必修课的讲授具有以下特点:

第一,名师讲授。燕大国文课由国文学系主任以及著名教授亲自主讲。国文学系主任吴雷川、马鉴、郭绍虞等均曾讲授大一国文,这成为国文学系的传统之一,由此保证了国文教育的质量。

燕大早期国文课程比较简单,俞箴墀②曾在 1925 年为燕大文理科本科一、二年级学生上国文必修课,对教学一丝不苟。那时燕大的国文必修课,尚无现成的课本。授课内容是由俞箴墀自选范文,交给学校缮印,然后作为讲义发给学生。从他所讲的"中国学术胚胎时代""周秦诸子学说分派大概"以及对周秦诸子学说的依次介绍,对《史记》《史通》和杜甫、韩愈、梁启超、章太炎等名家作品的选讲中可以看出,他的涉猎很广泛,他"把中国经几千年来累积的学问挤入大学课程的框架里"。当年燕大文理科主任洪业所设想、所希望的,在

---

① 《私立燕京大学本科入学简章》,《燕京大学布告第 11 号第 12 届》,1930 年 4 月,第 22 页。
② 俞箴墀(1875—1926),字丹石,号德孟,笔名天游。祖籍浙江德清,系俞樾的侄孙。曾任商务印书馆编辑、无锡竞志学校教员、江苏省立通俗教育馆博物部主任、国务院咨议、厦门集美学校教务长等职。1919 年,他开始担任京师图书馆的馆员,主持检查、整理馆藏敦煌石室唐人写经工作达六年之久,还曾被派往故宫点查藏书。1925 年,他接受了燕京大学国文学系的聘书。俞箴墀的国文修养本来就佳,又精通英文、法文、日文,并有专门的译著,燕京大学得之甚喜,并邀其参与了国文学系的教学改革和教师队伍建设。1926 年,俞箴墀病逝。

俞箴墀这里得以实施。①

至1926年,国文课包括"国故选文一"和"国故选文二"两门课,教师分五组授课,均是名师。"国故选文一",A组教师沈士远,B组黄子通,C组马鉴,D组杨振声,E组吴雷川、谢婉莹;"国故选文二",A组黄子通,B组马鉴,C组沈士远,D组马鉴,E组沈士远。②

1928年,国文包括"名著选读"和"国故概要"(理学院学生可不修"国故概要")两门课程,采用教师分组授课的形式。大一"名著选读"课程主要是选授自唐宋至近代的名著,并讨论其体例,尤其注重练习,每两星期作文一次。甲组教师杨振声,乙组教师马鉴,丙组教师沈士远,丁组教师谢婉莹,戊组教师谢婉莹,己组教师郭绍虞,一周两次课。大二"名著选读"选授自先秦至六朝的名著,甲组和乙组教师是马鉴,丙组和丁组教师为沈士远。大一"国故概要"主要是"选集关于自先秦至魏晋诸家诸派思想学术之材料,讲授其系统之原委及变迁之概要,并注重讨论批评,以为读者将来独立研究之基础"③。甲组教师马鉴,乙组教师沈士远,丙组教师吴雷川。大二"国故概要"主要是讲授自隋唐至清代诸家诸派思想学术的发展。

第二,重视国文教材的编纂。因"学生之需要不一致,学校各方面之期望不一致,即在国文学系各教员之主张也往往不一致,顾此失彼,难求两全"④,故国文学系不断探索如何改进国文教育,国文课程名称、教材的编纂也随之不断变化。

为了促进学生更好地学习国文,燕大要求学习"名著选读"课程

---

① 孙玉蓉:《北洋学子俞箴墀与创建期的燕京大学》,《天津大学学报(社会科学版)》2007年第4期,第381—384页。
② 《燕京大学课程一览(1926—1927)》,燕京大学1926年出版,北京大学档案馆藏YJ24006,第12页。
③ 《燕京大学本科课程一览》,《燕京大学布告第21号第11届》,1928年,第78—79页。
④ 郭绍虞:《大一国文教材之编纂经过与其旨趣》,收录于郭绍虞:《照隅室杂著》,上海古籍出版社1986年版,第208页。

的学生购买曾国藩《经史百家杂钞》一部,学习"国故概要"的学生则要购买《中国学术论著辑要》一书。

后来因哲学系设有"中国哲学史"一课,"国故概要"与"中国哲学史"课程性质相近,故国文学系不再设"国故概要",把原有必修课"名著选读"与选修课"习作"合为"名著选读与习作"一科,为一年级必修课程,于1932—1933学年度开始实行。其目的是"灌输文学常识,练习作文技能,及训练读书能力",并偏重文言。①

20世纪30年代,国文学系多次编辑出版《国文名著选读》作为教材,其特点是:第一,偏重"应用的古文",选择各时代的重要名著以及文学批评类文章。第二,强调教材的系统化,内容丰富,包括学术论著、文学史、国学常识之文,及与各系特有关系之作而为中学所未及者,择要补授。第三,以时代为纲,选录自周秦以至近世作者的文章。第四,注意避免与中学课程重复。② 在课程讲授时,教师主要把每一时代每一体例中的第一篇作为主教材,不再讲授其他文章。把教材中未列的其他重要名著列为参考书,要求学生在课外阅读,一方面节省课堂讲授时间,另一方面有助于培养学生的自学能力。

之后,国文学系主任郭绍虞专为燕大一年级国文课编写《近代文编》和《学文示例》二书(开明书店1939年、1941年先后出版),社会影响很大。他专门撰写了《大一国文教材之编纂经过与其旨趣》一文,述其编纂经过与选辑标准。他认为:"欲蕲国文教本之能引起学生兴趣,能适合一般需要,能与作文取得连系,能避免中学教材之重复,能使教学方法与中学不同,能兼重思想与技能之训练,能兼重文言与白话之训练,能兼重语言文字与文学之训练,如百效膏,如万应锭,殆为事实上之所不可能。"③故他将国文教材分编二书,一是《近代文编》,

---

① 《燕京大学课程一览》,《燕京大学布告第26届第10号》,1941年,第28页。
② 燕京大学国文学系编:《燕京大学国文名著选读》,1935—1936年,第1—2页。
③ 郭绍虞:《照隅室杂著》,上海古籍出版社1986年版,第212页。

以思想训练为主而以技巧训练为辅,侧重在语言文字的训练;一是《学文示例》,以技巧训练为主而以思想训练为辅,侧重在文学的训练。《近代文编》选文宗旨在于反映时代潮流的同时兼顾文体的实用性,所选文章的文体包括日记、笔记、传记、叙记、论说、论评、论辨、题序、书告、论述、疏证等。《学文示例》搜采的范围很博,包括骈散韵语、小说戏曲、佛经翻译、民歌通俗文体等,分为评改例、拟袭例、变翻例、申驳例、镕裁例五例,兼顾理论和实例,文白互收,重视比较参证,以适合学生的需要。《近代文编》和《学文示例》两部书经得起时间的考验,被称之为"大学语文教材中的两部经典著作"[1],于2012年由辽宁人民出版社重新出版。

第三,国文教学方法多样化。除了传统的讲授法,燕大国文教育还采用了练习法、作业整理法等多种教学方法。

练习法主要是让学生练习写作文,教师进行批阅。如吴雷川对学生的每一份作文卷子都批阅得极其详尽,几乎一笔不苟;后因为生病,他的课由国文学系主任郭绍虞来代课,但是作文卷子上依旧落着他的笔迹,他没有因病而放弃了他的责任。[2]

作业整理法主要是在郭绍虞的指导下对学生作业进行整理。郭绍虞认为现代大学国文教学既不能采用逐句解释、评点圈识等传统的教学方法,也要不同于中学国文教授法,而应重视训练学生的思想,"不是学古人的说话声响,乃是学古人的说话方法"[3],以此标准对学生的作品进行评价,整理学生的作业。1937—1938学年,燕大教师搜集大一、大二学生以及所有有习作各班的改卷,将原作与改正之处,用蓝红二种墨水,分别记录在卡片上面,登录之后再加分类,分类

---

[1] 蒋凡:《荐序》,见于郭绍虞编:《近代文编》,辽宁人民出版社2012年版,第1页。
[2] 秦佩珩:《忆吴雷川先生》,《国文月刊》1946年第50期,第31页。
[3] 郭绍虞:《作文摘谬实例序——一个国文教学法中的新问题》,收录于郭绍虞:《照隅室杂著》,上海古籍出版社1986年版,第458页。

之后再加整理；再利用这些材料，用作测验的工具，使国文考试也有比较可靠的标准。

除了国文教育，燕京大学还对低年级学生进行历史教育，设置中国通史课程，由邓之诚教授讲授。邓之诚编有《中国通史讲义》，作为学生阅读的主要参考书，后由商务印书馆于 1934 年刊行，更名《中华二千年史》，列为当时我国学术名著的"大学丛书"之一。《中华二千年史》叙述自秦朝统一六国至辛亥革命中国两千多年的历史，包括各朝代政治变革、典章制度、民族变迁、经济和文化艺术等多方面的发展概况，提纲挈领，言简意赅，是燕大学生了解和研究中国历史的重要参考书籍。邓之诚讲课内容充实、条理清楚、深入浅出，娓娓道来，很受学生欢迎，全校听课学生常有一二百人，上课地点在最大的阶梯教室。这门课为学生奠定了学习和研究历史的基础，周一良、王钟翰等学生在晚年常回忆邓之诚授课的音容言教，历历如在眼前。

燕大要求学生必修国文课程，并选修中国通史等人文社会科学课程，有助于提高学生的国学修养和人文素质。

第二节 专业性国学教育

燕京大学实施国学教育的课程结构较完善，包括专修科、本科、研究院三个层次。专业性国学教育主要通过专业学术机构来实施，如国文专修科，文学院的国文学系、历史学系、哲学系等，研究院文科研究所等。

一、专修科

燕京大学本科附设专修科，包括国文专修科、教育专修科、幼稚师范专修科、制革专修科、初级护士预科、社会服务专修科、宗教事业与社会服务专修科等。其中实施国学教育的主要是附设在文学院国文学系的国文专修科。

燕大规定具有下列资格之一者可以请求为专修生："高级中学或大学预科卒业者；大学或专门学校修业一二年者；在中小学充国文教员一年以上，由任职学校之保荐，经国文学系认为合格者。"[1]国文专修科学制二年，主要目的是训练中学国文教员，给他们进修机会提高水平，不限制入学年龄。入学报名不限资历，只考国文或历史之中的一门。新生入学后，其第一学年为试读期，学期试验或学年试验成绩不及格者，或品格欠佳者得令退学。专修科学生必须选读国文学系所有的功课，每学期至少16学分，最多20学分。[2] 此外，学生还要在哲学、历史、教育等学系选读功课，但须经国文学系及选读各学系主任的许可，所选其他学系的学分，不得超过本学系学分的四分之一。修业期限为二年，修业期满，考试及格者，可以领受燕京大学专修科的毕业证书。[3]

专修科主任由国文学系主任马鉴兼任，由他指导选课，主要是选国文学系的课程，学生有机会跟随著名教授学习。如孙海波跟随容庚学习古文字，徐文珊跟随顾颉刚专治《史记》，吴元俊、周一良上容庚的"说文研究"课等。[1] 国文专修科不仅向学生传授国学知识，培养国文教师，而且还培养出了诸如周一良、瞿润缗等在内的著名学者。著名历史学家周一良就曾在燕京大学国文专修科学习，后来先后进入辅仁大学历史学系、燕京大学历史学系就读。曾在国文专修科就读的萧乾回忆："当时，燕京国文系（系主任马鉴）拥有许多国学界名教授如郭绍虞、俞平伯、周作人、冰心等。他们的课，专修班的学生同样都可以听，只是两年就毕业，发专修班的文凭而不发四年本科的。

---

[1]《燕京大学本科附设专修科简章》，1930年，第6页。
[2]《燕京大学本科附设专修科简章》，1930年，第8页。
[3]《燕京大学本科附设专修科简章》，1930年，第8页。
[4] 周一良：《国文专修科——燕大校史上不应被遗忘的一页》，收录于燕京大学北京校友会校史筹备组：《燕京大学史料选编（第五辑）》，1998年，第33页。

在国文专修班的那一年里,我最受益的是旁听了杨振声的'现代文学'课。他当时是清华的教授,在燕京是客座。但他的那门课非常叫座。"①萧乾后来考入辅仁大学,在1933年又转学入燕京大学新闻学系,最终成为一名著名记者。

二、本科

燕大通过国文学系、历史学系和哲学系等院系对学生实施专业性的国学教育。国文学系的培养目标是希望学生对于国学或文学有所贡献;或成为中学良好的国文教员。② 历史学系的培养目标是:"(甲)使一般学生能以历史的眼光,观察本国及世界政治、经济、文化运动,以为将来从事社会上任何事业之准备;(乙)使主修历史之学生一方面得到史学方法之训练;一方面对于历史之任何门类中得到正确的认识。俾能:(1)应用科学的方法,继续研究,而尤注重于中国历史方面;(2)在中等以上学校讲授历史。"③哲学系的目标是"造就科学家、思想家、教育家、著作家,无论专习何种科学,如得到相当的哲学训练,可以有清晰的头脑、创作的理想、发明的能力、改造社会的预备。"④可见,燕大专业性国学教育主要是培养在文学、历史学、哲学等领域研究学问的专门人才,或者在中等以上学校讲授国文、历史课程的教师,并为学生从事其他职业打好基础,充分发挥大学为社会服务的作用。

---

① 萧乾:《校门内外》,收录于燕大文史资料编委会编:《燕大文史资料》(第十辑),北京大学出版社1997年版,第67页。
② 《北平私立燕京大学本科各学院学系概要》,《燕京大学布告第13号第17届》,1932年,第1页。
③ 《北平私立燕京大学本科各学院学系概要》,《燕京大学布告第13号第17届》,1932年,第4页。
④ 《北平私立燕京大学本科各学院学系概要》,《燕京大学布告第13号第17届》,1932年,第5页。

（一）国文学系

燕京大学初创时宗教色彩浓厚。为了更好地适应中国国情，司徒雷登对燕大实施"中国化"和"世俗化"的方针，在国文学系师资队伍建设、课程设置、教材与教法等方面进行了大刀阔斧的改革。

1. 师资队伍

燕大初创，国文即成为独立设置的一门学科，第一任主任为陈哲甫。因受新文化运动推广白话文的影响，司徒雷登将国文学系分为中国古文学和中国新文学两部，并聘请周作人任中国新文学部主任。周作人于1922年正式到燕大任教，并以实际行动推动中国新文学的发展，使燕大国文教育凸显出了新气象。

1924年，国文学系教师有陈哲甫、周作人、沈尹默、沈士远、陈祉承、高曰采、顾名、马鉴和徐祖正。1925年前后，国文学系取消了中国古文学与新文学的分组，所有教师和课程被统括在国文学系下，未设系主任，由包括陈哲甫、周作人在内的改革委员会管理。国文学系聘任了新的名师，包括吴雷川、俞箴墀、俞平伯等。

1926年，燕大由城内迁至海淀新址，校舍、图书和设备均有改观，国文学系迎来了新的发展时期。吴雷川担任国文学系主任，教师有周作人、沈士远、马鉴、容庚、杨振声、顾名、俞平伯、黄子通、谢婉莹和许地山。俞平伯、谢婉莹、杨振声等新文学的支持者与创作者加入燕大，使国文学系现代文学部分师资力量壮大，为燕大新文学教育增添了新的内容。

1928年至1941年，马鉴、郭绍虞、陆侃如、董璠均担任过国文学系主任。国文学系师资力量更加雄厚，包括吴雷川、容庚、杨振声、沈尹默、熊佛西、郑振铎、顾随、黎锦熙、刘盼遂、梁启雄、郑骞等。

1941年12月，因太平洋战争爆发，燕大被迫关闭。次年，在燕大校友的努力下，燕京大学在成都复校，国文学系也马上恢复，系主任由文学院院长马鉴兼任。因条件所限，国文学系师资力量较单薄，但依然保持了该系一些良好的传统。至 1943 年,陈寅恪、吴宓和李方桂等著名学者到燕大任教,国文学系受益最多。

1945 年抗战胜利,次年北平燕大复校,高名凯担任国文学系主任。刚复校时只有高名凯和梁启雄两位教师返校任教,教师力量十分单薄。经过高名凯的苦心经营,国文学系逐步恢复壮大起来。燕大毕业生高庆赐、林焘、孙铮和俞敏以及林庚、孙楷第等受聘到国文学系任教。

1949 年中华人民共和国成立后,燕大国文学系聘请了吴同宝、赵宗乾、王文襄、宋玉珂、吴同宾、乐芝田等新教师。

1952 年院系调整,燕大国文学系一些教师被分配到其他单位,大部分教师留在北京大学中文系,燕京大学国文学系从此成为一个历史名称。

表格 15　燕京大学国文学系师资概况[1]

姓名	出生日期	籍贯	学习经历	学历	任教燕大时间	在燕大担任的职务
陈哲甫	1867	天津	1903 年入日本弘文书院师范科	中学	1919—1927	国文学系主任
吴雷川	1870	浙江杭州	于 1898 年中进士,后授翰林院编修	进士	1925—1941	副校长、第一任华人校长
俞箴墀	1875	浙江德清	北洋大学	本科	1925—1926	
沈士远	1881	浙江湖州	日本早稻田大学	本科	20 世纪 20 年代	
马　鉴	1882	浙江宁波	早年就读于南洋公学,1925 年获哥伦比亚大学硕士学位	硕士	1925—1936,1942—1946	曾任文学院院长兼国文学系主任

---

[1] 此表包括燕大国文学系大部分教师,但并不全,任职时间较短、简历情况不详的教师未选入。资料主要来源:(1)燕京研究院编:《燕京大学人物志》(第一辑),北京大学出版社 2001 年版。(2)燕京研究院编:《燕京大学人物志》(第二辑),北京大学出版社 2002 年版。(3)燕京大学校友校史编写委员会编:《燕京大学史稿》,人民中国出版社 1999 年版。

续表

姓名	出生日期	籍贯	学习经历	学历	任教燕大时间	在燕大担任的职务
沈尹默	1883	浙江湖州	日本东京帝国大学文科毕业	本科	1924—1929	
周作人	1885	浙江绍兴	1906年赴日本留学,先读日本法政大学预科,后入东京立教大学	本科	1922年7月—1933年	国文学系新文学部主任
黎锦熙	1890	湖南湘潭	1911年毕业于湖南优级师范史地部	专科	20世纪30年代	
郭绍虞	1893	江苏苏州	1910年入苏州中等工业学校,1911年武昌起义后辍学。1920年在北大旁听	中学	1927—1941	国文学系主任
许地山	1893	台湾台南	燕京大学本科,1923—1926年在哥伦比亚大学研究院、牛津大学研究宗教史、哲学等	硕士	1926—1935	
顾 名	1894	江苏泰州	1915—1918北大文科国文门	本科	20世纪20年代	
容 庚	1894	广东东莞	1922—1926年北京大学研究所国学门	硕士	1926—1941	曾主编《燕京学报》
吴 宓	1894	陕西泾阳	1911年考入清华学堂留美预科班,毕业后赴美,先后在弗吉尼亚州立大学、哈佛大学研究生院学习	硕士	1944—1946	
钱 穆	1895	江苏无锡	常州中学	中学	1930年到燕大任教	
刘盼遂	1896	河南淮滨	1925年考入清华国学研究院	硕士	20世纪二三十年代	
董 璠	1896	北京	北高师	本科	20世纪三四十年代	1940—1941国文学系主任
顾 随	1897	河北清河	1920年毕业于北京大学英文系	本科	1929—1941	

续表

姓名	出生日期	籍贯	学习经历	学历	任教燕大时间	在燕大担任的职务
郑振铎	1898	福建长乐	1917年入北京铁路管理传习所学习	专科	1931—1935	曾代理国文系主任
孙楷第	1898	河北沧县	1928年毕业于北平师范大学国文系	本科	1947—1952	
熊佛西	1900	江西丰城	本科毕业于燕京大学,1923年入哥伦比亚大学研究院学习戏剧和教育	硕士	1927年到燕大任教	
冰心（女）	1900	福建长乐	本科毕业于燕京大学,在美国获文学硕士学位	硕士	1927—1936	
俞平伯	1900	浙江德清	1920年毕业于北京大学,即赴英国留学	本科	1925—1928	
梁启雄	1900	广东新会	1921年考入南开大学经济系,1925年在清华大学研究院随班旁听	本科	20世纪30年代,1946—1952	
王西徵	1901	山东高密	1920—1925,南京高师	本科	1937—1941	
李方桂	1902	山西晋中	1924年毕业于清华大学,1928年获芝加哥大学语言学博士学位	博士	1944—1946	
陆侃如	1903	江苏海门	1927年毕业于清华大学研究院,1935年获巴黎大学文学博士学位	博士	1936—1937	国文学系主任
王静如	1903	河北深泽	1929年毕业于清华大学研究院,后赴法、英、德等国学习、研究语言学、中亚史语学、印欧语比较语言学及汉学等	硕士	1938—1940	

续表

姓名	出生日期	籍贯	学习经历	学历	任教燕大时间	在燕大担任的职务
凌景埏	1904	江苏吴江	先后毕业于东吴大学、燕大研究院	硕士	1938—1941	
郑骞	1906	辽宁铁岭	1931年毕业于燕大本科	本科	1938—1941	
林培志（女）	1907	浙江镇海	燕京大学本科毕业	本科	20世纪三四十年代	
杨明照	1909	四川大足	1936年入燕大研究院国文学部	硕士	1939—1941，1942—1946	
林庚	1910	福建闽侯	1928年考进清华大学物理系，两年后转入中文系	本科	1947—1952	
高名凯	1911	福建平潭	1935年毕业于燕大哲学系，1937年燕大研究院哲学部毕业，1940年获巴黎大学文科博士学位	博士	1941，1946—1952	国文学系代理系主任
陈梦家	1911	浙江上虞	1932年考入燕大研究院	硕士	1947年开始在燕大国文学系任教	
周一良	1913	安徽东至	先后读过燕大国文专修科（一年）和辅仁大学（一年），燕大历史系（本科三年、研究院一年），获哈佛大学博士学位	博士	1946—1947	
俞敏	1916	天津	1940年毕业于辅仁大学中文系	本科	1947—1952	
林焘	1921	福建长乐	1944年毕业于燕大国文学系，1946年获燕大硕士学位	硕士	1946—1952	

分析上表可以发现，燕大国文学系师资构成具有以下特点：

第一,从出生日期分析,国文学系教师大部分出生于1890年至1909年,共24人,占表格中全部教师人数37人的64.9%。1890年以前出生的教师只有7人,占总人数的18.9%;1910年后出生的教师有6人,占总人数的16.2%。

第二,从籍贯分析,燕大国文学系教师来源广泛,但主要来自浙江、江苏、福建三省,共19人,占总人数的51.3%。其他教师分散在河北、广东、陕西、江西、四川、安徽、山东等省份。(详见表格16)燕大学生曾回忆道:

> 燕大教授群中,籍贯至为复杂,此种情形平津各校,莫不皆然。除标准北平口音(所谓京片子),无可讥评者外,其余几尽属南腔北调人:国文系郭绍虞师、顾颉刚师,均系吴县人,故不脱苏州口音。历史系邓之诚师原籍云南,故不脱川滇口音。新闻系黄宪昭师、文史系容庚师,均系粤东人,故不脱粤东口音。社会学系教授赵承信先生亦粤人,每每将"解放"讲作"改放",惟粤籍同学能通其意。社会学系林东海、雷洁琼二教授虽同为粤之四邑人(林师原籍新会,雷师原籍台山),惟其授课时全用英文,故尚无懈可击。又社会学系许仕廉师原籍长沙,杨开道师原籍湘潭,故均不脱长沙、湘潭一带之湖南口音。法学院法律系之李祖荫教授原籍湘省益阳,故不脱益阳口音。哲学系之张东荪师、张君劢师均不脱江浙口音。不佞曾选张君劢师之"汉代哲学思想",张师授课时每言"阴让五音",初不明其义,及后乃悟其系指"阴阳五行"而言。校中教授虽各操土音,以致一时南腔北调,各具特色,然日久听讲者自能领会其义。学习语言以 Direct Method 为可贵者,盖在是矣。①

---

① 陈礼颂:《燕京梦痕忆录》,收录于董鼐主编:《学府纪闻·私立燕京大学》,台北南京出版有限公司1982年版,第230—231页。

表格 16　燕京大学国文学系教师籍贯情况

籍贯	人数	籍贯	人数	籍贯	人数
浙江	9	湖南	1	山东	1
江苏	5	台湾	1	山西	1
福建	5	陕西	1	辽宁	1
河北	3	河南	1	四川	1
天津	2	北京	1	安徽	1
广东	2	江西	1		

第三，从教师学历情况分析，燕大国文学系教师以本科和硕士学历为主，其中获得本科文凭者共15人，获得硕士文凭者共12人，获得博士文凭者共4人。另有清末进士1人，中学毕业者3人，专科毕业者2人。说明燕大国文学系教师整体学历水平较高，但聘任教师颇具灵活性，只要学者有真才实学，就可以被聘到燕大任教。

第四，从教师毕业院校分析，国文学系共有14名教师曾留学国外（以获得学位为准），主要以留学美国为主者共7人。大部分教师曾在国内著名大学就读，其中毕业于燕大的教师共11人，毕业于北大的教师4人，毕业于清华的教师6人，毕业于高等师范院校的教师3人。详见下表（表格17）。

表格 17　燕京大学国文学系教师毕业院校分析

留学情况	毕业院校或留学国家	姓名	人数	占总人数的比例
曾在国内学校毕业的学生	燕京大学	许地山、熊佛西、冰心、凌景埏、郑骞、林培志、杨明照、高名凯、陈梦家、林焘、周一良	11	29.7%
	北京大学	顾名、容庚、顾随、俞平伯	4	10.8%

续表

留学情况	毕业院校或留学国家	姓名	人数	占总人数的比例
曾在国内学校毕业的学生	清华大学(前身清华学校)	刘盼遂、陆侃如、王静如、林庚、李方桂、吴宓	6	16.2%
	高师院校	董璠、孙楷第、王西徵	3	6.38%
	其他	略	13	35.1%
有留学经历者	美国	马鉴、许地山、吴宓、熊佛西、冰心、李方桂、周一良	7	18.9%
	日本	陈哲甫、沈士远、沈尹默、周作人	4	10.8%
	法国	陆侃如、高名凯	2	5.4%
	英国	俞平伯	1	2.7%

另外,在上面表格中所列的37名教师中,有2名女教师,分别是冰心和林培志,而且均是燕大自己培养出来的优秀女性人才,说明燕大的女子教育取得了不错的办学成绩。

2.课程设置与内容

燕大国文学系课程体系具有以下特点:

(1)与时俱进,开设新文学类课程

因受新文化运动推广白话文的影响,在胡适的推荐下,司徒雷登聘任周作人任教,并将国文学系分为中国古文学和中国新文学两部。陈哲甫主持古文学部,教师有陈哲甫、陈祉承、王璞、刘昂和邰翰芳,开设课程有作文、文字学、国文学、国学、文学史、文字学等,主要以传统国学为教学内容。周作人于1922年正式到燕大任教,担任中国新文学部主任。此时国文学系课程数量较少,主要以传统国学为教学内容,但也凸显出了新气象,聘请新文学大师周作人授课表明燕大与时俱进开展国文教育的意图,且效果较好。

最初新文学部教师只有周作人一人,但随着白话文学地位的上升,新文学观念影响了燕京大学国文学系的课程设置。1924年,国文学系教师有陈哲甫、周作人、沈尹默、沈士远、陈祖承、高曰采、顾名、马鉴和徐祖正。陈哲甫讲授文学史、《易经》、"书法一"和"书法二",高曰采讲授语体文和文言文,马鉴和陈祖承讲授"国学概论"和学术文,陈祖承讲授公式文,沈士远讲授"古文一"和"古文二",沈尹默讲授"诗一"和"诗二",顾名讲授"词曲一"和"词曲二",周作人讲授"近代散文一""近代散文二""文学讨论""翻译一""翻译二"和"日本文学",徐祖正讲授"日文初步"。① 国文学系师资力量更加雄厚,设置的课程数量增加,共22门课,继续以古文学教育为主,但语体文、学术文、公式文、近代散文、文学讨论等课程的设置则有助于提高学生的白话文写作水平。

1925年前后,国文学系取消了中国古文学与新文学的分组,所有教师和课程被统括在国文学系下,未设系主任,由包括陈哲甫、周作人在内的改革委员会管理。次年,吴雷川担任系主任,国文学系新派、旧派各领风骚。许地山、俞平伯、谢婉莹、杨振声、熊佛西等新文学的支持者与创作者加入燕大,许地山讲授"佛教文学研究""梵文初步"等课程,俞平伯讲授国文、古诗、小说等课程,谢婉莹讲授国文、戏剧、"诗之研究"等课程,杨振声讲授修辞学、"中国文学史"等课程②,国文学系现代文学部分师资力量壮大,为燕大国文教育增添了新的内容。

1928年,周作人讲授近代文学、新文学之背景等课程。其中"近代文学"课程主要内容是选读近代文章,阐明现代文学的散文之源流转变,辅以讨论,俾于学生对现今新文学的各问题有相当的了解;"新文学之背景"课程主要是选录文章说明中国文学革命以前的文艺状态,并略述世界潮流,使学生明了"新文学"发生的原因,考察"新文学"上传统的因革,与外来影响的调和。燕大明确开设"新文学之背

---

① 《燕京大学课程一览(1924—1925)》,北京大学档案馆馆藏 YJ24006。
② 《燕京大学课程一览(1926—1927)》,北京大学档案馆馆藏 YJ24006。

景"这一新文学类课程,比北大 1931 年开设的"新文艺试作"课程[①]早三年,周作人为燕大新文学教育和现代文学学科的发展做出了重要贡献。此外,杨振声讲授"修辞学与作文",课程内容是辞格的分析、文章的体裁、批评的义例,并注重练习以求实用;俞平伯讲授小说,主要是述小说史,使学生泛览并作札记,并对札记进行评定商榷;熊佛西讲授戏剧,主要是选读中外著名剧本,比较其历史结构与格律;谢婉莹讲授习作课程。[②] 燕大聘请周作人、俞平伯、冰心等新文学作家任教,推动了燕大新文学教育的发展,使燕大形成浓厚的新文学创作氛围,培养了众多学生作家。

(2)中国文学和中国文字学课程并重

随着课程的不断完善,燕大国文学系课程设置体现出中国文学和中国文字学课程并重的特点。

1928 年,国文学系主任为马鉴,延聘吴雷川、周作人、沈士远、容庚、黄子通、杨振声、郭绍虞、许之衡、沈尹默、徐祖正、熊佛西、俞平伯、马裕藻、谢婉莹等教师[③],师资阵容强大。课程设置有了较大变化,呈现错综复杂局面,详见下表:

表格 18　1928 年燕京大学国文学系课程设置表[④]

号数	课程名称	学分	课程内容	授课教师
国文 7—8	名著选读	2—2	选授自唐宋至近代的名著,并讨论其体例,尤注重练习,每两星期作文一次。	杨振声、马鉴、沈士远、谢婉莹、郭绍虞
国文 11—12	名著选读	2—2	选授自先秦至六朝的名著,并讨论其体例,尤注重练习。	马鉴、沈士远

---

① 陈平原:《知识、技能与情怀(上)——新文化运动时期北大国文系的文学教育》,《北京大学学报(哲学社会科学版)》2009 年第 6 期,第 101 页。
② 《燕京大学本科课程一览》,《燕京大学布告第 21 号第 11 届》,1928 年,第 78—87 页。
③ 《燕京大学本科课程一览》,《燕京大学布告第 21 号第 11 届》,1928 年,第 77 页。
④ 《燕京大学本科课程一览》,《燕京大学布告第 21 号第 11 届》,1928 年,第 78—87 页。

续表

号数	课程名称	学分	课程内容	授课教师
国文 9—10	国故概要	2—2	选授自先秦至魏晋诸家诸派思想学术的材料,讲授其系统的原委及变迁的概要,并注重讨论批评,以培养学生独立的研究能力。每一学期由教员选定若干种关于国学的书籍,由学生选读二三种,自行研究,写成札记,交教员披阅。	马鉴、沈士远、吴雷川
国文 13—14	国故概要	2—2	选集自隋唐至清代诸家诸派思想学术的材料,余同国文9—10。	沈士远
国文 31—32	文字学	3—3	说明文字上形音义三者的作用与变迁,注重讨论,使学生理解文字的意义。	容庚
国文 39—40	修辞学与作文	2—2	讲授辞格的分析、文章的体裁、批评的义例,并注重练习以求实用。	杨振声
国文 41—42	文学史	3—3	叙述文学的源流及变迁,以及当时的政治思想与文学有因果关系者,并批评文学演进的得失。	郭绍虞
国文 43—44	文学概论	2—2	从文学的本质起,以及内容形式的起源蜕变等,依据原来的学说理论,作一条理的叙述,使修习者对于纯文学有正确的概念。	徐祖正
国文 101	先秦文学	2	选授先秦代表作品,使读者明了本时期文学的性质及其价值。	沈尹默
国文 102	汉魏六朝文学	2	选授汉魏六朝代表作品,余同国文101。	沈尹默
国文 105—106	唐宋文学	2—2	选授唐宋时期代表作品,余同国文101与102。	未定教师
国文 107—108	近代文学	2—2	选读近代文章,阐明现代文学的散文之源流转变,辅以讨论,俾于学生对现今新文学的各问题有相当的了解。	周作人

续表

号数	课程名称	学分	课程内容	授课教师
国文 109—110	诗名著选	3—3	选授自周代至六朝的名著。	沈尹默
国文 111—112	词曲	3—3	讲授词选及作词法、曲选及作曲法。	许之衡
国文 115—116	小说	2—2	述小说史;使学生泛览并作札记,并对札记进行评定商榷。	俞平伯
国文 117—118	戏剧	3—3	选读中外著名剧本,比较其历史结构与格律。	熊佛西
国文 119—120	习作	3—3	每星期习作一次,以白话文为限,如日记、诗歌、小说、戏剧等。其余两小时则选读中外优美文学作品,以资模仿。	谢婉莹
国文 121	诗的比较研究	2	选读唐代诗家的重要著作,并与西洋诗的格调思想相比较。	黄子通
国文 122	诗的比较研究	2	选读宋代诗家的重要著作,并与西洋诗的格调思想相比较。	黄子通
国文 123—124	新文学之背景	2—2	选录文章说明中国文学革命以前的文艺状态,并略述世界潮流,使学生明了"新文学"发生的原因,考察"新文学"上传统的因革,与外来影响的调和。	周作人
国文 125—126	文学批评史	3—3	本课以上古至宋元为文学批评萌芽期,自明至近代为文学批评发达期,注重历史的叙述,说明其因果变迁的关系。	郭绍虞
国文 127—128	近代文学之比较研究	3—3	此课纯粹系研究班性质。就各种文辞中,如戏剧、小说、诗歌散文等,择取欧洲各国名著与中国作品作比较研究,其目的在参证外国文学作品以求中国新文学的创造,凡能读英文及有志新文学研究者,可入此班。	杨振声

续表

号数	课程名称	学分	课程内容	授课教师
国文 129—130	经学史	2	讲述孔子作经的起源,以及历代传经的真相,以冀稍得孔子作经时的经旨,庶不为后世传经家所混淆。	马裕藻
国文 131—132	经学通论	2—2		
国文 133—134	音韵学	3—3	说明古字母韵部的由来及其功用,以养成读古书证方言的能力。	钱玄同
国文 135—136	形义学	2—2	分形体、训诂二部,形体重在说明造字的原则,字体的变迁,与古人对于字形研究的历史;训诂包括字书训诂和传注训诂,重在阐明昔人训诂类例,及其与形体音韵章句校勘的关系。	郭绍虞
国文 167	中学国文教学法	2	由教育学系与国文学系合办,其内容:研究讨论教材的选择及支配,研究并实习教学方法。	马鉴
国文 169	《说文》研究	3	《说文》为解说形义音三者的字书,本课注重练习,为考读古书的门径。	容庚
国文 170	考古文字	3	此课在指导学生认识及应用甲骨文、金文等,并学习文字学、史学等材料中相关的文字。	容庚
国文 171	苏诗研究	2	从个性与背景上着眼,阐明作者与作品间密切的关系,使获得更确切的欣赏,并以一作家为中心,从而进窥其源流,追溯其嬗变,重估定该作家在国文学传统中历史的地位,使专攻者又因此习得各个的探讨途径,及国文学整个的研究方法。	沈尹默
国文 172	陶诗研究	2	同苏轼诗研究。四年级及研究生选修。	沈尹默

续表

号数	课程名称	学分	课程内容	授课教师
国文 173	语录文研究	2	选读宋元明语录文,与近日白话体作比较的研究。	黄子通
国文 175—176	校勘学	2—2		
国文 177—178	佛教文学	3—3	选授中国历代佛教关于文学的作品。	许地山
日文 1—2	初级日文	4—4	从字母起,教授现代日本语及其文法,使学生有了解普通时文及浅近会话的能力。	周作人
日文 3—4	高级日文	4—4	为已读过初级日文者(一学年程度)授以日本现代语文的修习与应用,使能达到直接听讲阅书,并亲接学术文艺等论著为目的。教授方法用读本,作笔记。	徐祖正
日文 5—6	日本文学史	2—2	讲述日本文学变迁之迹,自古代至德川时代为古文学时期,明治大正时代为新文学时期,俾治本国文学者得资比较于日本古文学中获得国学研究的资料,于新文学中亦可以印证中国现代文学的演进,并考见其将来的趋势。	周作人
梵文 1—2	梵文初步	2—2	认识单字,造句,略解声明。本课为习中古文学所必修,为习佛教文学的预备。	许地山
梵文 3—4	梵文选读	2—2	选读原文佛经,及印度经典。	许地山

国文学系课程门类有了较多增加,共设有 39 门课程,课程范围更加广泛,体现出中国文学和中国文字学课程并重的特点。如文学类课程有"文学史""文学概论""先秦文学""汉魏六朝文学""唐宋文

学""近代文学""近代文学之比较研究""文学批评史""新文学之背景"等,断代文学史类课程较多,并设置了"诗名著选""词曲""小说""戏剧""诗的比较研究""苏诗研究""陶诗研究"等更加专业化的文学类课程;中国文字研究类课程包括"文字学""修辞学与作文""音韵学""形义学""说文研究""考古文字""校勘学"等。

1928年,燕京大学与哈佛大学合作成立哈佛燕京学社,建立国学研究所,日益重视国学教育和研究,影响了国文学系的课程设置。1931年,国文学系主任为郭绍虞,聘请郑振铎、容庚、马鉴、吴雷川、祝廉先、张尔田、奉宽、傅仲涛、侯堮、熊佛西、顾随、黎锦熙、陆侃如、马太玄、沈启无、魏建功、谢婉莹等教师任教。[①] 郭绍虞明确指出国文学系所注重研究者为:"1.中国语言文字——古代的文字声韵与近代的语言俗字同样并重。至于训诂之义例、文法之比较与声韵转变之通则,均在研究范围之列。2.中国之文学——分时分体以为系统的讲述,无论经传诸子、骈散诗词,以及小说、戏剧、佛曲、歌谣,或翻译文字,平均注重,以期明了整个中国文学之演进。此外对于国学书籍之应用方法,与中学国文之教学方法,亦特加注意。"[②]"分时分体"说明燕大国文学系注重断代和某文体的专题研究,"平均注重"即各时代各文体一视同仁,"以期明了整个中国文学之演进"说明要求学生全面系统地掌握各时代文学和各类文体的知识。培养目标是希望学生对于国学或文学有所贡献,培养中国文学及语言文字学方面的专门人才;或成为中学良好的国文教员。

(3)国文教育专业化程度逐渐提高

随着课程体系的不断完善,燕大国文学系对课程体系进行分类,逐渐提高国文教育的专业化程度。

---

① 《燕京大学教职员学生名录(1931—1932)》,燕京大学出版,第9页。
② 《北平私立燕京大学本科各学院学系概要》,《燕京大学布告第13号第17届》,1932年,第1页。

1936年,陆侃如担任国文学系主任。课程体系明确分为普通课目、文学课目、语言文字学课目和专题研究四类。普通课目包括:诗文选读兼作文、文言文习作、语体文习作、公牍文习作等;文学课目包括:文学概论、文学史纲要、诗史、戏剧史、小说史、文学批评史、古代文、古代诗、中古文、中古诗、近代文、近代诗、词选、散曲选等;语言文字学课目包括:文字学概论、文字形义学、声韵学、甲骨钟鼎文、简笔字、文法学、修辞学、满蒙文、初级日文和高级日文等;专题研究包括:《诗经》《说文》、陶渊明诗、历代学术文和中国宗教文学等。[①] 陆侃如曾在法国接受严格的学术训练,获得文学博士学位,与冯沅君合作出版《中国诗史》《中国文学史简编》等,文学课目中古代诗、中古诗和近代诗课程,古代文、中古文和近代文等课程的设置以及开设专题研究类的课程无疑体现了陆侃如的学术思想。陆侃如只担任系主任一年,1937年离开燕大。郭绍虞重任系主任后课程又有了变化,分为创作、研究和应用三方面,学生依其旨趣自由选课。[②]

1941年,燕大国文学系主任为董璠,聘请容庚、郭绍虞、吴雷川、王静如、梁启雄、凌景埏、瞿润缗、侯堮、许世瑛、顾随、林培志、刘厚滋、王西徵、郑骞、高名凯和杨明照等教师任教。[③] 共设置61种课程,分为习作、文学、语言文字和论文四类;另外附设两种日文课程。详见下表(表格19):

---

① 《北平私立燕京大学本科各学院学系概要》,《燕京大学布告第13号第17届》,1932年,第4页。
② 《两学会举行迎新会》,《燕京新闻》,1938年9月23日,第2版。
③ 《燕京大学课程一览》,《燕京大学布告第26届第10号》,1941年,第27—28页。

表格 19　1941 年燕京大学国文学系课程设置表①

类别	课程名称	学分	课程内容	授课教师
习作类	一年级国文	3—3	以灌输文学常识,练习作文技能,及训练读书能力为目的。间周作文一次,偏重文言。	
	二年级国文	2—2	与第一年级国文略同,亦重在作文技能练习与读书能力的训练,以辅助第一年级国文程度的不足,每周作文一次,偏重文言。	侯堮、王西徵
	新文艺习作	2	注重新文艺各体散文小说与诗歌戏剧的讨论及习作。	林培志
	翻译练习（甲）	2	本课程是为法学院和理学院的学生开设。由系选定自然科学与社会科学的材料,每周练习,以训练翻译专门著作的能力。译文以文言文为主。	白序之
	翻译练习（乙）	2	训练学生对纯文艺作品的翻译,每周练习,以白话文为主。	林培志
	书翰文习作	2	选授历代书翰束札,说明其体制与作法。每周练习一次,以文言文为主。	董璠、侯堮
	历代文选兼习作	3—3	本课程选授自汉至清的文言作品,骈散兼收,内容词藻并重。间周习作一次。	郑骞
	公牍文习作	2	本课程是为教育学系及法学院学生开设,讲授公牍文字的程式与作风,每周习作一次。	吴雷川、王西徵

———

① 《燕京大学课程一览》,《燕京大学布告第 26 届第 10 号》,1941 年,第 28—37 页。

续表

类别	课程名称	学分	课程内容	授课教师
文学类	中国文学专书选读一	尚书	3—3	选授史学要籍,注重读书与讨论,于解题之外兼明训诂。每学期学生须交课外阅读笔记一次,集注或翻译若干篇。国文学系三、四年级生在两年中必须选修六学分。	董璠
		三礼	3—3		董璠
		春秋三传	3—3		凌景埏
		史记	3—3		梁启雄
		前后汉书	2—2		梁启雄
		三国志	2		梁启雄
		晋书	2		梁启雄
	中国文学专书选读二	周易	2—2	同前,选授有关学术思想的专书。国文学系三、四年级生在二年中必须选修六学分。	王西徵
		论语孟子	3—3		凌景埏
		老子庄子	2—2		侯堮
		墨子	2		梁启雄
		韩非子	3		梁启雄
		荀子	3		梁启雄
	中国文学专书选读三	诗经	3—3		凌景埏
		文选	3—3		杨明照
		文心雕龙	2—2		杨明照
		陶渊明集	2		郭绍虞
		楚辞	2—2		顾随
		苏辛词	1—1		郑骞
		历代诗选读及诗史	3—3	讲授自周至清的古今体诗;并讲述其体制与风格演变的原因。	郑骞
		修辞学	3	说明中国语言文字的特性与修辞的关系,并归纳和论述修辞现象的诸种方式,以习作诸课理论上的辅佐。	郭绍虞
		文学概论	3	讲授中国文学各种基本理论,有时就诸种问题作比较专门的研究。	郭绍虞

续表

类别		课程名称	学分	课程内容	授课教师
文学类	中国文学专书选读三	词曲选读及词曲史	3—3	选授自唐至清各名家词曲以及金至清各名家散曲;兼说明词曲演变及其演变的原因。	顾随
		中国文学史	4	叙述中国文学在历史上继续演变的事实,指出各时代文学的主潮,并叙述其如何演变与所以演变的因果关系。	郭绍虞
		文学批评	2—2	讲述文学批评的任务及其内涵,尤注重批评的基本原则,并阐明文学的要素及类别。	郭绍虞
		曲律研究	2—2	整理并归纳自汉至清关于曲律研究的成绩;考订宋元以来宫调管色诸问题;厘正明清以来谱曲的律则,并练习制谱。	王西徵
		中学国文教学法	2—2	讨论中学国文教材的选择及支配,教学实施的方案,同时令学生对于中学国文教材,作精密的预备。	董璠
		中国宗教文学	1—1	本宗教立场讲述中国的文学名著。	赵紫宸
		佛典翻译文学	2—2	讲述佛典目录,并取佛教文学名著的译本,或加校释,或作比较,兼讨论其在中国文学上的影响及关于佛教翻译史诸问题。	董璠
		传记文学	2	选读国内外的传记文学作品,并以文学方法描写实际的人物环境、事件,兼采史书传记而改作。	王西徵
		中国文学批评史	4	讲述中国文学思潮的演变,与各时代批评家的主张。一方面分析各种文学批评的理论而加以说明;一方面探究此理论所由建立的原因,说明其与文学史或学术思想史上所发生的关系与影响。	郭绍虞

续表

类别	课程名称	学分	课程内容	授课教师
文学类	中国文学专书选读三 小说选读及小说史	3—3	选读历代小说,说明其源流演变及在文学史上所处的地位。	张常工
	戏剧选读及戏剧史	3—3	选授历代名剧,并讲述其历史,包括:关于戏曲体制的源流、演变与其文学价值;关于戏剧的演出情形与剧团的组织,俾系统叙述有关戏剧的文献。	凌景埏
语言文字类	文字学概要	3—3	讲述文字上形音义三者的作用与变迁,并讨论六书问题,详加阐述六书的性质与作用。	容庚
	语言学概要	3—3	阐明诸语言的本质、组织、演变、分类,并对世界各语系给与一基本概念;讲述语言学的发展史略。课程中的语言举例偏重中藏语系和印欧语系。	高名凯
	声韵学概要	3—3	讲述语音诸元素,音韵演变的通则,及中国音韵史的概况。以《广韵》为主,上溯古音,下较今音,并与国内方音作比较。目的在传授音韵学的诸种常识。	王静如
	卜辞研究	2—2	讲述关于卜辞的书籍,并指导学生对于卜辞所载的名物制度作分析研究。	容庚
	中国语言文字学专书选读		本组课程选授《说文》《广韵》二书,以说文沟通各种有关形义的书,以为考读古文字的门径;以广韵沟通各种有关声韵的书,以备研究声韵的基础。以尔雅沟通各种有关训诂的书,以资探讨训诂的工具。包括三门课程:说文(容庚,3—3学分)、广韵(3学分)、尔雅(郭绍虞,3学分)。	容庚、郭绍虞等
	文字形体变迁史	3	对文字形体变迁的迹象,作比较的研究,字体区分若干类,每类中因时代先后而生若干差别,皆详为论述。	容庚

续表

类别	课程名称	学分	课程内容	授课教师
语言文学类	铜器铭文研究	3	本课程与卜辞研究略同,重在讲述关于铜器铭文的书籍,并指导学生对于研究铭文中所载的名物制度,作分析研究。	容庚
	近代语研究	2—2	就唐宋以来语体文学作品,如变文、平话、传奇、院本等,及其他著述记载,如宝卷、语录等,考订其语言特征及变迁,使学生了解现代国语形成的语源,以及语言演变与文字转变的关系,为研究语言学及语音学作准备。	董璠
	国语运动史	3	说明国语运动的起源、趋势、动态及其成效。	董璠
	现代方言	2—2	讲述中国现代方言及方音分布的状况,而研究其原委。除叙述近人的研究成果外,兼重实习或调查。	
	声韵学史	3	分中国声韵史为数时代,说明中国声韵学性质的演变,同时对于中国声韵学史料加以精密考订并介绍西人对于中国音韵学的研究,以作比较研究。	王静如
	古音研究	3	讲述应用声韵学及声韵沿革的基本常识,解说研究古音系的方法,以期完成中国语音语言史工作使命的讨论及报告。	王静如
	等韵源流	3	叙述与说明中国原文等韵学,尤其注重名词的诠释。	王静如
	训诂学	3	兼重字书训诂与传注训诂,以期阐述训诂类例,及其与形体音韵的关系。	郭绍虞
	中国文法研究	3—3	讲述中国语文法的词类,研究或分析古今语句构造的方式与其同异,兼及中西语文法的比较,以求说明中国语言文法的系统。	高名凯

续表

类别	课程名称	学分	课程内容	授课教师
语言文学类	古书校读法	3—3	讲授古书的体制流别及校勘历史与方法,并取若干种古书,指导校读,以为实习。	杨明照
论文	四年级生毕业论文(甲)	2至4	在教授指导下选择专题,预备学士论文,或研究报告。	全体教员
	四年级生毕业论文(乙)	2至4	在教授指导下,选译东西各国名著,代替研究论文,其分量必须与研究论文的分量相等。	全体教员
	四年级生毕业论文(丙)	2至4	本系文学组学生,经指导教授的允许,得以创作代替论文,其分量必须与研究论文的分量相等。	全体教员
	研究院生毕业论文			全体教员
附设课程	初级日文	3—3	讲授日文一般口语文法,以了解简单会话及文辞为目的,但必须选修日文—203—204(3—4)后始得给予学分。	刘厚滋
	高级日文	3—3	以初级日文为基础,进一步教授论文或小说,以训练自由看书或翻译为目的,但必须预修初级日文,或有同等学力者方能选修。	刘厚滋

统计表格可以发现,习作类课程共 8 种;文学类课程共 33 种,包括"中国文学专书选读一"(选授史学要籍)7 种,"中国文学专书选读二"(选授学术思想专书)6 种,"中国文学专书选读三"(选授纯文学专书)20 种;语言文字类课程共 16 种;毕业生论文共四类。文学类课程数量最多,而选修文学类课程的学生人数也较多。林焘回忆:"那年秋季,高先生开设'中国文法研究'课,当时语言文字组的学生很少,听这门课的只有两三个人,可是教室安排在穆楼(今北大外文楼)

103,能坐一百多人,只有两三个学生坐在那里听课,显得空荡荡的,可是高先生照样讲得神采飞扬,我们也听得津津有味,至今情景如在目前。"①虽然选择学习语言文字的学生人数较少,但聘请语言学家高名凯任教,开设现代语言学课程,为国文学系吹进了一股新鲜的空气,使学生感到清新和振奋。

1941年12月,因太平洋战争爆发,燕大被迫关闭。

(4)在困境中苦心经营,弦歌不辍,维持完整的课程体系

1942年,在燕大校友的努力下,燕京大学在成都复校,国文学系也马上恢复,系主任由文学院院长马鉴兼任。因条件所限,国文学系师资力量较单薄,所设课程比较简陋,但依然保持了该系一些良好的传统。比如马鉴亲自讲授大一国文课、中国文学史、中国文学批评史和小说笔记文选等课程。至1943年,陈寅恪、吴宓和李方桂等著名学者到燕大任教,国文学系受益最多。1944年,国文学系共同必修科目有国文、中国文学史、历代文选、元白剧诗、曲选、文心雕龙、史通、语言学、西洋文学史大纲、论文等,选修课有戏剧小说选读、应用文习作、历史地理、方言研究、西洋哲学史、文学与人生、外国语等。②虽然所设课程数量不多,但维持了很高的师资水准,比如马鉴讲授中国文学史,杨明照讲授国文、历代文选、文心雕龙等,李方桂讲授语言学和方言研究,陈寅恪讲授元白剧诗,吴宓讲授文学与人生,曾宪楷讲授史通等,为国文学系培养卓越人才提供了可靠保障。尤其是陈寅恪、李方桂和吴宓三位大学者开的课除燕大学生外,外校也有不少人来旁听。

1945年抗战胜利,次年燕大在北平复校,高名凯担任国文学系

---

① 林焘:《长才未竟 典范犹存》,收录于高名凯先生纪念文集编辑委员会:《高名凯先生纪念文集》,语文出版社1992年版,第46页。
② 资料来源:《燕京大学1944年秋季课程一览表》,北京大学档案馆藏 YJ44018;《燕京大学三十三学年度各院系科目》,北京大学档案馆藏 YJ44019。

主任。刚复校时只有高名凯和梁启雄两位教师返校任教，教师力量十分单薄。为了解决全校性的"大一国文"教学的问题，国文学系聘请了本系毕业生阎简弼、卢念苏和历史学系毕业生刘子建、张玮瑛、徐旭典共同负责。

经过高名凯的苦心经营，国文学系逐步恢复壮大起来。燕大毕业生高庆赐、林焘、孙铮和俞敏以及林庚、孙楷第等受聘到国文学系任教。1947年，国文学系开设课程有第一年级国文（卢念苏、阎简弼和林焘等讲授）、第二年级国文（阎简弼）、新诗（林庚）、历代诗选（林庚）、左传选读（梁启雄）、史记选读（梁启雄）、论语孟子（梁启雄）、陶杜诗研究（赵紫宸）、中国文学史（林庚）、文字学（陈梦家）、语言学（高名凯）、韩非子选读（梁启雄）、荀子选读（梁启雄）、史文（Teng）、楚辞（林庚）、清代学术史（梁启雄）、汉语语法研究（高名凯）、初级日文（Miss Torrii）。① 其中林庚和梁启雄所授课程之多，在该系教师中是少见的。1948年，国文学系开设课程有：第一年级国文、外侨初级国文（针对外国留学生）、第二年级国文、词选、历代诗选、群经选读、诸子选读、国学概论、陶杜诗研究、中国文学史、说文研究、语言学、目录学、文学批评、小说史、戏曲史、史文、钟鼎文、甲骨文、声韵学、汉语语法研究、四年级生毕业论文、初级日文、初级梵文。② 还聘请校内其他院系教师或校外著名学者来兼课，如周一良讲授佛教文学，朱自清讲授中国文学史，陈梦家讲授文字学，于省吾讲授考古金文，张伯驹讲授中国艺术史等课程。③

1949年中华人民共和国成立后，燕大国文学系进行了课程改革，增加了一些和现实紧密结合的课程，例如，卢念苏讲授"文艺学

---

① 《燕京大学1947—1948年课程一览表》，北京大学档案馆馆藏 YJ47054。
② 《燕京大学课程一览(1948—1949)》，北京大学档案馆馆藏 YJ48045。
③ 参见：(1)燕京大学学生自治会编印：《燕大三年》，收录于李景文、马小泉主编：《民国教育史料丛刊》(第868册)，大象出版社2015年版，第575页；(2)燕京大学校友校史编写委员会编：《燕京大学史稿》，人民中国出版社1999年版，第79页。

概论",林焘讲授"语法修辞",俞敏和林焘先后开设过"大众语"和"工具书使用法"等。聘请了吴同宝、赵宗乾、王文襄、宋玉珂、吴同宾、乐芝田等新教师。1952年院系调整,燕大国文学系大部分教师被分配到北京大学中文系任教,燕京大学国文学系从此成为一个历史名称。

3. 教材与教法

在20世纪30年代,燕大国文学系一部分教师将自编讲义出版,涌现出很多经典教材和著作。

著名教育家、古典文学家、语言学家、书法家和诗人、作家郭绍虞在燕京大学国文学系任教多年,且曾担任系主任。郭绍虞讲授"中国文学批评史",主要内容是讲述中国文学思潮的演变与各时代批评家的主张。一方面分析各种文学批评的理论而加以说明;一方面探究此种理论所由建立的原因,说明其与文学史或学术思想史上所发生的关系与影响。1934年,郭绍虞著《中国文学批评史》上卷由商务印书馆出版,主要是以问题为纲,揭示中国古代文论的理论特征及其历史发展规律。朱自清《评郭绍虞〈中国文学批评史〉上卷》云:"郭君这部书,虽然只是上卷,我们却知道他已花了七八年功夫,所得自然不同。他的书虽不是同类书中的第一部,可还称得是开创之作,因为他的材料与方法都是自己的。"[①]该书一经出版,即经胡适审定列为教育部颁布的大学用书。由于抗战的原因,下卷两册延至1947年出版,1949年后上下卷三册多次再版。这本书是我国第一部较有理论系统而富学术价值的文学批评通史专著,奠定了中国文学批评史及古代文论作为独立学科的学术地位,至今仍是我国高校文科的重要教材。郭绍虞还出版了《宋诗话辑佚》(1937年)、《陶集考》(1936年12月燕京大学国文学系印)、《国故概论》(甲辑文学理论之部;1938年

---

① 蒋凡:《导言》,见郭绍虞:《郭绍虞说文论》,上海古籍出版社2000年版,第5页。

燕京大学国文学系印)、《近代文编》(1939年12月燕京大学国文学系印)等著作,成为中国古代文论研究学科的拓荒者和奠基人之一。他无论看书还是阅读报刊,都随手摘录有关的资料,放进专门的卡片箱,天长日久,积累的资料涉及古今中外,还钻研了哲学、历史、语言、美术、书法乃至音乐、体育诸多学科的著作,以科学的治学态度来认识事物的本质规律和对古人进行评价。他常告诫后学:做学问、建事业,好比造塔,基础不宽不深,塔顶就造不高。郭绍虞以身作则,忘我工作,为学生树立了榜样,培养了大批人才。民国以来学术界公认的中国文学批评史有三大家:郭绍虞、朱东润、罗根泽[①],其中罗根泽曾在燕京大学国学研究院学习,是郭绍虞的学生兼助手。

燕大国文学系采用讲授法、师生谈话会、练习法等多种教学方法实施国学教育。

第一,讲授法。讲授法是教师运用口头语言系统连贯地向学生传授知识的一种方法,是教育史上最悠久的教学方法之一。燕京大学国文学系教师主要在课堂上向学生传授国学,比如马裕藻讲授经学史,马鉴讲授笔记文学,容庚讲授文字学,顾随讲授词曲,陆侃如讲授小说史,李方桂讲授语言学等。此外,燕京大学教师还可以在自己的住宅授课,尤其是教授研究生。

黄公伟回忆道:

> 每学年一开始,诸师照例轮流"迎新"。马师(笔者注:马鉴)是宁波人,"阿拉"一声,群贤举箸。容师(笔者注:容庚)是广东客家人,"文字学"堂上,大发客调。声韵专家白涤洲绰号"白米粥",以中原语授声韵,别有韵调。郑师(笔者注:郑振铎)是上海人,在"元曲"堂上,西服笔挺,人称"大洋马"。著有《插图本中国

---

① 蒋凡:《导言》,见郭绍虞:《郭绍虞说文论》,上海古籍出版社2000年版,第1页。

文学史》。熊佛西授"戏剧概论",某次,穿了花背心,津津乐道,生谓"老师穿了女装",熊师笑答"戏台上男扮女装是常事"。马师太玄,人称"三马",不修边幅,上课讲"目录学"引经据典,领带居然是一双"丝靴子",群生哄然。师曰:"错把玉录入题解。"顾羡季讲五代词,一嘴小胡子,生称"胡师"。许地山师长年穿青衣,亦有胡子,号曰"仁丹"。师辈中讲学有左倾者如郑、熊二公,有右倾者如容庚。讲形上学者上倾,如黄子通。讲古史者今倾,为顾颉刚。惟吴、郭二师中倾。吴校长雷川是翰林院庶吉士,长书法,正楷精美。郭、顾二师擅行书,生龙活虎,飞阁流檐。容师长金石甲骨文,望之似神符。予均收藏之,悬之壁间多年。"七七"事变后为日寇掳去。[①]

第二,谈话法。谈话法是教师通过和学生相互交谈来进行教学的方法,是引导学生根据已有的知识、经验、通过独立思考去获得新知识的方法。[②] 比如,北平沦陷2年后,林焘在1939年考入燕大国文学系,才知道国文学系分为文学和语言文字两个组,学生必须在三年级以前选定自己的学习方向,他专门为此请教俞平伯先生。俞平伯对他说,在当前这种政治气氛下学文学是很难有前途的,鼓励他选择与政治无关的语言文字方向,告诉他语言学是二三十年代国外新兴的学科,如果和中国传统的文字、音韵、训诂结合起来,一定会有大的发展,使林焘有顿开茅塞之感。不久,高名凯从法国学成归来,在一次和林焘的谈话中,向他详细介绍了现代语言学的内容和今后的广阔前景。在谈到欧洲一些汉学家运用现代语言学方法研究汉学时,特别提到他的老师马伯乐(H. Maspero)和瑞典学者高本汉(B. Karlgren),他们都在汉语研究方面取得了非常出色的成就。高名凯

[①] 黄公伟:《燕大景色内外》,收录于董鼎主编:《学府纪闻·私立燕京大学》,台北南京出版有限公司1982年版,第254—255页。
[②] 南京师范大学教育系编:《教育学》,人民教育出版社1984年版,第447页。

深有感慨地说,这本来应该是由我们自己来做的事,而且可以比他们做得更好,因为汉语是我们的母语,比他们熟悉得多。我们所缺乏的只是现代的方法,我们应当有志气超过他们。高名凯热情生动的谈话深深地打动了林焘,更加强了他学习语言学的决心。就这样,在俞平伯、高名凯两位先生的指引下,林焘确定了一生学习和研究语言学的道路。①

第三,练习法。国文学系注重练习,培养学生的国文写作能力。比如谢婉莹讲授"习作"课,要求学生每星期习作一次,如日记、诗歌、小说、戏剧等,其余两小时则选读中外优美文学作品,以资模仿。② 大一必修课程"国故概要"包括一小时授国学常识,四小时则作学生练习写作之用,注重文言训练,使课内讲授与课外参考相联系,训练学生的写作能力,使学生将来能应付社会的实际需要。

4. 学业评价

燕大国文学系依照学校规定实施严格的成绩考查制度,采用作文、小考和大考等多种考核方式,为培养优秀人才奠定了基础。规定大一、大二国文课每学年至少授诗文 50 篇,课外阅读至少 1000 页,每两周作文一次,每四周小考一次,小考以课外读物为范围,在学期期末考试课堂所授诗文,组织委员会主持分数评定;其他课程除大考外,平时成绩考查内容有两种,一种是课外阅读,教师指定若干种书籍,由同学作阅读札记,另外是每学年举行 2—6 次小考。③ 譬如,俞篯墀要求严格,尤其是对学生的作业,从不含糊。他评阅作文,总会从中选出几份最佳者,帮助他们修改润色;评阅笔记、练习,也同样会选出最佳者,记下他们的名字。有的学生在学古文时,询问学诗的入

---

① 燕京研究院编:《燕京大学人物志》(第二辑),北京大学出版社 2002 年版,第 157 页。
② 《燕京大学本科课程一览》,《燕京大学布告第 21 号第 11 届》,1928 年,第 82 页。
③ 《国文学系积极矫正积弊》,《燕京新闻》,1937 年 11 月 15 日,第 2 版。

门方法,他也会不厌其烦地给予指点。①

燕大教师基本都遵循教务处制定的成绩考查办法,但因他们享有较大的教学自由权,有时也会根据自己的标准来评价学生成绩。

譬如,熊佛西一向不重分数制,故凡选读其课程者,莫不成绩优良,皆大欢喜。某次考试,他照例给予每人"G"(良)以上之分数。当时教务处特意下条子通知他所评分数太宽,谁料他将原有分数单取消之后,反而一律重新改为"E"(优),嗣后教务处亦无可奈何。②

又如,黄公伟某次考试只有"比较文法"不及格,因而趋访黎锦熙求情。黎锦熙问:"渔于池者,沈其纲而左右縻",哪是主语(Subject)?哪是'述语'(Predicate)?'黄公伟答:"'者'是主语,'渔'是述语。"黎锦熙笑曰:"算你及格了。"③

冰心的习作课期末考试内容是让学生们每人交一本刊物,要求必须有封面图案、办刊宗旨、文章照片等,对学生的写作能力、组稿过程中的交际能力、审美能力等多方面素质进行了考核,也给同学们提供了施展才华的广阔空间。④ 这对我们今天大学的学业评价制度具有借鉴意义。

在导师的指导下,燕大学生自由选择题目进行研究。例如,1937年,国文学系有3人毕业,其论文分别是:李栋材的《水浒传研究》,导师陆侃如;胡芝薪《古代散文书中的韵文》,导师陆侃如;余焕栋《王渔洋的文学批评》,导师郭绍虞。⑤ 燕大部分学生的毕业论文题目为:何

---

① 孙玉蓉:《北洋学子俞篯埋与创建期的燕京大学》,《天津大学学报(社会科学版)》2007年第4期,第382页。
② 陈礼颂:《燕京梦痕忆录》,收录于董鼐主编:《学府纪闻·私立燕京大学》,台北南京出版有限公司1982年版,第234页。
③ 黄公伟:《燕大景色内外》,收录于董鼐主编:《学府纪闻·私立燕京大学》,台北南京出版有限公司1982年版,第256页。
④ 张恤民:《冰心爱教育》,《教师博览》2002年第3期,第21页。
⑤ 《国文学系本年三人毕业》,《燕京新闻》,1937年3月2日,第2版。

格恩《陈亮的思想与文学》(1932年硕士论文)、陈家骥《郑学考》(1935年硕士论文)、冯日昌《朱陆王对于格物致知之解释》(硕士论文)、杜奉符《荀子言礼之研究》(硕士论文)、曾宪楷《两汉经学史》(1936年硕士论文)、陈其策《礼运乐记中庸大学之时代与思想》(1938年硕士论文)、蒋淑均《儒家淑身学举隅》(1948年学士论文,导师梁启雄)。①

(二)历史学系

1. 师资队伍

历史学系最初负责者为瑞士学者王克私(Philipe de Vargas),教授多为外籍人士。1923年,洪业主持系务,聘请的教师有陈垣、王克私、费宾闱臣等,历史学系的教学方向由侧重西洋史转向到中、西史学并重。

嗣又获得哈佛燕京学社的协助,经费充裕,教学和研究工作逐渐由西洋史而转重国史。其后谢迪克(Harold Shadick,1928—1929任职)、王克私(1929—1931任职)、李瑞德(1931—1936任职)、顾颉刚(1936—1937任职)、贝卢思(Miss Lucy Burtt,1937—1939任职)、齐思和(1939—1941任职)和郑德坤(1942—1945任职)等先后担任历史学系主任,燕大在北平复校后齐思和复担任系主任。陈垣、顾颉刚、邓之诚、翁独健、张尔田等著名学者先后到燕大任教。

成都燕大时期历史学系依然名师云集,聘请郑德坤(主任)、王钟翰、王伊同、陈寅恪、徐中舒和罗秀贞等学者任教。

1945年燕大在北平复校后,历史学系恢复研究院史学部,招收研究生,齐思和担任系主任,任课教师有洪业、邓之诚、齐思和、翁独健、聂崇岐、贝卢思、王克私、陈观胜、史考特(Scott)等。

---

① 《燕京大学毕业论文数据库》,网址:https://thesis.lib.pku.edu.cn:808/,2010年11月12日登录。该数据库只能在北大校园网范围内访问使用。

1950年,燕京大学改为公立,历史学系聘请翦伯赞来校任教,邀请徐特立、郭沫若、范文澜、吕振羽等著名学者来系演讲,学生获益很大。1952年院系调整后,燕大历史学系与北大历史学系、清华历史系合并为北大历史学系。

表格20　燕京大学历史学系师资概况①

姓名	出生日期	籍贯或国籍	学习经历	在燕大任教时最高学历	任教燕大时间	在燕大担任的职务
鸟居龙藏	1870	日本	东京帝国大学	博士	1939—1941,1946—1951	
张尔田	1874	浙江杭县	曾中举人		1931年2月到校	
费宾闱臣夫人(Mrs. Alice B. France)	1878	美国	蒙特霍来克学院(Mount Holyoke College)	博士	1919—1941	女校文理科科长、女部主任
王桐龄	1878	河北任丘	东京帝国大学	本科	20世纪二三十年代	
邓之诚	1887	江苏江宁	云南两级师范学堂	中学	1930—1941,1946—1952	
陈垣	1880	广东新会	光华医学院	中学	1922—1930	国学研究所所长
张星烺	1888	江苏泗阳	美国哈佛大学理学士,德国柏林大学修业	本科	1925—1940	
王克私(Philipe de Vargas)	1888	瑞士	瑞士路塞尼大学文硕士、哲学博士	博士	1920—1941,1945—1948	历史学系主任

---

① 此表包括燕大历史学系大部分教师,但并不全,任职时间较短、简历情况不详的教师未选入。按出生日期排序。资料主要来源:(1)燕京研究院编:《燕京大学人物志》(第一辑),北京大学出版社2001年版;(2)燕京研究院编:《燕京大学人物志》(第二辑),北京大学出版社2002年版;(3)燕京大学校友校史编写委员会编:《燕京大学史稿》,人民中国出版社1999年版。

续表

姓名	出生日期	籍贯或国籍	学习经历	在燕大任教时最高学历	任教燕大时间	在燕大担任的职务
陈寅恪	1890	江西义宁	先后在柏林大学、苏黎世大学等专攻比较语言学和佛学达十余年之久	中学	1943—1945	
洪业	1892	福建闽侯	哥伦比亚大学硕士	硕士	1922—1928, 1930—1941	文理科科长兼图书馆馆长
顾颉刚	1893	江苏苏州	北京大学	本科	1929—1937	历史学系主任
李瑞德（Richard Ritter）	1894	美国	普林斯顿大学文学士、哈佛神学院神学士	本科	1924年到校	历史学系主任
贝卢思（Lucy Burtt, 女）	1894	英国	在伦敦 Bedford College 毕业，伯明翰大学文学硕士	硕士	1930—1951	
孟世杰	1895	山东邹城	先后赴日本东京帝国大学和法国里昂大学学习；北平高等师范学校史地部研究科	硕士	20世纪20年代	
徐中舒	1898	安徽怀宁	清华大学国学研究院	硕士	20世纪40年代	
翦伯赞	1898	湖南桃源	美国加利福尼亚大学研究经济	本科	1949—1952	
刘节	1901	浙江温州	清华大学国学研究所	硕士	1935—1937	
谢迪克（Harold Shadick）	1902	英国	加拿大多伦多大学	本科	1925—1941	1928—1929年任历史学系主任
聂崇岐	1903	河北蓟县	燕京大学	本科	1928—1941, 1946—1948	

续表

姓名	出生日期	籍贯或国籍	学习经历	在燕大任教时最高学历	任教燕大时间	在燕大担任的职务
裴文中	1904	河北滦县	北京大学地质系本科毕业;巴黎大学博士学位	博士	1938—1941	
冯家昇	1904	山西孝义	燕京大学历史系本科、硕士毕业	硕士	1934—1939	
邓嗣禹	1905	湖南常宁	燕大历史系本科、硕士毕业;哈佛大学博士毕业	硕士	1935—1937	
翁独健	1906	福建福清	1928—1935年,在燕大读本科、硕士,1935—1938年哈佛大学读博士	博士	20世纪40年代在燕大任教	燕大代理校长
郑德坤	1907	福建厦门	燕京大学中文系本科毕业、研究院硕士毕业;1941年获哈佛大学哲学博士	硕士	1931—1938,1941—1947	哈佛燕京学社研究员
齐思和	1907	山东宁津	燕大本科毕业、哈佛大学历史学博士	博士	1937—1952	历史系主任、文学院院长
侯仁之	1911	河北枣强	燕大历史系本科、硕士毕业;英国利物浦大学博士毕业	博士	1936—1941,1946—1952	
王钟翰	1913	湖南东安	先后获燕京大学学士、硕士学位,哈佛大学研究院进修两年	硕士	1943—1946,1948—1952	
安志敏	1924	山东烟台	中国大学史学系	本科	1948年9月—1950年9月	助教

分析上表可以发现,燕大历史学系师资构成具有以下特点:

第一,从出生日期分析,历史学系教师主要出生于1890年至1909年,共17人,占表格中全部教师人数28人的60.7%。1890年以前出生的教师有8人,占总人数的28.6%。1910年后出生的教师有3人,占总人数的10.7%。

第二,从籍贯分析,燕大历史学系教师来源广泛,表格中外籍教师有6人,中国籍教师22人。中国籍教师分别来自河北、江苏、福建、山东、湖南、浙江、广东、江西、安徽、山西等省份,详见下表(表格21)。

表格21　燕京大学历史学系教师籍贯情况

籍贯	国籍或籍贯	人数	国籍或籍贯	人数
外籍教师	美国	2	瑞士	1
	英国	2	日本	1
中国籍教师	河北	4	浙江	2
	江苏	3	广东	1
	福建	3	江西	1
	湖南	3	安徽	1
	山东	3	山西	1

第三,从教师学历情况分析,燕大历史学系教师以本科、硕士和博士学历为主,其中获得本科文凭者共8人,获得硕士文凭者共9人,获得博士文凭者共7人。另有清末举人1人,中学毕业者3人。其中陈寅恪虽然只有中学文凭,没有拿到高等学校学位,但留学欧美十多年,在很多名校听过课,学问水平非常高。说明燕大历史学系教师整体水平非常高,这为历史学系的人才培养奠定了良好的基础。

第四,从中国籍教师毕业院校分析,历史学系共有14名教师曾留学国外,主要以留学美国为主,共8人;毕业于燕大的教师共8人,毕业于北大的教师2人,毕业于清华的教师2人,传统文人3人,毕业于中国大学的教师1人。详见下表(表格22)。

表格 22　燕京大学历史学系中国籍教师毕业院校和留学简况

留学情况	毕业院校或留学国家	姓名	人数
曾在国内学校毕业的学生	燕京大学	聂崇岐、冯家昇、邓嗣禹、翁独健、齐思和、侯仁之、王钟翰、郑德坤	8
	北京大学	顾颉刚、裴文中	2
	清华大学	徐中舒、刘节	2
	中国大学	安志敏	1
	传统文人	张尔田、邓之诚、陈垣	3
有留学经历者	美国	张星烺、洪业、翦伯赞、翁独健、齐思和、郑德坤、王钟翰、陈寅恪	8
	日本	王桐龄、孟世杰、陈寅恪	3
	法国	裴文中、陈寅恪	2
	英国	侯仁之	1

2. 课程设置

燕大创办初期，历史学系课程设置偏重西洋史，授课语言以英语为主。1923 年，洪业主持系务后，逐渐增加中国历史方面的课程，愈来愈重视国史课程的教学和研究。

1928 年，历史学系对学生的主修资格和修业条件作出了明确规定，主修资格是要求学生修毕下列各项课程：现代文化，学分 2—2；历史 5—6(近世史课程)，学分 2—2；历史 55—56(国史鸟瞰课程)，学分 4—4；自然科学，学分 4—4。修业条件是：修毕历史 182(历史研究法课程)，学分 3；号数在一百以上的历史课程，至少须读 29 学分，其中 16 学分须于四年级获得；论文一篇，所费时间，须与 2 至 6 学分相等。① 修业期满,成绩及格,学生即可获得文学士学位。

表格 23　1928 年燕京大学历史学系课程设置表②

号数	课程名称	学分	课程内容	授课教师
历史 3—4	欧洲简史	2—2	欧洲中古至中世纪简史,特别注意文化发达方面。	庆美鑫
历史 5—6	近世史	2—2	自欧洲中世纪至今日,国家及民族兴衰的情形。	庆美鑫
历史 7	历史上之重要人物	2	研究下列历史上重要人物的背景、个性、思想、做事方法及其事业:苏格拉底、茹留该撒、耶稣、路得马丁、佛里梯尔。尽量应用初级史料,注重历史方面研究。	李瑞德
历史 8	历史上之重要人物	2	依历史方法,研究下列诸人:拿破仑、马志尼、林肯、列宁、甘地。尽量应用初级史料,注重历史方面研究。	李瑞德
历史 9—10	日本史	2—2	日本民族的发展与日本帝国的成立,特别注重其与中国及亚洲的关系。	王桐龄
历史 55—56	国史鸟瞰	4—4	包括中国史的时代与分期、历代各民族的盛衰兴亡、历代政治的沿革与史域的伸缩、历代学术思想变迁的大势、历代学术与政治的交互影响、历代社会状况一瞥。	王桐龄、孟世杰
历史 105—106	研究耶稣之史料	2—2	以历史考据及解释原则研究关于耶稣的档案。	夏尔孟
历史 115	英国史	3	英国各种制度组织的发达;自 1800 以来英国社会及政治运动;英国各制度组织的运用。	谢迪克
历史 116	英国藩属史	3	英国的外交政策,版图的扩大,加拿大、南非洲、澳大利亚和印度归英后的简史等。	谢迪克

① 《燕京大学本科课程一览》,《燕京大学布告第 21 号第 11 届》,1928 年,第 88—89 页。
② 《燕京大学本科课程一览》,《燕京大学布告第 21 号第 11 届》,1928 年,第 89—96 页。

续表

号数	课程名称	学分	课程内容	授课教师
历史 117—118	美国史	2	美国的建立、发展，特别注意统一主义与分邦主义的冲突及外交政策。	庆美鑫
历史 129	西方古代史	4	研究西方文化的来源，如埃及、米索不提米亚、叙利亚、希腊、意大利等文化。须预修历史5—6(近世史)。	王克私
历史 130	罗马与欧洲中古史	4	罗马帝国的统一欧洲，日耳曼与阿拉伯民族的侵入，与欧洲中世纪的再造。须预修历史5—6(近世史)。	王克私
历史 131	托雷美与塞留斯统治下之地中海东南	2		伍英贞
历史 132	罗马百年统治下之巴勒士登	2	公元前68年至公元后70年。	伍英贞
历史 133	后中世纪至宗教改革时代之欧洲史	4		李瑞德
历史 134	17世纪至1815年之欧洲	4	研究列朝的盛衰，殖民地的争夺，以及法国大革命。	李瑞德
历史 139—140	欧洲十九世纪史	2—2	研究1815年至1914年欧洲社会及政治状况与近代文化演进的情形。	王克私
历史 141	先秦史	3	讲授内容包括传说时代开化的程度、唐虞时代的进化、先秦的政治组织、先秦的学术思想、三代的社会状况。	孟世杰
历史 142	秦及两汉	3	讲授内容包括秦汉的政治组织、对外问题、学术思想、社会状况，佛教的传入与道教的成立。	孟世杰

续表

号数	课程名称	学分	课程内容	授课教师
历史 143—144	中国史	3—3	第一学期研究三国六朝史（220—590）；第二学期研究隋唐五代史（590—959）。须预修历史55—56。	孟世杰
历史 145—146	中国史	2—2	第一学期研究宋元史（960—1368）；第二学期研究明史（1368—1644）。须预修历史55—56（国史鸟瞰）。	孟世杰
历史 147—148	清史	2—2	讲授内容包括满洲民族的勃兴，清初的政治组织、对外关系，清室中叶以后政治的变化，清室中叶以后的对外关系，清代的学术思想，清代的社会状况。	孟世杰
历史 149—150	民国史	2—2	包括民国的成立，民国的政治组织、对外关系，民国学界的思潮，民国的社会状况。	孟世杰
历史 151—152	中国民族史	2—2	讲授内容：第一，汉族胚胎时代，汉族苗族的接触，汉族内部的融合，太古至唐虞三代。第二，汉族蜕化时代，东夷、西戎、南蛮、北狄血统的加入，春秋战国。第三，汉族休养时代，秦汉。第四，汉族第二次蜕化时代，匈奴、乌桓、鲜卑、氐、羌、巴氏血统的加入，三国两晋南北朝。第五，汉族第二次休养时代，高丽、百济、突厥、铁勒、沙陀、党项、奚、契丹血统的加入，隋唐。第六，汉族第三次蜕化时代，契丹、女真、蒙古及西域诸国血统的加入，五代及宋元。第七，汉族第三次休养时代，贵州、云南的汉化，明。第八，汉族第四次蜕化时代，满洲、西藏、新疆的汉化，清。	王桐龄

续表

号数	课程名称	学分	课程内容	授课教师
历史 161—162	宋辽金元史	2	讨论此数朝的民族、兴亡、政治组织,当时国际交涉特别文化。	张星烺
历史 182	历史研究法	3	简述历史的意义、考证方法,并选择简单题目以为实地的练习。须预修历史 5—6(近世史)及 55—56(国史鸟瞰)。	王克私
历史 183	高级历史研究法	3	该班特别适于撰写历史毕业论文的学生,选者研究、批评和修正其专题论文。	王克私
历史 184	历史教授法	2	专论中小学历史课程及其教授方法。	庆美鑫
历史 185—186	国史研究	2—2	包括国史的定义、范围、组织、史料收集与鉴别,史料整理,对于旧史学的批评与新史学的改造。	王桐龄
历史 187—188	基督教史	4—4	讲授基督教通史。	王克私
历史 189—190	中国史学目录	1—1	分理论与实用二部:说明中国学术的流别史料之来源,及如何利用图书研究中国各种学问的方法。	陈垣
历史 197—198	西北史地	2	中国史书上关于西北诸国各种记载的解释;西方各国关于中国各种记载的解释;西北各国与中国的交通,文化交换;古代中国与西北各国通商的状况;西北各国内部的变迁。	张星烺

从上述表格中可以看出,1928 年燕大历史学系共设置 30 种课程,包括中国史、西洋史和历史研究方法三部分,其中中国史课程共 11 种,包括国史鸟瞰、先秦史(孟世杰)、秦及两汉(孟世杰)、中国史(孟世杰,共讲授四学期)、清史(孟世杰)、民国史(孟世杰)、中国民族史(王桐龄)、宋辽金元史(张星烺)、国史研究(王桐龄)、中国史学目

录(陈垣)和西北史地(张星烺);西洋史课程16种;此外还有历史研究法、高级历史研究法和历史教授法三种课程。

1935年,历史学系又规定主修历史专业的学生须选修40至68学分,关系课程20至24学分。必修课程包括初级历史方法、高级历史方法、历史199—200、英文、社会科学英文和论文等,关系科目是指其他学系的历史科目及任何社会科学与地理学的普通科目,主修生可以选修地理、社会、经济、政治及教育的普通科目各一门。[①] 其课程主要包括四大类,分别是:中国与东亚细亚、东亚以外诸国史、世界史和历史方法。中国与东亚细亚包括中国通史、中国分代史、中国分地史、中国史专题研究和东亚细亚五部分;东亚以外诸国史包括通史、分代史、分地史和专题研究四部分;历史方法则包括普通历史方法、目录学、年代学、考古学和历史教学法等,详见下表。

表格24　1935年燕京大学历史学系中国史和史学方法课程设置表[②]

课程名称	学分	课程内容	授课教师
中国通史	3—3	注意时代的认识,对于年代、世次作简单的说明,并从各个时代之事的人物的制度的各种关系,以探索其意义及因果;注意文化的发展,研究制度、政治、经济、学术思想、艺术及中外交通等方面变化的痕迹;从社会、经济、生活、风俗、阶级方面研究社会的进化。	邓之诚
中国古代地理沿革史		搜集古代地理材料,系统叙述汉以前各代的疆域民族,并推求当时地理观念的演进。	顾颉刚
中国上古史研究		搜集上古史材料,审查其真伪与时代,俾得顺其发生的次序,以明了古史学说演化的经过,并系统叙述史实。	顾颉刚、邓之诚

---

① 《北平私立燕京大学文学院历史学系课程一览》,《燕京大学布告第43号第20届》,1935年,第2页。
② 《北平私立燕京大学文学院历史学系课程一览》,《燕京大学布告第43号第20届》,1935年,第4—17页。

续表

课程名称	学分	课程内容	授课教师
秦汉史	2—2	本课程研讨：一、秦汉统一事业的伟大及域外经营。二、秦汉制度的沿革及其支配后代的力量。三、秦汉经济制度的变迁。四、秦汉学术思想的变迁及儒家道家在政治上所占地位的消长。五、秦汉的文学与艺术。六、秦汉社会的普遍观察。	邓之诚
魏晋南北朝史	2—2	本课程研讨：一、魏晋南北朝因袭的各种制度。二、五胡民族的变迁。三、魏晋清谈思想的树立及其影响。四、佛教盛行及道教的成立。五、魏以后的门第阶级及九品中正。六、东西交通的经过。七、南北文化的递进。八、魏晋南北朝的学术、文学、艺术。九、南北朝的纷乱及民生。十、魏晋南北朝的社会观。	邓之诚
隋唐五代史	2—2	本课程研讨：一、隋唐的统一建设。二、隋唐统一与南北文化的沟通及其支配近代的力量。三、中唐以后的经济制度及民生。四、隋唐五代地方制度的扩大。五、唐代中西交通之盛。六、三教及三夷教回教的盛衰。七、唐代科举制度励行后，门第阶级的衰落。八、隋唐的域外经营及对于外族的待遇。九、唐代的学术思想、文学、艺术。十、五代的纷乱及民生。十一、隋唐五代的社会观。	邓之诚
宋辽金元史	2—2	研讨此数朝的民族兴亡，政府组织，当时国际交涉；宋朝长期太平及各种文艺学术；西夏负固西北；西辽的建国中央亚细亚；元代西征事迹，元初各种建设事业，元代世界交通及其特别文化。	张星烺
明清史	2—2	本课程研讨：一、元代压迫下的民生及元末的群雄并起。二、明代制驭北方政策。三、明清两代制度的沿革。四、明清两代经济政策及民生。五、明清两代政治的比较。六、明清两代的绅士阶级。七、明末及清初当局及其对于政治上所发生的影响。八、满洲开国以前史料的搜集。九、明末流寇及张李的兴亡。十、南明史料的搜集。十一、满洲镇压汉族的策略。十二、清代文字狱及汉族屡次革命运动。十三、明清两代海通后西方学术的输入。十四、西力东渐及侵略政策。十五、清代的域外经营。十六、明清两代的学术。十七、明清两代的社会观。	邓之诚

续表

课程名称	学分	课程内容	授课教师
东北史地	2—2		冯家昇
中西交通史	2—2	古代中国与欧洲及亚洲西部各国的交通事迹。说明中国史书上关于欧洲的记载及西洋史书上关于中国的记载,唐宋时代中国与阿拉伯的交通。由上古起至十八世纪末东西文化的互换、古代使节、僧侣、游客、商人来往的记载。	张星烺
中国之革新	3—3	以比较文化的眼光研究现代中国的革新。目的在使学生对于现代应加考究的问题得到系统观察,及介绍外国人的见证,与其他重要的英德文艺。	王克私
远东近世史	2—2	本课以乾隆癸丑英使马嘎尔尼来聘案为始,选远东与西洋国政治、商业和文化的关系问题若干,由教师讲解,并指定参考史料,俾诸生阅览。此外,选习者应细阅 Hosea Ballon Morse and Harley Farnsworth MacNair 著《远东国际关系》(*Far Eastern International Relations*, Boston, Houghton Mifflin Co., 1931);稻叶君山著、但焘译《清朝全史》二册,上海中华书局,1915 年;及王芸生《六十年来中国与日本》七卷(天津大公报出版社,1932 至 1934 年)。	洪业
南洋史地	2—2	讲授内容包括美属菲律宾群岛、荷属东印度、英属马来亚、缅甸、安南诸地的地理、天气、人种和历史。尤注意古代各地与中国的交通及近代华侨发展史。	张星烺
初级历史方法	2	此课注意史料之如何寻检、记录、批评及报告;由教师讲解,并指定浅近问题由诸生练习。此外,选习者并应细阅朗格诺瓦及瑟诺博司合著(李思纯译)《史学原论》;何炳松著《通史新义》;及梁启超《中国历史研究法及补编》。	洪业

续表

课程名称	学分	课程内容	授课教师
史学练习	2	本课为初级历史方法之继。每周分题练习。尤注意于书籍文稿的校雠及订定;习作题跋及短篇考证论文。	洪业
高级历史方法	2	细论历史毕业论文;选题的标准,考证的程序,解释的理论及编纂的格式;而尤注意于学术工具,如年表、日历、图谱、目录、引得、类书等等的应用。选习者各自为其专题预备,报告其重要心得,俾全班共同批评、讨论、修正。	洪业
伯勒斯丁考古学	1—1	先讲考古学的原则,再论考古学与政治、文化、宗教等史的关系。	李荣芳
历史教学法	2	本课依据约翰逊著(何炳松译)《历史教学法》(上海商务印书馆,1926年),而讨论其于中国中小学历史课业教学的应用,并注意于各史课本及参考书的选择及批评。选习者每二周试编其所拟授课的纲目,或讲稿一篇,由全班讨论并修正。	洪业
论文	1—1		

从上表中可见,中国断代史和历史区域研究在课程中所占的比重愈来愈大,其重要性日益凸显,反映了历史学日益专业化的发展趋势。

20世纪二三十年代,法国、德国、日本等国的汉学研究硕果累累,在某些方面的研究水平甚至超过中国,涌现出伯希和等一批杰出的汉学研究专家。为了促进中西学术交流,燕京大学非常重视培养学生的外语能力,历史学系不仅要求学生必修英文,而且鼓励学生选修并通晓其他重要外国语言,要求拟学习日文、德文或法文等第二外国语的学生应从大学一年级、二年级开始学习,俾至三、四年级时能阅读外文史学著作与史料。

1941年,齐思和担任燕大历史系教授兼主任。课程分中国史和西洋史二组,学生依据兴趣选修其中一组,至迟于第三年开始时决定。必修课程为中国通史3—3学分;西洋史入门课程3—3学分;初级历史方法2学分;高级历史方法2学分;四年级生毕业论文1至4学分。主修中国史者,至少须选修三门断代史及一门中国史研究课程;主修西洋史者,至少须选修三门西洋史入门课程及两门西洋史研究课程。①

在中国史课程设置方面,邓之诚继续讲授中国通史(与王钟翰合作)、秦汉史、魏晋南北朝史、隋唐五代史、明清史,齐思和讲授殷周史、春秋史、战国史(1937年顾颉刚离开北平),聂崇岐讲授宋史,翁独健讲授辽金元史,增加了聂崇岐讲授的中国官制史和王钟翰讲授的清代政治史课程。

在西洋史课程设置方面,历史学系开设亚洲史概论(翁独健)、远东近代史(翁独健)、日本史(萧正谊)、回教史(翁独健)、西洋通史(贝卢思)、欧洲向外发展史(自文艺复兴至法国大革命,王克私)、法国革命及拿破仑(贝卢思)、欧洲十九世纪前期史(1815—1870,贝卢思)、欧洲近代史(1871—1918,工聿修)、现代美国史(雷仁福)、基督教史(王克私)、近代基督教史(王克私)、西洋现代史(齐思和、王聿修)和英国史(贝卢思)等课程,供主修西洋史的学生学习。

为了使学生习得历史的普通知识,并能对某一时代的历史作高深的研究,历史学系开设中国史与亚洲史研究、西洋史研究课程。中国史与亚洲史研究包括中国上古史研究(齐思和,2—2学分)、秦汉六朝史研究(邓之诚,2—2学分)、隋唐五代史研究(张尔田,2—2学分)、宋史研究(聂崇岐,2—2学分)、蒙古历史语言研究(翁独健,2—2学分)、明清史研究(邓之诚,2—2学分)、民国史研究(邓之诚,2—2学分)、中亚史研究(翁独健,2—2学分)、远东近世外交关系研究(雷

---

① 《燕京大学课程一览》,《燕京大学布告第26届第10号》,1941年,第49页。

仁福，2—2学分)和日本史研究(萧正谊，2—2学分)等。西洋史研究包括西洋上古史研究(贝卢思)、西洋中古史研究(王克私)、西洋向外发展史研究(王克私)、西洋近代史研究(王聿修)、西洋现代史研究(齐思和、王聿修)、英国史研究(贝卢思)和美国史研究(齐思和)。① 选修者可与教师商议，从上述课程中选择某一时代或问题作为研究范围，在教师的指导下，阅读基本的史籍，并作报告。每门课程以五人为限，师生每周至少聚会一次，时间临时商订。

1941年，历史学系依然很重视向学生传授科学的历史研究方法，继续开设由洪业讲授的初级历史方法、史学练习和高级历史方法课程，增加中国史学名著选读(齐思和，2学分)、西洋史学名著选读(贝卢思、王克私、齐思和，3学分)和西洋史学教学法(贝卢思、齐思和，3学分)课程；同时也很重视其他学科和实地研究在历史研究中的作用，开设中国地理(侯仁之，3—3学分)、世界地理(侯仁之，3—3学分)、中国地理沿革(侯仁之，3—3学分)、史前时代考古学(裴文中，3—3学分)、巴勒斯坦考古学(李荣芳)和北平宗教古迹古物调查实习等课程。②

裴文中讲授的"史前时代考古学"课程主要研究有文字记录以前文化发展的概况；举凡史前考古学之原理方法，近年来西洋及中国关于史前时代之重要发现，皆加以讨论。尤其注重考古技术之训练，讲授、阅读与实习参观并重。为便利同学研究起见，还创办了史前古物陈列馆。

"古迹古物调查实习"是于1936年开设的，由顾颉刚、容庚、李荣芳三教授共同担任，目的在养成学生自动搜集材料的兴趣，训练学生考释古物、印证史事之方法，俾所学不受书本限制。北平为辽金元明清建都之地，古迹古物之多远过其他地方，在顾颉刚、容庚等教师的

---

① 《燕京大学课程一览》，《燕京大学布告第26届第10号》，1941年，第54—57页。
② 《燕京大学课程一览》，《燕京大学布告第26届第10号》，1941年，第60页。

带领下,古迹古物调查实习班每隔两周在北京城内、郊外及附近城市参观考察。综合《史学消息》《燕京新闻》等报刊,他们参观考察的地方有香山辽王坟、颐和园、涿州、宣化、张家口、利玛窦墓、天宁寺、白云观、钦天监、文丞相祠堂、云居寺、智度寺、清行宫、东四牌楼、国子监、柏林寺、俄国教堂、法源寺、陶然亭、黄寺、黑寺、地坛、元土城故址和故宫博物院等处。每次出发前,历史学系均给学生发有调查指导书,人各一份,返校后学生须作调查报告。清华大学历史学系师生亦多次参加古迹古物调查实习班的活动,详见下表。

表格 25　燕京大学古迹古物调查实习班参观考察活动一览表[1]

时间	参观考察地点	人数	清华大学同学	备注
1936年10月5日	涿州	40多人	参加,20余人	
1936年10月10日	张家口、宣化	62人	参加	顾颉刚率队
1936年10月17日	北平牛街,参观成达师范、西北公学,并赴回教清真寺考古			
1936年10月21日	前往利玛窦墓、白云观、天宁寺三大古迹考查	约20人		顾颉刚、梅贻宝率队,途遇冯友兰及清华学生

[1] 资料来源:(1)《断堞颓垣悼古城》,《燕京新闻》,1936年10月6日,第1版。(2)《古迹调查班明早出发张家口》,《燕京新闻》,1936年10月9日,第1版。(3)《古物调查班参观回教各校》,《燕京新闻》,1936年10月16日,第4版。(4)《古物调查班游利玛窦墓天宁寺白云观》,《燕京新闻》,1936年10月23日,第4版。(5)《燕清同学参观各处古迹》,《燕京新闻》,1936年10月27日,第1版。(6)《古物班畅游故宫》,《燕京新闻》,1936年12月8日,第4版。(7)《历史学系古物班赴城参观大高殿》,《燕京新闻》,1936年12月18日,第1版。(8)《古物调查班三十余人参观名胜》,《燕京新闻》,1937年3月2日,第3版。(9)《古物调查班游精忠庙及袁督师墓》,《燕京新闻》,1937年3月5日,第3版。(10)《古物调查班参观北平名刹》,《燕京新闻》,1937年3月23日,第2版。

续表

时间	参观考察地点	人数	清华大学同学	备注
1936年10月24日	参观营造学社、故宫博物馆、钦天监	共四五十人	参加	
1936年12月5日	参观故宫	24人	参加	侯仁之率队,李荣芳夫妇,杨开道夫人,容庚夫妇亦参加。到达后,会合顾颉刚及清华同学十余人
1936年12月19日	参观大高殿、皇史馆、内阁大库及清史馆等处			
1937年2月27日	首赴中南海参观北平研究院怀仁堂,即清代仪銮殿,后赴景山,绮望楼,内陈列参加伦敦艺展古物全份照片600余幅,最后赴北京大学研究院,参观古室陈列室、明清史料陈列室等			顾颉刚、李荣芳率队
1937年3月6日	赴夕照寺、卧佛寺、精忠庙、袁督师墓等处调查考古			李荣芳、侯仁之等率队
1937年3月20日	参观长椿寺、报国寺、顾亭林祠、善果寺、圣安寺			顾颉刚率队

1941年侵华日军封闭燕大后,燕大校友在成都重建燕大,历史学系依然名师云集,聘请郑德坤(主任)、王钟翰、王伊同、陈寅恪、徐中舒和罗秀贞等学者任教。

1945年燕大在北平复校后,历史学系恢复教学,齐思和担任主任。1947—1948学年,历史学系课程包括分中国史、西洋史、亚洲史、史学方法及辅助科学四部。(1)在中国史领域,聂崇岐开设中国通史、宋史、中国考试制度史和中国政治制度史课程,齐思和开设商周史、春秋战国史课程,邓之诚开设秦汉史、魏晋南北朝史、隋唐五代史和明清史课程,翁独健开设辽金元史。(2)在亚洲史领域,翁独健开设亚洲史概论、东亚近代史和中亚语言学指导研究,陈观胜开设佛教史和印度史。(3)在西洋史领域,贝卢思开设西洋通史、十九世纪欧洲史等课程,史考特开设西洋文化史和欧洲发展史,王克私开设宗教史和中西文化关系等课程。(4)在史学方法及辅助科学之部,翁独健开设史学方法,史考特开设西洋史学史,洪业讲授史学实习和高级史学方法课程等。

1950年,燕京大学改为公立,历史学系在课程设置上增加了马克思主义历史学理论与史学方法的课程,聘请翦伯赞来校任教,邀请徐特立、郭沫若、范文澜、吕振羽等著名学者来系演讲,学生获益很大。1952年院系调整后,燕大历史学系与北大历史学系、清华历史学系合并为北大历史学系。

3. 教材与教法

燕大历史学系主要采用讲授法、谈话法、读书指导法和实地观察法等方式实施国学教育。

第一,讲授法。如,历史学系课程设置先秦史(孟世杰)、秦及两汉(孟世杰)、中国史(孟世杰)、清史(孟世杰)、中国民族史(王桐龄)、宋辽金元史(张星烺)、国史研究(王桐龄)、中国史学目录(陈垣)和西北史地(张星烺)等课程。

第二,谈话法。燕京大学历史学系教师常在自己住宅招待学生,作师生谈话会,每两周一次,每次由两位研究生宣读论文,以兹增进友谊,交流学术。例如,洪业曾在其住宅招待历史学系师生作师生谈话会,蒙思明报告《元末革命运动的性质》的论文,刘选民报告《东北诸名称的传入欧洲及其与中国领土之关系》的论文,具体详情如下:

这种茶话会在燕园里可说是别开生面，不是师长的邀请，也不是学会的召集；却是系里几个研究生轮值作东道主，所以会里没有严肃的气氛，也没有拘泥的态度。历史系的师生本来就有书呆子的雅号，所以这种软性的会也要带点硬性，少不免从书本上说起。上星期五（五月十四日）晚，洪宅的花园，紫藤架上挂了电灯，绿茵的草地上铺了软枕。后来因为天气突然变了初秋的模样，所以便改在精致玲珑的客厅里举行。到会的有邓之诚先生，洪煨莲先生和三十多位同学。两位老教授前冒着乌烟，在这烟雾迷漫中，畅谈学术以至人生，倒有点牛津的风味。开始便有两篇短小精干的论文宣读，作为谈话的引子。蒙思明报告《元末革命运动的性质》的论文。他的结论说元末的革命运动并不是单纯的民族主义，元末革命最初发生是农民的暴动，有如今日之"红军"。汉人的大地主为保护自身的利益计，曾组织义军对抗。不过元朝政府认为"红军"的革命运动是种族主义的，故有杀尽汉人的命令；因此汉人的大地主也认为爱莫能助，便渴望产生一位代表他们阶级利益的革命运动者。朱元璋本来是"红军"之流，但是他抓着那个机会投入大地主的集团，一面代表大地主的利益，所以便成功了。继着便由刘选民报告《东北诸名称的传入欧洲及其与中国领土之关系》的论文。他的论文是驳日人矢野仁一博士的"欧洲人呼东北作'满洲'及'鞑靼'，而不呼作中国某省，可见欧洲人看东北异于中国领土之一部"的说法。于是他根据历史的眼光考据"满洲""鞑靼"二辞的渊源，原来本是部族的名称，继作传入欧洲的经过和蝉变，得知欧人怎样以讹传讹的用作地名。再根据欧人各种史籍研究，发现欧人虽然将这两名称看作地名，但全然没有看做中国土地的另一部分。末了引证欧洲国际公法专家著作，从国际公法观点证明是中国领土。这不止驳倒了日人荒谬的言论，同时也使中国人自己明白"满洲"名称的真相，省得"秀才遇大兵，有理说不清"的苦闷。论文报告后，两位东道主缞以精巧的茶点，便开始讨论。大家或讨论两篇论文的内容和价值，或补充一点意见。两位老教授一面讨论一面说笑话。洪先生说鞑靼二字最初写作 Tata 或 Tatan，后来为什么变成 Tartar，其中有一段有趣的故事。……大家便哄然大笑了。紫藤院关门的时光，大家向东道主道谢，庆贺茶话会的成功，和两篇论文的贡献与收获。大家踏着月色归去，每人都各自回味会里的情趣呢。①

历史学系同学自认本系的师生关系有"英国牛津大学的风度"，谓：

> 教师们对课外指定参考书，虽介绍甚鲜，但全不强迫阅读，也不在意点名制度，更忽略考试；完全尊重学生个人研究精神。学生们却以图书馆为矿藏，孜孜发掘。有空暇的时候，便爱探访教授们，清茶香烟，纵论千古，怡然自得。学系主任李瑞德先生总爱预备点红茶饼干款客；邓之诚先生会敬你一枝大前门；洪煨莲先生的六角烟斗冒着鸩烟，热情微笑的眼睛望着你。在这烟雾漫漫里，不端坐，不拘束地，由学术谈到人生，由人生谈到宇宙。在黄昏晚霞时节，或月华满空的当儿，亲切地送你出大门；使你可以感觉到，在美国的环境里，还有一点英国的滋味。②

谈话会的方法有助于增进师生的感情，增强学生的学习和研究兴趣，提高语言表达能力，促进学生的成长等。

第三，参观法。这种方法是"教师根据教学的目的要求，组织学生到校外一定场所——自然界、生产现场和其他社会生活场所，使学

---

① 《历史学会会讯》，《史学消息》1937 年第 1 卷第 7 期，第 42—43 页。
② 《本系消息》，《史学消息》1937 年第 1 卷第 6 期，第 36 页。

生通过对实际事物和现象的观察、研究而获得新知识的教学方法"[1]。1936年，历史系开设"古迹古物调查实习"课，在顾颉刚、容庚和李荣芳等教授的带领下，古迹古物调查实习班每隔两周在北京城内、郊外及附近城市参观考察，对学生产生了重要的影响。著名历史地理学家侯仁之在燕京大学求学时之所以决定研究历史地理，重要契机之一是关于明代马市的研究。他回忆："时在1936年秋，曾从顾颉刚师进行古迹古物调查实习，远至张家口，在长城下大境门内，有残存的圆形城圈一处，与长城紧相接连。城圈以内，场地开阔，贴靠长城处有高台耸起。台上古建一所，摇摇欲坠。台前砖砌台阶数十级。拾级而上，长城内外，尽收眼底。此一景象至今记忆犹新。事后查阅志书，得悉此小城圈在明代原是沿边马市市场之一，从而引起个人对当时马市市场地理分布的极大兴趣。续加探索，终于写成《明代宣大山西三镇马市考》。"[2]这篇文章刊载于1938年第23期《燕京学报》，侯仁之也由此开始决定研究历史地理，并在北京城市史等研究领域取得了杰出成就。

第四，练习法。历史学系洪业教授在讲授"历史研究方法"课程时非常注意采用这种方法，他除讲授历史方法理论及指定参考书籍之外，还注重考据工作。陈礼颂回忆：

> 洪师经常向海甸旧书摊搜购各种残缺不全之线装旧籍，预先分装纸袋中，然后分发予选修之同学，每人一袋，命各就所得残籍，阅读一遍，随即利用两节连堂时间，分头径入书库，尽量翻检馆中藏书，进行穷源溯流，考究各人手上该残本之性质、作者时代，以至该书之价值问题，最后撰成报告，文字既经润饰定妥，然后连同残籍合并装入原纸袋中，以备再作进一步之考证。彼

---

[1] 南京师范大学教育系编：《教育学》，人民教育出版社1984年版，第452页。
[2] 侯仁之：《重刊〈王鸿绪明史列传残稿〉》，收录于邓珂编：《邓之诚学术纪念文集》，北京大学出版社1991年版，第262页。

急功近利之徒,对此殆将嗤之为愚昧,讥之为钻牛角尖;然而就史学方法而论,此法则诚属可著宏效之基本训练也。①

通过这种训练,学生掌握了研究中国古代历史的方法,终身受益。

第五,读书指导法。学生掌握知识和研究学术问题,不仅依赖于教师的课堂讲授,还必须在教师的指导下通过阅读书籍获取知识或巩固知识,提高自学能力以及学术研究能力。燕京大学教师重视引导学生读书,培养学生读书的兴趣和能力,效果显著。刘欢曾回忆:

> 课堂黑板上,教授写着参考书某章某页,以便学生到图书馆自翻自读,笔录下来,下次上课讨论。不只限于课本上及讲义的内容,更提及参考书上章页内容逐条讨论。如只读课本或讲义,未阅参考书,听来一懂也不懂。养成学生到图书馆,利用卡片,分别部首(美国大学大都采用)。②

丁磐石回忆道:我们每学一中国史课,期末都须写读书报告,遵师教在图书馆广搜史料,力求钩沉探微,遂乃多得最高分。翁独健老师为奖掖后学,在他主编的天津《益世报》的《史学副刊》上常予以刊载。③

时宗本回忆翁独健老师曾教给他一种掌握和钻研史料的方法,就是选一部权威著作为基础,反复精读,达到熟练掌握甚至能背诵的程度,然后再涉猎其他名家著作,取其精华,取长补短,精读就要深钻

---

① 陈礼颂:《沟通中西文化的洪师煨莲》,收录于董鼐主编:《学府纪闻·私立燕京大学》,台北南京出版有限公司 1982 年版,第 123 页。
② 刘欢曾:《读燕大的感想与心得》,收录于董鼐主编:《学府纪闻·私立燕京大学》,台北南京出版有限公司 1982 年版,第 287 页。
③ 燕京研究院编:《燕京大学人物志》(第二辑),北京大学出版社 2002 年版,第 261 页。

熟记,所谓"读书百遍,其义自见"①。也就是说学习历史某一个领域的知识,既要精读一本著作,又要广泛涉猎,博采各家之长。

历史学系教授顾颉刚在日记中多次记录学生来访所作的研究,如:

> 1930年10月1日,学生来者十人,作《周本纪》研究。
> 1930年10月3日,学生来者九人,作《鲁世家》研究。
> 1930年10月8日,学生来者十一人,作《周本纪》研究。
> 1930年10月13日,学生三人来,作《五帝本纪》研究。
> 1930年10月15日,学生八人来,作《周本纪》分析。
> 1930年10月17日,学生来九人,作《鲁世家》分析。
> 1930年10月20日,学生来五人,作《五帝本纪》与《鲁世家》分析。
> 1930年10月22日,学生十六人来。②

可见,顾颉刚和学生接触频繁,经常带领学生读书、开展研究。学生认为顾颉刚"接待学生最诚挚,热情就如一团火,燃烧了他自己,也燃烧了和他接触的每一个学生"③。

梅贻琦在《大学一解》里曾表达这样:"学校犹水也,师生犹鱼也,其行动犹游泳也。大鱼前导,小鱼尾随,是从游也,从游既久,其濡染观摩之效,自不求而至,不为而成。"燕京大学融洽的师生关系有古代书院之"遗风",师生接触机会比较多,关系密切,再加上燕大聘请的名师学术水平较高,因此为学生接受教师的知识传授和精神熏陶创造了良好的条件,显著地提高了教学效果。

正是因为师生关系如此密切,常切磋学问,燕京大学才能培养出

---

① 时宗本:《做一个好的中学历史教师》,《历史教学》1989年第8期,第36—38页。
② 顾颉刚:《顾颉刚日记》(第二卷,1927—1932),台北联经出版事业公司2007年版,第444—451页。
③ 《本系消息》,《史学消息》1937年第1卷第6期,第36页。

众多有建树的知名学者,为弘扬中国文化传统,使中国的国学走向世界,促进中西文化的交流做出了重要的贡献。

4. 学业评价

历史学系对学生学业的评价自然要遵循燕大的成绩考查制度,但教师也享有评价的自主权。如邓之诚讲授"秦汉史""魏晋南北朝史"两门课程,采用作论文的方式代替笔试。作论文前,他提出两点要求:要用文言文写;必须看原始材料,严禁抄袭时人著作,如发现,则给不及格。①

何炳棣1938年读燕大研究生。他回忆道:"回想起来,有趣的是这一年历史学系研究生的年终国史考试,考题是邓文如先生所出,多涉及有关清代史料,尤其是清三通编纂的经过。我几乎毫无所知,一个字也答不出来。邓先生对有些知名学者甚为严厉,而为人却是非常慈祥和蔼。对我说:'随便写一点。'我仍是交了白卷。一周之后他只出了些明清史实制度方面的考试题目,如明代内阁和宦官等等,我总算过了关。西洋史方面是齐思和先生出题,我们都无问题。"②何炳棣擅长西洋史,邓之诚了解学生特长,故在国史课程考试方面没有刁难学生,何炳棣也通过了补考。

在众多名师潜移默化的影响下,历史学系学生修完课程后,即开始撰写毕业论文。教师指导学生写作毕业论文具有以下特点:第一,学生能够自由选择研究题目,重视毕业论文的写作,从大三下学期就各自会见教授选择研究范围,确定题目,开始写作。第二,教师认真指导,对学生进行初级和高级历史方法的训练,要求严格,态度谨严,并召开全系教师会议讨论确定学生的毕业论文题目。第三,为学生研究成果的发表创造条件,推荐发表在《史学年报》《燕京学报》等杂志,或者出版单行本等。在历届师生的不懈努力下,燕大历史学系在

---

① 燕京研究院编:《燕京大学人物志》(第二辑),北京大学出版社2002年版,第141页。
② 燕京研究院编:《燕京大学人物志》(第二辑),北京大学出版社2002年版,第141页。

"无形"中形成了浓厚的研究氛围,已形成学术共同体,具有共同的信念和学术研究规范,并取得了丰富的学术研究成果。

历史学系学生对中国史各领域均进行了研究。20世纪30年代,历史学系毕业生的研究题目有:杨实《李卓吾之史学》(1933年学士论文)、宋玉珍《康雍年间来华传教士与政治之关系》(1933年学士论文)、夏玉璋《唐时中国回教史》(学士论文,时间不详)、牟贵兰《中国佛教宗派沿革》、陈絜《纪昀之史学》(导师洪业)、郑桢《清高宗之史观》(导师洪业)、王钟翰《清三通之研究》(导师洪业、邓之诚)、赵宗复《李自成》(导师洪业)、王怀中《青苗法之研究》(导师邓之诚)、张仁民《汉代风俗之研究》(导师邓之诚)、王伊同《前蜀志之研究》(导师邓之诚)、梁思懿《中国近代民主政治思想发展史》(导师王克私)、郭可珍《近代长江航政史》(导师洪业)等。[①]

1940年度,历史学系本科毕业生有8人,其毕业论文题目分别是劳同霞的《唐武德三年至八年州县沿革表》、陈瑜《宋金史纪事互证》、徐素真《清德宗传初稿》、刘淑珍《张簣斋先生(佩纶)年谱》、罗秀贞《太医院沿革》、汤瑞琳《清季诗史初稿》、陈絜《纪昀之史学》和林树惠《明之北边备御》。[②]

1941年至1949年,燕京大学学生的研究范围更加广泛,其毕业论文题目详见下表(表格26):

---

① 资料来源:(1)《燕京大学毕业论文数据库》,网址:https://thesis.lib.pku.edu.cn:808/,2010年11月12日登录。该数据库只能在北大校园网范围内访问使用。(2)《本系消息》,《史学消息》1937年第1卷第5期,第39页。(3)《本系纪事》,《史学消息》1937年第1卷第8期,第87页。
② 程明洲辑:《史学界消息(1939年12月至1940年12月)》,《史学年报》1940年12月,第181—182页。

表格 26　1941—1948 年燕京大学历史学系学生毕业论文题目[①]

时间	学历	姓名	论文题目	姓名	论文题目
1941 年 6 月	本科	梁季同	中国古代农业史	黎秀伟	李提摩太先生传
		张述祖	西周国名考	姜渔清	宋律考
		谢国振	中国古代田制考	何怀德	清初四朝之会议制度
		刘士鉴	庚子拳祸综录	吴宗澄	唐代吐蕃考
		杨思慎	成都平原水利史	赵　时	宣统政纪考证
		田广运	崇祯房寇交横始末		
	研究生	王伊同	五朝门第		
1943 年 6 月	本科	成恩元	山西黩吉乡宁陕西耀县采集之石陶器报告		
1944 年 6 月	本科	刘　适	春秋吴师入郢地名新释	段昌同	清代经营新疆考略
1945 年 1 月	本科	李雅书	坞考	陈鼎文	中国之葡萄酒史
1945 年 7 月		宣兆鹏	晚明流寇背景		
1946 年 1 月	研究生	刘关荣	唐代小说研究		
1946 年 5 月	本科	李陶钦	翼王石达开供状广证	李惠英	鸦片与烟草留传中国考
		王守义	论关于殷代社会性质诸问题	卫永清	明太祖之民政与兵制
1946 年 6 月	本科	徐绪典	乾隆禁毁书籍考	戚国淦	曾惠敏公年谱
		訾学谦	甲午至九一八东北大事年表		

---

① 资料来源:(1)《历史学系近十年概况》,《燕京社会科学》,第一卷,1948 年 11 月,第 252—253 页。(2)《社会科学各系工作报告》,《燕京社会科学》,第二卷,1949 年 10 月,第 304—305 页。

续表

时间	学历	姓名	论文题目	姓名	论文题目
1946年6月	研究生	陈增辉	犹太人归化考	程明渊	张文襄公传稿
		戴德森	Marcy L. Ditmanson, A History of the Lutheran Mission Churches in China		
1947年6月	本科	吴鸣岗	鸦片战前之中英贸易	陆骏岭	后汉党锢人物考
		王之均	西汉驭匈奴	王椿茂	汉代边患年表
		马健行	袁世凯与北洋新军之建立	谢桢	元祐党人碑
		缪希相	范仲淹评传		
	研究生	许大龄	清代捐纳制度之研究		
1948年1月	本科	周桓	秦郡之研究		
	研究生	万心蕙	总理衙门考		
1948年6月	研究生	陈舒永	亿佬话的纪录和分析	万秋芳	巴黎和会
1949年1月	本科	李远勋	太平天国天朝田亩制度和圣库制度的研究		
1949年6月	本科	韩维纯	八王之乱	刘惠珍	盛宣怀传
		杨逸民	唐代的租庸调之研究	石荣年	唐代吐蕃年表
		时宗本	清末立宪始末	张子云	明代土司制度考
	研究生	刘适	中日甲午战争前后中国之政局	李文瑾	九一八之外交

从上表中可以看出：燕大历史学系毕业生的研究范围较广，涉及中国经济史、文学史、政治史、外交史、军事史等多方面内容。其次，

燕大学生深受当时学术界流行的新考据思想,有 12 篇文章都以"考"字命题,如《西周国名考》《宋律考》《中国古代田制考》《唐代吐蕃考》《宣统政纪考证》《清代经营新疆考略》《坞考》《鸦片与烟草留传中国考》《乾隆禁毁书籍考》《犹太人归化考》《后汉党锢人物考》《总理衙门考》《明代土司制度考》等。第三,上述论文中有三分之一集中在中国近代史,反映了学生对现实问题的关注;但有大约三分之二的论文研究中国古代历史,表明燕大学生依然以中国古代史为研究重点。

燕大学生写作的本科毕业论文质量比较好,很多论文后来都出版发行。范家材于 1950 年至 1951 年就读燕大,他忆道:"在图书馆书库里有幸看到装订成册的燕京前辈学长的几十本毕业论文,迄今还记得浏览论述的标题,感佩视野的宽阔广博,探索的鞭辟精深,信手翻阅,偶尔看懂之处,首先心折于国学根基的深厚,自己望尘莫及。此后学海泛舟几十年,没忘记这些老校友树立的学术典范。"①

总之,燕京大学历史学系通过课堂讲授、指导写作毕业论文等多种方式,提高了学生的史学研究能力,培养了王钟翰、王伊同、翁独健、周一良、邓嗣禹和侯仁之等一批优秀史学人才。

(三)哲学系

1. 师资队伍

哲学系为燕京大学始创时首批学科之一,系主任为博晨光。最初与心理学系联合办公,因校中经费支绌,因陋就简,开局艰难。至 1921 年分立门户,刘廷芳兼任系主任。1924 年至 1926 年,博晨光再次任系主任。

1928 年,燕大哲学系主任为徐宝谦,聘请博晨光和冯友兰,以及宗教学院赵紫宸、柏基根、诚质怡,国文学系黄子通,宗教学院助教伍

---

① 燕京研究院编:《燕京大学人物志》(第二辑),北京大学出版社 2002 年版,第 393 页。

英贞(Miss M. Wood)和注册部主任梅贻宝。① 之后,黄子通担任系主任。

1930年,哲学系新聘的教师有:教授张东荪,客座教授吕嘉慈(Richards,前剑桥大学文学兼哲学教授),华伯克(Warberke,德国莱卜济大学博士),兼任讲师张崧年。②

1931—1932学年,哲学系主任为张东荪,并聘请张君劢、徐宝谦、博晨光、黄子通和冯友兰任教,共6名教师。③

1933—1941学年,博晨光担任燕大哲学系教授兼主任,聘请张东荪、严群、朱宝昌。此外还延聘宗教学院教授赵紫宸,西洋语文学系教授谢迪克,国文学系教授吴雷川,宗教学院讲师傅乐敦。④ 博晨光先后三次主持系业,长达13年,对哲学系的发展贡献颇多。

20世纪40年代后,严群、施友忠、张东荪和洪谦先后担任哲学系主任或代理系主任。

在哲学系三十余年的办学历史中,系小人少,本科生仅44名⑤,但它培养的人才大多数都卓有贡献,如瞿世英、严群、施友忠、张佛泉等。

---

① 《燕京大学本科课程一览》,《燕京大学布告第21号第11届》,1928年,第64页。
② 《介绍各学系之新教职员》,《燕京大学校刊》,1930年9月26日,第1版。
③ 《燕京大学教职员学生名录》(1931—1932),燕京大学出版,第9页。
④ 《燕京大学课程一览》,《燕京大学布告第26届第10号》,1941年,第60页。
⑤ 燕京大学校友校史编写委员会编:《燕京大学史稿》,人民中国出版社1999年版,第171页。

表格 27　燕京大学哲学系师资概况①

姓名	出生日期	籍贯	学习经历	任教燕大时最高学历	任教燕大时间	在燕大担任的职务
博晨光	1880	美国	哥伦比亚大学硕士,纽约大学人文学博士,比烈大学神学博士	博士	1919—1949	哲学系主任
张东荪	1886	浙江杭州	东京帝国大学	本科	1930—1941,1947—1951	哲学系主任
黄子通	1887	浙江嘉兴	上海交通大学本科毕业;英国伦敦大学学经济;加拿大托朗托大学硕士毕业	硕士	1926年到校	哲学系主任
张君劢	1887	江苏宝山	获日本早稻田大学政治学学士学位;留学德国	本科	20世纪30年代	
刘廷芳	1890	浙江温州	哥伦比亚大学	博士	1921—1941	哲学系主任
徐宝谦	1892	浙江上虞	哥伦比亚大学	博士	1924年7月到校	哲学系主任
冯友兰	1895	河南唐河	北大文科中国哲学门毕业;哥伦比亚大学博士毕业	博士	1926—1928	
瞿世英	1900	江苏常州	1922年燕京大学硕士毕业,1924年至1926年赴哈佛大学读博士	硕士	1922—1924	
施友忠	1901	福建福清	燕大哲学系毕业;获洛杉矶加州大学哲学博士学位	博士	1942—1946	
严群	1907	福建福州	1929年从福建协和大学转入燕大哲学系,1931年毕业。次年入燕大研究院,毕业获硕士学位。1935年,先后赴哥伦比亚大学、耶鲁大学深造	硕士	1939—1941	1940年代理哲学系主任

---

① 此表包括燕大哲学系大部分教师,但并不全,任职时间较短、简历情况不详的教师未列入。按出生日期排序。资料主要来源:(1)燕京研究院编:《燕京大学人物志》(第一辑),北京大学出版社2001年版。(2)燕京研究院编:《燕京大学人物志》(第二辑),北京大学出版社2002年版。(3)燕京大学校友校史编写委员会编:《燕京大学史稿》,人民中国出版社1999年版。

续表

姓名	出生日期	籍贯	学习经历	任教燕大时最高学历	任教燕大时间	在燕大担任的职务
朱宝昌	1909	江苏泰兴	获燕京大学哲学系硕士学位	硕士	1938—1941	
洪 谦	1909	安徽歙县	1934年获奥地利维也纳大学哲学博士学位	博士	1951—1952	哲学系主任
葛 力	1915	河北顺义	燕大哲学系本科、硕士毕业；1953年南加州大学博士毕业	硕士	1941—1948	
吴允曾	1918	浙江杭州	燕大哲学系	本科	1951—1952	

分析上表可以发现，燕大哲学系师资构成具有以下特点：

第一，从出生日期分析，在表格中 14 名教师中，出生于 1890—1889 年间的教师人数为 4 人，出生于 1890—1899 年间的教师人数为 3 人，出生于 1900—1909 年间的教师人数为 5 人，出生于 1910—1919 年间的教师人数为 2 人，教师年龄较分散。

第二，从籍贯分析，燕大哲学系教师来源广泛，其中美籍教师 1 人（客座教授、兼职教师未计入），中国籍教师 13 人。中国籍教师分别来自河北、江苏、福建、浙江、河南、安徽等省份，以江浙为主，浙江籍教师 5 人，江苏籍教师 3 人。详见下表。

表格 28　燕大哲学系教师籍贯情况

籍贯	国籍或籍贯	人数
外籍教师	美国	1
中国籍教师	浙江	5
	江苏	3
	河南	1
	福建	2
	安徽	1
	河北	1

第三，从教师学历情况分析，燕大哲学系教师学历较高，其中获得本科文凭者共3人，获得硕士文凭者5人，获得博士文凭者6人。另外葛力、瞿世英两位教师在离开燕大赴美留学后也获得了博士学位。

第四，从中国籍教师毕业院校分析，哲学系共有11名教师曾留学国外，占中国籍教师总数的84.6%；主要以留学美国为主，共7人，占中国籍教师总数的53.8%。2名教师主要在国内接受教育。13名教师中，毕业于燕大的共6人，占中国籍教师总数的46.2%。

总的来看，虽然燕京大学哲学系师生人数较少，但师资力量比较雄厚，聘请了不少学历高、有留学经历的著名学者任教，为哲学系人才培养奠定了师资基础。

2. 课程设置

哲学系的目标是"造就科学家、思想家、教育家、著作家，无论专习何种科学，如得到相当的哲学训练，可以有清晰的头脑、创作的理想、发明的能力、改造社会的预备"，其内容包括："一、指导思想的方法。二、讲授科学方法中各基本原则。三、沟通各科学中的假定。四、明了西洋思想之发展。五、推求自然科学与社会科学的原理。六、养成不自相矛盾的宇宙观与人生观。"①

1928年，受西方哲学的影响，哲学系规定主修生必修的五门专业课程有：哲学导论（4学分）、伦理学初步（4学分）、人生哲学（2学分）、西洋哲学史（6学分）和中国哲学史（6学分）。并设置宗教问题（徐宝谦）、认识论形上学（冯友兰）、名学史（黄子通）、现代哲学中之逻辑问题（黄子通）、伦理学史（梅贻宝）、美国实验主义（梅贻宝）、洛克或休谟（黄子通）、柏拉图或亚里士多德（黄子通）、荀子哲学（诚质

---

① 《北平私立燕京大学本科各学院学系概要》，《燕京大学布告第13号第17届》，1932年，第5页。

怡)、道家哲学(冯友兰)、中国社会哲学史(冯友兰)、宗教哲学(赵紫宸)、基督教哲学(赵紫宸)、希伯来人之上帝观(伍英贞)、近代西洋哲学家之宗教观(徐宝谦)、科学与宗教(刘廷芳)、教育哲学(徐宝谦)等17种选修课程。①

与中国哲学相关的课程及其主要内容分别为:第一,人生哲学,讲授中国及西洋重要哲学家对于人生的见解,并进行分析批评,根据现代思想对于人生诸问题试作解决。第二,中国哲学史,讲授自周秦迄近代中国重要哲学家的哲学并随时与西洋哲学作比较研究;第三,伦理学史,讲授伦理观念的演进,佐以中西社会历史事实,详细解释、分析和比较伦理学史上有相当地位的中西伦理学术,以了解其价值、认出其弱点为目的;第四,荀子哲学,用科学方法研究荀子的根本学说,并根据原有史料,与儒家中其他学派作比较研究。第五,道家哲学,研究道家诸哲学家的重要著作,并以道家思想与西洋哲学中的类似派别相比较。第六,中国社会哲学史,讲授自周秦迄近代重要中国哲学家的社会思想。②

1941年,哲学系要求学生必修英文(4—4学分)、第二外国语(德文或法文,3—3—3—3学分),主修生须修毕50至68学分的课程方得毕业。必修课程有哲学导论(3学分)、思想方法(3学分)、中国哲学史(2—2学分)、西洋哲学史(2—2学分)、印度哲学史(2—2学分)、中古哲学(2学分)和现代哲学(2—2学分)。③ 全部课程分为五类:导论类、哲学史、学派、专题类和毕业论文。

第一类,导论类课程有哲学导论(朱宝昌,3学分)和思想方法(严群,3学分)。

第二类,哲学史类课程有中国思想之兴衰(博晨光,3学分)、中

---

① 《燕京大学本科课程一览》,《燕京大学布告第21号第11届》,1928年,第64—69页。
② 《燕京大学本科课程一览》,《燕京大学布告第21号第11届》,1928年,第64—69页。
③ 《燕京大学课程一览》,《燕京大学布告第26届第10号》,1941年,第61页。

国哲学史(张东荪、严群,2—2学分)、西洋哲学史(严群、张东荪,2—2学分)、印度哲学史(朱宝昌或博晨光,2—2学分)、中古哲学(博晨光,2学分)、现代哲学(朱宝昌或张东荪,2—2学分)、唯物论史(张东荪,3学分)和比较哲学(博晨光,3学分)。

第三类:学派类课程又可分为西方学派和中国学派两类。西方学派类课程有柏拉图(严群,3学分);亚里士多德(严群,3学分);洛克、柏开莱、休谟(张东荪或严群,3学分);笛卡尔(严群或张东荪,3学分)、康德(张东荪,3学分);以及黑格尔(张东荪,3学分)。中国学派类课程有儒家哲学(张东荪,2学分),要求学生通读《论语》《孟子》《荀子》三书,并注重其中一贯的思想系统,不取旧式章句法专对字句作琐屑的研究;道家哲学(张东荪,2学分),要求学生通读《老子》《庄子》二书,并注重其中一贯的思想系统;程朱哲学(严群,3学分),要求学生选读程颢、程颐、朱熹三氏原著,讨论及讲授法并用;陆王哲学(严群,3学分),要求学生选读象山、阳明原著,讨论及讲授法并用。[1]

第四类:专题类课程,包括:宗教哲学(博晨光或赵紫宸,3学分);基督教在人类文化中之地位(赵紫宸)、科学理论(博晨光)、形而上(朱宝昌,3学分);知识论(张东荪,3学分);伦理学(博晨光,3学分);美学(谢迪克,3学分);基督教伦理思想(傅乐敦或博晨光,3学分)、基督教思想与中国哲学(吴雷川,2—2学分)、西洋社会政治思想(博晨光或张东荪);历史哲学(张东荪,3学分);语言与思想(张东荪,3学分)。[2]

第五类:毕业论文。四年级本科生和研究院毕业生都必须在教师的指导下撰写毕业论文。

哲学系课程设置具有以下特点:第一,注意基本理论的传授。比如"思想方法"课程是以学生学业中所产生的实际思想经验和问题为

---

[1] 《燕京大学课程一览》,《燕京大学布告第26届第10号》,1941年,第66页。
[2] 《燕京大学课程一览》,《燕京大学布告第26届第10号》,1941年,第63—68页。

出发点,提示及帮助学生明了逻辑化及科学化思想的需要,了解演绎、归纳法并能够运用实验逻辑或科学方法研究伦理、美学和宗教等问题。这充分体现了哲学系对基本研究方法的重视。第二,重视比较研究。张东荪、严群讲授的"中国哲学史"课程虽然主要是研究周秦以至现代的哲学思想,但同时还与西方的哲学思想相比较,特别注重各时代的社会政治背景;博晨光讲授的"比较哲学"课程目的在于分割西洋、中国及印度哲学史中的重要时代及其主要运动,归纳各运动的基本观念,比较各观念的形式及其发展的关键时期,注意培养学生的比较研究能力。第三,教师重视采用读书讲授法。比如"儒家哲学""道家哲学""程朱哲学"和"陆王哲学"等课程均要求学生阅读《论语》《孟子》《荀子》等哲学原著,并将讨论法与讲授法并用,在教学中采用了多种教学方法,提高了教学效果。第四,专门开设供外籍学生选修的课程。博晨光开设"中国思想之兴衰"课程,主要研究中国思想的时代及其派别,目的在引导外籍学生明了中国思想生活的兴衰与流转,特别注重讲述富于创造力的思想家及其思想方式的普通特征。① 这说明燕京大学国学教育的实施对象不仅是中国学生,而且包括外籍学生,具有开放性的特点。

哲学系学生还必须选修一些相关的课程,包括历史学系的中国通史(3—3学分)和西洋通史(3—3学分);心理学系的普通心理学(3学分)课程;生物学系的人类生物学(3—3学分);物理学系的大学物理I(3—3学分)课程;化学系的化学及其应用(3—3学分)课程;社会学系的社会学(3—3学分)课程,经济学系的经济学概论(3—3学分)课程。此外,主修哲学的学生还可选修国文学系的下列课程:周易(2—2学分)、论语孟子(3学分)、老子庄子(2—2学分)、墨子(2学分)、韩非子(3学分)和荀子(3学分)课程。②

---

① 《燕京大学课程一览》,《燕京大学布告第26届第10号》,1941年,第64页。
② 《燕京大学课程一览》,《燕京大学布告第26届第10号》,1941年,第63页。

燕大学生还可以选修"连合主修课程",其含义是哲学、国文、心理、教育、社会等学系的学生,经所在学系的推荐可以分为哲学与国文,或哲学与心理等连合主修生。连合主修生须先修毕双方预修课程,并与双方主任商洽修毕双方主修课程的一半。① 这种办法给予了学生按照兴趣选读课程的机会,其选课范围比任何单独学系广泛,从而培养了学生广博的知识面。

哲学系不仅引导学生重视中国哲学的学习和研究,而且还希望燕大教职员及其家属能够了解和研究中国哲学。出于这种考虑,哲学系教授博晨光博士特别开设"中国哲学概观(Survey of Chinese Philosophy)"课程,定于每星期一、三、五下午四点十分在穆楼126号上课。② 凡该校教职员及其家属,均欢迎其参加听讲。这从一个侧面反映了燕大对国学研究和国学教育的重视。

哲学系学生对中西哲学均比较重视,其中选择以中国哲学为毕业论文题目的学生有:李信恩《庄子与斯宾诺莎》(1934年学士论文)、朱宝昌《庄子齐物论两行一名之研究》(1935年学士论文)、高名凯《汉人论气》(1935年学士论文)、邱运熹《先秦儒家之天道观》(1936年学士论文)、姚克荫《宋明诸大儒谈知识问题》(1940年学士论文,导师张东荪)、葛力《阳明哲学之分析》(1939年学士论文,导师张东荪)、黄超发《墨子之宗教哲学》(学士论文,时间不详)、李世繁《清代哲学的特殊精神》(1940年硕士论文)、葛力《两汉以前之天的观念》(1941年硕士论文),等等。③

3. 教材与教法

哲学系教师采用讲授法、谈话法、读书指导法等多种教学方法。

---

① 《燕京大学课程一览》,《燕京大学布告第26届第10号》,1941年,第63页。
② 《哲学系开特别班》,《燕京新闻》,1934年9月25日,第4版。
③ 《燕京大学毕业论文数据库》,网址:https://thesis.lib.pku.edu.cn:808,2010年11月12日登录。该数据库只能在北大校园网范围内访问使用。

第一,讲授法。燕大哲学系教师对学生讲授课程时不一定是在教室。陈熙橡回忆:

> 我常到张家(笔者注:指张东荪)吃饭,因为有好些哲学系高级课程只得我一个学生,所以不用到课室上课,到时候便到张家吃饭,饭后随他到书房一坐,听老人家指导一番,从他的书架上拿走一两本书去念,过一两个星期再来吃饭,再讨论,这样子念书,相信更胜于剑桥大学的导师制也。这是我在燕园前后八年最值得回忆的乐事。①

张东荪还曾介绍学生到熊十力家中听课,以及到清华大学听冯友兰、沈有鼎、王宪钧诸人的课,学生受益匪浅。②

第二,读书指导法。博晨光教授教过西洋政治哲学史,要求学生遍读各哲学家的原著,如 Aristotle 的 *Politics*,Rovsseau 的 *Social Contact*,Machiavelli 的 *Prince* 等,每星期都要学生消化一本这样的"硬东西",学生"念到头晕眼花,但实在是收益不浅"③。

赵紫宸在给学生讲授"中古哲学史"课程时,不让学生去读哲学史或某某人哲学那类的"二手"书,而要下苦功于各哲学家的原著。陈熙橡在这门课上下的功夫最大。他回忆道:"有一次他要我们三人精读一版 Saint Augustine 的 *Confession*,我们花了三个钟头来研究一版书,还是不通,要等到赵先生再加以解释,才可以明白一二,由此可见不容易也。同学们都说赵先生给分很抠门,可是我得了一个九字,这足以使其他晚一辈的教授惊异一番了。"④

---

① 陈熙橡:《忆燕园诸老》,收录于董鼐主编:《学府纪闻·私立燕京大学》,台北南京出版有限公司 1982 年版,第 164 页。
② 燕京研究院编:《燕京大学人物志》(第二辑),北京大学出版社 2002 年版,第 398 页。
③ 陈熙橡:《忆燕园诸老》,收录于董鼐主编:《学府纪闻·私立燕京大学》,台北南京出版有限公司 1982 年版,第 155 页。
④ 陈熙橡:《忆燕园诸老》,收录于董鼐主编:《学府纪闻·私立燕京大学》,台北南京出版有限公司 1982 年版,第 160 页。

第三,谈话法。燕大哲学系学生人数很少,因而在校学生也有较多的机会和教师沟通交流,在谈话中受益匪浅。1946年,陈熙橼在燕大文学院读哲学系。他回忆道:

> 燕大当时已经好些年未有人主修哲学,突然有一傻瓜念哲学,确实一件怪事,这件事自然而然传到陆先生耳中去。而且,这个傻瓜竟然是一个桥牌迷,那陆先生就非与这小子一见不可了。一见之后,每个礼拜总得有一两晚在陆家打桥牌……每每在陆家要"等脚开局",便和陆先生闲谈,有时这闲谈会比上课更为受益。我念完大学本科后,进修研究院,陆先生很希望我转到国文系去,但他也知道东师对我影响之深,所以也就不勉强我。但他到底给我一个重要的启示:研究一个民族的哲学,应该注意到该民族的语言文字。陆先生是文字学的权威学者,当时听他说这句话,还以为他三句不离本行,但最近十多年来我所做的功夫,虽则是随东师的路径,但亦可说是从语言文字的组织与类别去探讨哲学,其意义与陆先生所说的吻合。半年前进谒洪先生,曾经谈到此点,深蒙他老人家赞许。①

(四)其他学系

燕京大学主要通过国文、历史和哲学三个学系对学生进行国学教育,但宗教、社会、政治、经济、教育等学系也设置了与国学内容相关的课程,为燕大培养国学人才做出了贡献。

宗教学系曾设置"儒家与道教""佛教经典""比较宗教""中国宗教思想史"等课程,由许地山讲授;设置"儒家之宗教思想"课程,由吴雷川讲授。宗教学系也有学生对国学感兴趣,选择中国史领域的问题作为毕业论文的题目,将中国宗教思想与基督教进行比较。例如,

---

① 陈熙橼:《忆燕园诸老》,收录于董鼐主编:《学府纪闻·私立燕京大学》,台北南京出版有限公司1982年版,第158页。

宗教学系张耿光《墨子的宗教思想与基督教之比较》（学士论文），张士充《孔丘的天与耶稣的上帝》（1949年论文）等。①

社会学系曾聘请哲学系教授冯友兰、国文学系教授黄子通、宗教学院副教授许地山等担任兼职教师。② 与国学相关的课程有"中国社会哲学史"，主要研究自先秦各宗至现代中国学者的社会哲学，由著名学者冯友兰讲授；此外许地山讲授"原始文化""原始社会""原始道德""原始宗教"等课程。③ 学生还须与系主任接洽，于下列与社会学相关的学科中，选读16—24学分：哲学、心理、历史、教育、经济，或政治。④

社会学系有一部分毕业生选择以中国古代社会思想史为毕业论文选题的范围，如蔡咏裳《王阳明之社会思想》、杨蕴端《韩非子的社会思想》（学士论文）、林耀华《严复研究》（1932年学士论文）、萧文安《顾亭林之社会思想》（1935年硕士学位论文）和任宗华《孟子之民主思想》（1938年学士论文）等。⑤ 有些学生的毕业论文最后还得以出版。比如瞿同祖1930年考入燕京大学社会学系，副修历史学，他的学士毕业论文《周代封建社会》发表在《社会学界》1934年第8卷。1936年，在吴文藻和杨开道的指导下，瞿同祖以优异成绩毕业于燕京大学研究院，其硕士论文《中国封建社会》翌年由商务印书馆出版。该书由陶希圣和杨开道撰写序言，很快成为国内若干大学的参考书。之后，瞿同祖先后在云南大学、西南联大执教，历任讲师、副教授和教授，撰写了学术界的开山之作《中国法律与中国社会》。1945年春，

---

① 《燕京大学毕业论文数据库》，网址：https：//thesis.lib.pku.edu.cn：808，2010年11月12日登录。该数据库只能在北大校园网范围内访问使用。
② 《燕京大学本科课程一览》，《燕京大学布告第21号第11届》，1928年，第32页。
③ 《燕京大学本科课程一览》，《燕京大学布告第21号第11届》，1928年，第36—42页。
④ 《燕京大学课程一览》，《燕京大学布告第26届第10号》，1941年，第145页。
⑤ 《燕京大学毕业论文数据库》，网址：https：//thesis.lib.pku.edu.cn：808，2010年11月12日登录。该数据库只能在北大校园网范围内访问使用。

瞿同祖应邀赴美,相继在哥伦比亚大学中国历史研究室和哈佛大学东亚研究中心担任研究员,从事中国史研究,出版《清代地方政府》等著作,在西方汉学界产生了相当大的影响。瞿同祖的求学经历及其在学术上所取得的成绩充分说明了燕京大学主修和副修课程相结合的课程体制对学生成长产生了重要的影响,有助于国学人才培养。

政治学系设置了"中国政治史""中国法制史""中国政治思想史"等课程。顾敦鍒讲授"中国政治史",目的在使学生明了中国历代的政治转变及政治问题,重点讲述汉、清两代,因其对于中国民族的形成关系较大;在讲授时随时注意中国民族的形成,疆土的变迁,治者与被治者的关系以及四千年来立国之道等问题。他还讲授"中国法制史",分代论述中央及地方行政制度的递嬗,间及取士、制兵、用法、理财的著例。陈芳芝讲授"中国政治思想史",讲述中国往昔种种政论,及其与当时实际政治的关系。① 这些课程的开设不仅有利于学生了解中国政治变迁的历史,而且有助于深入了解中国的传统文化。该系部分学生对中国古代的政治思想进行了深入研究,作为其毕业论文的选题。比如赵爱良《墨子之政治思想》(1934 年学士论文)、辛连珠《荀子之政治思想》(1947 年学士论文,导师何国梁)、唐学贤《孟子政治思想研究》(1947 年学士论文,导师何国梁)、张振铎《商鞅之政治思想》(1947 年学士论文,导师何国梁)、郎俊《韩非之哲学及其政治思想》(1948 年学士论文,导师何国梁)。②

经济学系开设了"中国经济史"课程,由陈其田讲授,教学内容主要是分析中国古今经济发展的因素,及其对于社会经济制度的影响。③ 该系不少学生虽主修经济而亦长于文史,如贾恩洪著有《唐代

---

① 《燕京大学课程一览》,《燕京大学布告第 26 届第 10 号》,1941 年,第 133—135 页。
② 《燕京大学毕业论文数据库》,网址:https://thesis.lib.pku.edu.cn:808,2010 年 11 月 12 日登录。该数据库只能在北大校园网范围内访问使用。
③ 《燕京大学课程一览》,《燕京大学布告第 26 届第 10 号》,1941 年,第 141—144 页。

均田考》《隋运河考》《读史丛胜》《李商隐无题诗新笺》《曹雪芹父祖考》等，其著作已列入台湾《文史哲学集成》中；秦佩珩在燕大读书时即写出《吴伟业殿上行本事质疑》一文，发表在《燕京学报》上，后历任湖南大学、河南大学历史系教授，专攻中国经济史，撰写并刊印《秋窗艺语》《椰子集》《勺园漫笔》《海鸥集》《埋剑集》《春蚕》等文学专集。

教育学系设置的与国学相关的课程有"中国先哲之教育学说"，主要是汇集中国先哲关于教育的学说，加以比较、解释，为研究"新教育学"者提供参考资料；"中国教育制度沿革"，主要是稽考中国历代教育制度，说明国家教育的趋向，与国民思想进化的关系。教育学系鼓励学生研究教育问题，并出版《教育学报》，发表师生的研究成果，如吴雷川的《清代科举制度述略》（第一期，1936 年）、张尔谦的《孔子的教育学说》（第一期）、雁云的《吕氏春秋之教育论》（第一期）等。教育学系有毕业生以中国古代教育史为论文选题，如张尔谦《孔子教育学说》（学士论文）等。[①]

国学的知识体系不仅包括人文社会科学，而且包括自然科学、艺术等。为了培养适合中国社会的人才，燕大物理、化学、生物、音乐等院系不仅要求学生必修大一国文和大二国文课程，还设置了与历史相关的课程。数学系开设中国数学史课程（学分2—2），将中国古代数学的发展与希腊等国相比较，并讨论中西学术的流传。化学系则开设化学史课程，专门设立陶瓷研究室开展研究。音乐学系开设"音乐史及音乐欣赏""比较音乐"等课程（3—3 学分）。

总之，除了国文学系、历史学系、哲学系等，燕京大学其他学系在教学中均注重中西学术的比较，尤其重视相关领域中国文化的传授，这不仅提高了学生的国学修养，还培养了一批著名的国学人才。比如，周汝昌是燕大英语系学生，但他在业余时间钻进燕大图书馆，研

[①] 《燕京大学毕业论文数据库》，网址：https://thesis.lib.pku.edu.cn:808，2010 年 11 月 12 日登录。该数据库只能在北大校园网范围内访问使用。

究文史考证方面的问题,并和国文学系教授顾随等讨论学术,相契日深,保持交往将近二十年。他爱好诗词散文、中华传统艺术等,毕业论文为《英译陆机文赋》,以中国文化为本位,从"体悟"出发进行中国古典文史的考证研究,走上研究曹雪芹和《红楼梦》的道路,并成为毕生最主要的事业。

三、研究院

司徒雷登的办学思想相对开明,尤其重视提高燕大的"学术性"。燕京大学从1920年起,即为合组前的三校毕业生试办了研究生教育,最初设立者为哲学专业,其后历史学系、国文学系也招收研究生。

1928年,在哈佛燕京学社的资助下,燕京大学设立国学研究所,以研究中华国学、沟通中西文化为宗旨,专门招收国学研究生。[1]

1934—1935年度,燕大依照部颁规程改组研究院。1935年,研究院下设文科、理科和法学三个研究所,文科研究所包括历史部、文哲部、心理教育部;理科研究所包括理化部、生物部;法学研究所包括政治部、社会部。

燕大对研究院学生的入学资格作出了规定,要求学生:"对于所选习之专门学科有充分之准备,能用中文(如为外国人可用其本国文)作明确畅达之文章,并对于所研究学科有密切关系之外国文有相当造诣,至少能阅读所习学科之外国文原本书籍;曾在国立省立或立案之私立大学与独立学院毕业;经公开考试,并审查其在原毕业学校之功课成绩,均认为合格。"[2]研究院入学考试各所各部共同考试科目有国文和英文,要求学生国文程度相当于大学本科必修国文,外国文(英、法、德、日文任选一种)须有阅读及翻译专门书籍的能力,并能用

---

[1] 详见第五章第一节。
[2] 《北平私立燕京大学研究院入学简章》,《燕京大学布告第19号第20届》,1935年,第6页。

简明文字发表著作。① 此外各分部还定有自己的考试科目。严格透明的入学考试制度保证了燕大招生的质量，提高了燕大的声誉，为办学水平的提高奠定了基础。

文科研究所对学生实施精深的国学教育，设有供研究生选修的课程。国文方面的课程有考古文字（容庚）、苏诗研究（沈尹默）、陶诗研究（沈尹默）、语录文研究（黄子通）等。哲学方面的课程有荀子哲学（诚质怡）、道家哲学（冯友兰）等。历史学系设有中国史学目录（陈垣）、西北史地（张星烺）等课程。② 法学院政治学系研究部注重理论、法制、吏治、邦交与民法五种学科，开设邦交研究、中国政治史研究、中国政府与政治研究、中外关系研究、中国边疆问题研究等课程。③ 1940—1941年度，历史学系增设清史、隋唐五代史、上古史、蒙古史、日本史、西洋史等研究班，由邓之诚、张孟劬、齐思和、翁独健、萧正谊、王克私诸先生任导师。④ 这些课程及研究班的开设为研究生提供了深入学习国学的机会，为日后研究国学奠定了基础。

研究生在选定导师后，根据导师的指导范围深入学习相关知识。如1935年文哲部导师的指导范围分别是：(1)黄子通：中国哲学史中各问题、中国哲学家专集的研究等；(2)博晨光：关于欧美人研究汉学各问题等；(3)郭绍虞：散文演变研究、魏晋诗家专集研究、中国文学批评中各问题；(4)容庚：古铜器研究、古文字研究。历史部导师的指导范围分别是：(1)洪业：远东近世史、历史研究法；(2)邓之诚：明清史、中国政治经济制度沿革；(3)顾颉刚：中国上古史、中国历史的地理、经学史；(4)许地山：中国礼俗史、佛教史、道教史；(6)张星烺（兼任）：辽金元史、中世纪中国与欧洲的关系。此外，心理教育部高厚德

---

① 《北平私立燕京大学研究院入学简章》，《燕京大学布告第19号第20届》，1935年，第6页。
② 《燕京大学本科课程一览》，《燕京大学布告第21号第11届》，1928年，第67—69页。
③ 《燕京大学课程一览》，《燕京大学布告第26届第10号》，1941年，第137页。
④ 程明洲辑：《史学界消息(1939年12月至1940年12月)》，《史学年报》，1940年12月，第181页。

研究范围是教育哲学与教育社会学、古代教育制度,法科研究所政治部吕复研究法制史和地方政治,社会部吴文藻研究家族制度等,都与中国古代历史相关。①

燕大不仅允许学生自由选修课程,而且鼓励其开展个人研究。1937年,历史学系研究生侯仁之、蒙思明等对以下题目进行了研究,详见下表。

表格29　1937年燕京大学历史学系研究生研究题目及其指导教师②

年级	姓名	研究范围	题目	指导教师
一年级	侯仁之	地方经济史	天下郡国利病书补续——山东之部	洪业、顾颉刚
二年级	蒙思明	元史	元朝社会阶级制度	邓之诚、张亮丞
二年级	张玮瑛	清代经济史	清代漕运	邓之诚、容庚
	陆钦墀	中国近代史	英法联军之役	洪业、王克私
	关斌之	西北史地	新疆改设行省始末	顾颉刚、张亮丞
	刘选民	清史	东三省清人设治始末	洪业、顾颉刚
旧制生	张诚孙		滇缅疆界问题	邓之诚
	赵丰田		晚清五十年经济思想史	洪业

1941年,文科研究所历史学部的导师及其指导范围分别是:(1)洪业(主任):史学方法、目录学;(2)王克私(Philippe de Vargas):西洋史、基督教史;(3)容庚:考古学、金石学;(4)邓之诚:秦汉以来各代史、制度沿革;(5)张尔田:秦汉以来各代史、中国文学史;(6)齐思和:中国上古史、西洋史;(7)翁独健:亚洲史。国文学系导师及其指

---

① 《北平私立燕京大学研究院入学简章》,《燕京大学布告第19号第20届》,1935年,第9—10页。
② 《本系消息》,《史学消息》1937年第1卷第5期,第40页。

导范围分别是：(1)郭绍虞(主任)：文学史、文学批评；(2)容庚：古文字学；(3)顾随：纯文学、文学史；(4)董璠：文法学、中国佛教史；(5)王静如：语言学、声韵学；(6)凌景埏：戏曲史。哲学系导师及其指导范围分别是：(1)张东荪(主任)：中国哲学史、中国古代哲学；(2)博晨光：哲学史；(3)严群：希腊哲学。① 此外，理科研究所及其他学系也都划定了导师的指导范围，但与国学相关程度较小，在此不赘述。

研究生于第一学年修业完毕时，得由各该部举行该生所研究学科的基本考试。如历史部规定学生在第一年必须阅读和温习指定的书籍，以准备参加年终的基本史学知识考试。指定书籍包括世界史(含西洋史)、中国史两方面。前者共 6 种，有 *A History of the Ancient World*(Mikhail I Rostovtzeff)、*The History of the Decline and Fall of the Roman Empire*(Edward Gibbon)、*Civilization During The Middle Ages*(George Bulton Adams)、*The Expansion of Europe*(Wilbur C. Abbott)、*A Political and Social History of Modern Europe*(Carlton J. H. Hayes)和 *Historical Research an Outline of Theory and Practice*(John Martin Vincent)。后者共 17 种，包括：(甲)史实之部：马骕《绎史》、袁枢《通鉴纪事本末》、陈邦瞻《宋史纪事本末》、李有棠《辽金纪事本末》、陈邦瞻《元史纪事本末》、谷应泰《明史纪事本末》、魏源《圣武记》、王闿运《湘军志》；(乙)典章制度之部：马端临《文献通考》、蔡方炳《广治平略》、王庆云《熙朝纪政》；(丙)史学考证之部：翁元圻注《困学纪闻》、黄汝成《日知录集释》、王鸣盛《十七史商榷》、赵翼《廿二史札记》；(丁)史学批评之部：浦起龙《史通通释》、章学诚《文史通义》。② 可见，国学教育在历史学系占有重要地位。

燕京大学硕士学位考试包括学科考试和论文考试两种：一是学

---

① 《燕京大学课程一览》，《燕京大学布告第 26 届第 10 号》，1941 年，第 160—162 页。
② 《本系消息》，《史学消息》1937 年第 1 卷第 6 期，第 39—40 页。

科考试,由考试委员就候选人所修学科中与论文有关系的两种以上的科目,以笔试考查,必要时并在实验室举行实验考试。二是论文考试,由考试委员会就候选人所交的论文提出问题,以口试考查,必要时并得举行笔试。燕京大学负责延聘硕士学位考试委员会的若干成员,校内外委员各占半数,并经教育部核准及指定一人为委员会主席。研究所主任暨负责指导候选人研究工作的教授为当然委员。凡候选人考选合格的论文、试卷及各项成绩,于考试结束后一月内,由燕大呈送教育部复核无异者,由燕大授予硕士学位。[1]

陈礼颂回忆道:

> 燕大研究生除应缴交硕士论文之外,尚须经过一场口试,此场考试英文名仿佛称为 Comprehensive Oral Examination。口试地点在贝公楼之会议室中。主考者,除本校若干位师长外,尚有从校外敦聘而来之各校名教授,环长桌三面而作,气氛庄严肃穆。应试者另据桌之一端,面对众主考官,正襟危坐,此时此地应试者心情必不免忐忑震恐,偃若受拘审之囚徒,觳觫如待宰之牛羊。此时须凭其机智,抖擞精神,准备舌战群儒。开始时由众教授轮番发问,步步进逼,此起彼落,毫不容情,宛如疲劳审问者然。答语模棱两可者,必不免遭受面斥。至无可再问为止,主席乃告知应试者退席,至室外稍候片刻。此时应试者心得,直如待决之囚。及后论文导师必步出室外报知评定结果,如导师笑容可掬,向其致意道喜,即系安然度过难关,得偿所愿;如导师苦脸相向,表示歉意,即系名落孙山,未如所愿之意。至是此场口试方算完毕。每次口试迫需逾二小时以上乃毕。[2]

---

[1] 《燕京大学研究院规程(1936年)》,收录于陈大白主编:《北京高等教育文献资料选编》,首都师范大学出版社2002年版,第730页。
[2] 陈礼颂:《燕京梦痕忆录》,收录于董鼐主编:《学府纪闻·私立燕京大学》,台北南京出版有限公司1982年版,第221页。

总之，燕大完善的课程结构为学生学习国学常识以及继续求学深造、研究高深的国学知识提供了条件，培养了很多优秀人才，如周一良在国文专修科学习后，又进入燕京大学历史学系就读本科和研究生；侯仁之先后在燕大历史学系获得学士和硕士学位。

第三节　陶冶性国学教育

学校课程可以划分为显性课程和隐性课程，显性课程是学校情境中以直接的、明显的方式呈现的课程，如课程表中的学科课程；隐性课程是学校情境中以间接的、内隐的方式呈现的课程，如校园文化等。① 燕京大学不仅通过显性课程的方式对学生进行普及性和专业性的国学教育，还通过隐性课程的方式对学生进行陶冶性国学教育。

首先，建设中西合璧风格的新校园。

燕京大学正式建立后，设男校、女校。男校在崇文门内盔甲厂原汇文大学校址，女校在灯市口同福夹道原协和女子大学校址，学校办学条件较差，校舍简陋。面对存在的诸多困难，司徒雷登不辞辛劳多次返回美国筹款，希望建设一所新的校园。

为了给燕京大学寻找一块合适的校址，司徒雷登靠步行、骑毛驴或者自行车转遍了北京城郊，最后在朋友的推荐下找到了新址，地处北京西郊，清华园对面，主要部分是明末清初北方名园勺园的旧址。当时这块地的产权属于陕西督军陈树藩，司徒雷登专程赴西安拜会陈督军，表明自己兴学的诚意，最后仅以 6 万大洋就购得了这块土地。

司徒雷登办学主张兼收并蓄，对中西学识"各采其长"。因此，他请美国设计师亨利·墨菲为燕京大学设计了中国历史传统与现代化

---

① 郑金洲：《教育文化学》，人民教育出版社 2000 年版，第 312 页。

要求相结合的新校园。1921年,燕京大学开始动工兴建新校园。1926年夏,燕大新校舍初步落成,男女两校同时迁入,实行男女同校。1929年,燕京大学在新校址举行了隆重的落成典礼,外国使馆、国内外大学代表、政府要员、社会名流等数百人参加了典礼。新校园以未名湖为中心,杨柳依依、湖光塔影、楼阁交错,其优美的教学环境在国内外广受赞誉。

燕大兼具中西风格的新校园对学生产生了重要影响。侯仁之曾回忆,1932年秋天他作为一年级新生进入燕京大学,对风景秀丽、光彩焕发的燕园留下了深刻的印象。① 燕大优美的环境不仅使侯仁之深受感染,而且对他日后选择以北京史为研究重点产生了影响,由此可见校园环境的重要性。

其次,重视开展文艺类活动。

燕京大学成立国剧社等社团组织,目的是弘扬民族文化、发展戏曲瑰宝。

在燕大"中国化"的方针指引下,燕大学生张玉林、郝家广、陈哲等,鉴于燕大学生多偏重西方戏曲,而忽略了国剧,所以发起国剧社组织,专门排演关于振兴民族、发扬爱国精神一类的国剧。②

1934年10月2日晚,国剧社召开成立大会,社长张玉林,报名加入者有42人。③ 张玉林认为国剧在现代中国不受重视,虽然有缺点,但其实任何戏剧都不是十全十美的,"必须经过多少次的更改,保存其固有的优点,淘汰其劣点,方能日臻佳境,所以对于国剧,决不应该因其有种种缺点,而发生漠视的心理,以致国剧永无翻身之日,必须保持并发扬其固有之优点,取缔并改善其缺点,则国剧仍不失为我国

---

① 侯仁之:《我从燕京大学来》,《中国测绘》2003年第4期,第40页。
② 《燕大学生组织国剧社》,《燕京新闻》,1934年9月27日,第1版。
③ 《国剧社成立》,《燕京新闻》,1934年10月4日,第4版。

主要之艺术"①。1937年,《燕京新闻》杂志还专门创办国剧专刊,第一期发表谷士尧的《谈辙》、徐灿芬的《国剧成词释要》、尧的《国剧中的年龄问题》、伯贤的《谈嗓音》等文章。第二期发表《国剧之优点及改良之途径》《行头》《国剧配角之重要》《国剧成辞释要》(续)等文章。国剧社活动时间较长,直到1952年才终止。

国剧社规定每周五晚7—10时排戏,定期举行公演,由导师寿颐指导。② 1934年11月16日晚,国剧社首次公演,剧目有:《群英会》,陈哲饰演蒋干,郝家广饰演鲁肃(前部)、孔明(后部),蔡国英饰演周瑜;《汾河湾》,某君饰演薛仁贵,赵景晖饰演柳迎春;《花田错》,卢琼英饰演小姐,朱炳孙饰演春兰,郝家广饰演周通。③ 1936年5月22日第三次公演,观众600余人,剧目有《四郎探母》等。演出"首为严文绪之跳加官,别开生面,全场观众,哄堂再。《四郎探母》丝丝入扣。《打渔杀家》,扮相苍老,作工稳健"④,深受观众喜爱。国剧社成立三载,公演10余次。

国剧社每次公演,燕大教师和学生均前往观看,因此联系师生面广,会员和观众也在潜移默化中接受了传统文化教育。例如,著名红学家周汝昌刚入燕大就报名加入了国剧社,先后参与《虹霓关》《三堂会审》等剧目的演出。在今天看来,这些戏曲故事中的思想内容是精华和糟粕并存,但其哼唱比划的表演却蕴藏了浓郁的诗意。对传统戏曲等中华传统艺术的爱好,最终成为周汝昌在学术研究中所标举的"中华大文化"的重要组成部分,如行云流水般默默地化入了他对《红楼梦》的学术研究中。

---

① 张玉林:《发刊词》,《燕京新闻·国剧专刊》,1937年2月16日,第4版。
② 《燕大学生组织国剧社》,《燕京新闻》,1934年9月27日,第1版。
③ 《国剧社下月初公演》,《燕京新闻》,1934年10月6日,第4版;《燕大国剧社昨晚首次公演》,《燕京新闻》,1934年11月17日,第4版。
④ 《燕大国剧社公演盛况》,《燕京新闻》,1936年5月26日,第1版。

第三,举行展览会。

哈佛燕京学社为了让学生、教师更形象地了解国学,多次展览所藏的古物。1933年10月28日,哈佛燕京学社分门别类,展览所藏一切钟鼎彝器及书画墨本等。容庚教授亲自在门首招待来宾签名事务,博晨光及其夫人、洪业夫人、容媛及海松芬女士等则招待来宾茶点。参观者有百余人,除燕大教职员外,还有北平研究院院长徐炳昶、北平图书馆馆长袁同礼,梁思成、林徽因夫妇,美国大使詹森,协和医学院以研究周口店北平人而著名的史梯文森夫妇,及由新西兰来华的伯传(Bertram)夫妇等著名人士。有参观者如此记述:

> 金以地不爱宝,天启之心,殷官太卜之所藏,周礼盟府之所载,两汉塞上之牍,有唐壁中之书,邙洛古冢,齐秦故墟,丝竹如闻,车器踵出。上世礼器之制,殊异乎叔孙;中古衣冠之奇,具存于明器。并先儒所未见,幸后死之与闻,凡诸放逸,尽在敷陈,驭烛龙而照幽都,拊彗星而扫荒翳,以视安国之所隶定,广征之所撰次者,难易多寡,区以别矣。其用意在发幽阐微,聊助于钻研,视世人之以收藏为玩好者,又不可同日而语。行见山川重秀,天地再清,举斯社之所成,远之天府,以备石室金匮之储。观毕归来,略记印象。①

1937年3月,历史学系、家政学系、哈佛燕京学社联合举行"中国古代服装模型展览会",展览模型为致力于古代女子服装考证研究的程枕霞先生所制。这些模型已在中南海怀仁堂展过一次,中外人士参观莫不交口赞扬。顾颉刚、陈意女士为使燕大师生一饱眼福,特商于程枕霞获其允诺,在燕大展览其作品。展品包括蜡像4件,分别为唐代"半臂"、明代贵妇常服、乾隆嘉庆年间贵妇无补礼服和道光年间

---

① 《哈佛燕京学社展览所藏古物 历代珍品琳琅满目》,《燕京新闻》,1936年10月30日,第2版。

贵妇常服等。雕刻精细神似，服饰均依据考，甚为名贵。

更值得一提的是，经裴文中先生累月筹备，1940年12月4日历史学系史前古物博物馆在燕大成立，设有阅览室和储藏室，陈列的古物包括古人类化石模型（如北京人，爪哇猿人，海德堡人，尼安德特人，克鲁马努人等）、欧洲旧石器（初期至末期）新石器、中国旧石器（初期至末期）新石器时代遗物（细石器、彩陶、黑陶等），以及若干史前之遗物、图片、表册等，皆为其他各大学博物馆所未有者。展品大部分是裴文中历年在周口店发掘所得，另外还有鸟居龙藏教授发掘的多种石器和骨器等。① 开幕之日，"参观者逾千人，盛况空前"。太平洋战争爆发以后，史前古物博物馆为日伪"华北综合调查研究所"占用，受到一定的损失。1948年，利用原来遗留下的部分标本，再加上考古学家鸟居龙藏采集发掘的考古标本，历史学系兼职助教安志敏对博物馆进行分类整理和重新布置，使博物馆基本恢复了旧观。② 11月9日史前博物馆重新开幕展览，参观者络绎不绝，达百余人，以致延长展览一小时，之后规定每星期一至星期六中午前开放，欢迎学生参观。③ 燕大史前古物博物馆是我国博物馆中较早成立的一所专业性博物馆，在我国考古学史和博物馆发展史上都占有特殊的地位，对中国史前考古学的研究具有重要的学术价值。该馆使观众"置身其中，宛如神游太古世界"，增加了观众对中国古代历史和文化的理解。

燕京大学重视采用隐性课程模式对学生实施陶冶性国学教育，有助于从知、情、意多方面对学生产生影响，使学生形成正确的人生观、世界观和价值观，形成健全的人格，以培养社会的合格公民。

---

① 程明洲辑：《史学界消息（1939年12月至1940年12月）》，《史学年报》1940年12月，第181页。
② 燕京研究院编：《燕京大学人物志》（第二辑），北京大学出版社2002年版，第2页。
③ 《学术消息》，《燕京学报》1948年第35期，第289页。

小　结

在古代中国,国学教育主要是由传统的经学、史学、诸子学、金石学等内容组成的,基本不分科。但随着现代学科体制的逐渐建立,燕京大学培养国学人才的目标、内容、教学方法等均发生了变化,新的课程体系在学术转型的过程中逐渐形成。

首先,在培养目标方面,传统国学教育主要是培养适应封建社会统治者所需要的官僚人才,而燕京大学的办学目标则是培养研究高深学问、适应中国社会发展需求的人才。司徒雷登多次提出燕大要成为当时中国最有用的学校,在国学教育领域培养专业性的国学人才或能在学校、政府等部门任职的普及性国学人才。

其次,燕京大学国学教育构建了从专修科、本科到研究院的完整课程体系,为各类国学人才的培养奠定了基础。近代以来,西学东渐,中国传统的学术分类体系逐渐向近代学术分科体制转变,国学的传授方式也发生了变化。燕京大学主要实施普及性、专业性和陶冶性三种性质的国学教育,要求所有学生必修国文课程,并通过国文学系、历史学系、哲学系等对学生进行专业性的国学教育,强调广博和专精相结合。在"中西一冶"文化观的影响下,燕京大学还向学生传授西学知识和西方治学方法,在教学中重视中西文化的比较,以促进中西文化的融合。

第三,燕大重视师资队伍建设。司徒雷登采取多种措施广揽人材到燕大任教,聘请了周作人、吴雷川、马鉴、容庚、郭绍虞、陆侃如、沈士远、沈尹默、马裕藻、钱穆、顾随、黎锦熙、杨振声、李方桂、陈寅恪、吴宓等知名学者来校任教,建立起师资力量雄厚的教师队伍。北京高校著名教授,如一钱、二周、三沈、五马,多数在燕京大学兼课或专任。一钱是指钱玄同,二周是指周树人(鲁迅)、周作人兄弟,三沈是指沈士远、沈尹默、沈兼士,五马是指马裕藻、马衡、马鉴、马准、马廉。燕大还重视引进青年教师人才,如毕业于北大的容庚、俞平伯等,本校毕业生许地山、熊佛西、冰心、郑骞、高名凯、杨明照、齐思和、侯仁之、严群等,为国文、历史、哲学等院系的发展奠定了人才基础。

第四,在课程类型方面,燕京大学国学教育的实施方式具有多样性。按照课程的组织方式,燕京大学设置的课程有以下几种:(1)分科课程(subject curriculum),即从文学、历史学、哲学等学科中选择出合适的知识组成各种不同的教学科目,比如国文学系的"文学概论""文学史""文字学""音韵学"等课程,历史学系的"国史鸟瞰""中国史""中国史学目录"等课程,哲学系的"中国哲学史""儒家哲学""道家哲学"等课程。(2)相关课程(correlated curriculum),目的在增强各学科之间的联系,比如国文学系和教育学系均设有"中学国文教学法"课程。(3)融合课程(fused curriculum),进一步强调各学科之间的联系,并把细小的科目统合到更大范围的学科内,比如国文学系将"名著选读"与"习作"课合为"名著选读与习作"课程。(4)广域课程(broad-field curriculum),比融合课程的范围更广,超过同类学科而联及其他学科,比如法学院政治学系、经济学系、社会学系均设置"社会科学概论"的必修课程,内容包括文化与社会、科学与哲学、政治与经济、礼俗与法制、文学与艺术等。(5)隐性课程,是学校通过教育环境建设以间接、内隐的方式对学生进行教育,比如燕京大学建设具有中西合璧风格的校园建筑等。

第五,重视培养学生的学术研究能力、写作能力等。燕大国文系开设了多种研究类课程,供大学高年级学生和研究生选修。比如黄子通讲授长达一学年的"诗的比较研究"课程,让学生选读唐代和宋代诗家的著作,与西洋诗的格调思想相比较,以便明了格局的拘束、思想的解放,与诗之进退有密切关系;杨振声讲授"近代文学之比较研究"课程,在戏剧、小说、诗歌散文等各种文辞中,择取欧洲各国的名著与中国作品作比较研究,其目的在参证外国文学作品以求中国新文学的创造。[①] 为了提高学生对外国文学的认识,国文学系还设置"初级日文""高级日文""日本文学史""梵文初步""梵文选读"等选修课,把语言文字作为研究学问的重要工具,为学生对中外文学进行比较研究奠定基础,促进中西文化的互补融合。

总之,燕京大学重视国学师资队伍建设,课程设置以分科课程为主,同时兼顾相关课程、融合课程、广域课程和隐性课程等,课程类型和教学方法多样化,教学内容日益丰富,并将教学与学术研究相结合,培养了一大批在国学领域成就卓越的学者。

[①] 《燕京大学本科课程一览》,燕京大学布告第 21 号第 11 届,1928 年,第 78—87 页。

第五章　燕京大学国学教育的组织化和专业化

随着中国传统学术向近代学术转型,学术研究日益组织化和专门化,中国成立了中国科学社、北大研究所国学门等一批专业的学术组织和研究机构。燕京大学重视成立新式学术组织,出版《燕京学报》《史学年报》《文学年报》等与国学相关的学术期刊,发表学生的研究成果,组织学生参加各种学术研究活动,成为燕大除课堂教学之外的培养国学人才的重要途径。

第一节　新式学术组织的成立

中国现代大学学科制度的建设离不开学术组织的创设和发展。为了开展国学教育,燕京大学成立了新式学术组织,包括综合性和专业性两种。

一、综合性学术组织的启动

20世纪20年代,在文化保守主义者及新派人士"殊道同归"的推动下,整理国故运动逐渐兴起。1922年北大研究所国学门正式成立,是第一所为实践"整理国故"理念而成立的学术研究机构,备受学界瞩目。燕京大学位于文化中心北京,深受整理国故运动的影响,愈来愈重视国学教育的实施,与哈佛大学合作成立了哈佛燕京学社,并创办了国学研究所。

(一)哈佛燕京学社

1. 哈佛燕京学社的缘起

哈佛燕京学社是民国时期对中美文化交流贡献最大的学术机构之一,为燕京大学国学教育的实施做出了重要贡献。它是由美国哈佛大学和中国的燕京大学利用美国铝业大王查尔斯·马丁·霍尔(Charles Martin Hall,1863—1914)的遗产基金,于1928年联合建立的,名字就是取自这两所大学的校名,本部设于哈佛大学,在燕京大学设北平办事处。

霍尔1863年12月6日生于俄亥俄州汤普森镇一个传教士家庭,1885年毕业于奥柏林学院(Oberlin College),获文学士学位。1886年,霍尔发明用电解提炼铝矾土的方法,并创办美国铝业公司,在纽约州、宾州等地经营铝业致富。他于1914年逝世时,留下一笔可观的遗产。他在遗嘱中指定,除了将小部分遗产赠予亲属、朋友、仆役和慈善机构外,其余的分为四个部分,全部作为发展教育事业之用:一部分赠予他的母校奥柏林学院,一部分赠予柏瑞亚学院(Berea College),一部分赠予美国基督教协会(American Missionary Association),一部分用于发展美国国外若干地区的教育事业,即日本、亚洲大陆、土耳其以及巴尔干半岛等。[①]

哈佛大学为了成功申请霍尔遗产基金,决定以东方学为研究方向,拟定建立哈佛大学东方研究所(Harvard Oriental Institute)的计划,并接受赫尔基金两位委托人阿瑟·戴维斯(Arthur Davis)和荷默·约翰逊(Homer Johnson)的建议,计划在东方寻找一所愿参加合作研究的大学研究机构。1924年,哈佛大学聘请美国人华尔纳

---

① 燕京大学校友校史编写委员会编:《燕京大学史稿》,人民中国出版社1999年版,第391页。

(Langdon Warner)与杰尼(Homer Jayne)等到中国敦煌"考古",将千佛洞部分壁画连同泥皮剥下来,装运回国,事情暴露,辗转被中国政府知悉。1925年,哈佛大学再次委派华尔纳组织考古队来到中国,随带大量黏取壁画的胶布、汽油等物,同时要求北京大学偕同前往敦煌考察。由于中国政府事先有所防范,未能得手。哈佛大学觉得太丢面子,既迁怒于华尔纳,也不满意北京大学。司徒雷登趁此机会赶到美国,以燕京大学的名义与哈佛大学协商合作研究中国文化,结果成功。

1925年9月,参加会谈的三方代表霍尔遗产托管理事会、哈佛大学、燕京大学共同签署了《工作备忘录》,这是为解决当时所面临的问题而制定的一些基本原则,是一份临时协议,而不是一份正式组织的章程。根据《备忘录》中所列工作的要点,支付给燕京大学的捐款在1926年即到位。[1] 按照临时协议规定的办法,经过一段时间的运作,哈佛燕京学社于1928年正式成立。其目的在于通过哈佛与燕大以及中国其他基督教大学之间的合作,为中国文化领域的教学、研究和出版提供设施和资助,学社的基金优先用于中国文化包括文学、艺术、历史、语言、哲学和宗教史的研究。

2. 哈佛燕京学社的组织结构

1928年哈佛燕京学社正式成立后,组成九人理事会,由哈佛大学、燕京大学及赫尔基金会各派三人充任,哈佛代表为哲学系教授伍滋(一作吴兹,James H. Woods)、研究生院院长查斯(George H. Chase)和顾立之(Archibald C. Coolidge),燕大纽约托事部代表为巴尔通(James L. Barton)、巴贝尔(George G. Barber)和诺斯(Evic M. North),赫尔遗产执行团代表为董纳姆、博登(Roland W. Boyden)和

---

[1] 《哈佛燕京学社(1938年)》,收录于陈大白主编:《北京高等教育文献资料选编》,首都师范大学出版社2002年版,第781页。

格林(Roger S. Greene)。①

由于当时美国缺乏合适的社长人选，哈佛燕京学社原计划聘请法国汉学名家伯希和(Paul Pelliot)担任社长，伯希和却推荐得意门生法籍俄裔世族叶理绥(Serge Elisseeff)担任社长。叶理绥生于1889年，曾在德国柏林洪堡大学学语言，精通日、法、英、德语等，并可阅读汉语古籍，曾倡建哈佛大学远东语文系(Department of the Far Eastern Languages)并担任系主任，1956年由社长退休专任教授，1957年返回法国，1975年逝世。1936年叶理绥创办刊印《哈佛亚洲研究学报》，担任主编，这一杂志至今仍为美国研究东亚人文学的代表性学刊。

哈佛燕京学社理事会下设两个委员会：一个是设在哈佛大学的教育委员会，由哈佛大学组成，并由一名理事担任主席；另一个是设在北平的行政委员会(Administrative Committee)，职责是制定在中国开支的预算，负责学社在燕京大学的事务等。北平行政委员会的早期成员由理事会决定，包括司徒雷登(主席)、格里恩(Greene，协和医院负责人)、美国驻华大使詹森(Nelson T. Johnson)、美国圣公会在华传教士吴德施(Logan H. Roots，1870—1945)、洪业、孔祥熙、丁文江、周贻春和颜惠庆等社会名流。有时吴雷川、陈垣和博晨光等学者列席行政委员会的会议。②

1931年，哈佛燕京学社对行政委员会进行改组，成立顾问委员会(Advisory Committee)，主要由六所教会大学的代表组成，职责包括向理事会提交经费预算，建议奖学金和教授人选等，制定年度工作计划和预算，撰写国学研究报告等。每所大学的两名代表分别负责不同的工作，一名管理财政，另一名负责国学研究工作的开展。顾问

---

① 张玮瑛、王百强等主编：《燕京大学史稿》，人民中国出版社1999年版，第393—394页。
② 《关于召开哈佛燕京学社行政委员会会议的通知及来往之信》，燕京大学档案YJ30006，北京大学档案馆藏。

委员会定期召开会议,并成立执行委员会(Executive Committee),由在北平居住的五名成员组成,其职责由顾问委员会授权,负责人为执行委员会主席。①

哈佛燕京学社逐渐认识到北平行政委员会成员不能经常关注学社的工作,于是决定在北平设立学社的办事处,以处理学社在中国的日常工作。美国人博晨光(Lucius Chapin Porter,1880—1958)首任办事处干事一职。博晨光出生于中国,父亲是美国来华传教士博恒理(Henry Dwight Porter)。博晨光曾任华北协和大学教授,燕京大学文理科科长、哲学系教授兼主任,在燕大工作三十余年。1939年博晨光卸任,由洪业、梅贻宝、聂崇岐、陈观胜等先后继任,其职责是监督和分配款项用途。1941年太平洋战争爆发,燕京大学被迫于1942年迁往成都,哈佛燕京学社在成都继续活动。日本投降后,燕大在北平复校,学社亦恢复其北平办事处。

燕京大学于1951年改为公立学校,翌年被撤销,哈佛燕京学社北平办事处亦随之撤销。随后,哈佛燕京学社很多活动转移到中国香港、台湾,以及日本、韩国等,至今仍资助不少教育机构和研究组织;每年还挑选有潜力的学人赴哈佛大学进行研究交流;继续维持哈佛燕京图书馆,此图书馆已成为公认的除亚洲以外最完备的亚洲资料图书馆之一。

3.哈佛燕京学社的活动

1928年霍尔基金会提出用1400万美元作为美国国外教育捐款,燕京大学得到100万美元,岭南大学得到70万美元,金陵大学得到30万美元,华西协和大学得到20万美元,齐鲁大学得到15万美元,及福州协和大学得到5万美元。扣除税额和手续费外,哈佛燕京学社得到640万美元的捐款,分成两种账目:(1)普通账目(不受限制),

---

① 《哈燕学社关于成立中国顾问委员会会议日程及有关会议记录》,燕京大学档案YJ31009,北京大学档案馆藏。

包括哈佛大学和燕京大学两地的哈佛燕京学社在研究和行政上的费用。(2)限制账目,限制以 190 万美元所得的利息(每年 8 万多美元)分配给各所大学。燕京大学因为是该学社在中国的中心,配额也最高,占此项指定款项的大部分。该学社大部分用款,是用来支持研究生的教育和研究计划,出版学术性刊物以及发给奖学金。① 在哈佛大学的中心其捐款用来建立远东语文系、中日图书馆、出版学术性的《哈佛亚洲学报》和分配奖学金等。

哈佛燕京学社通过赞助出版《燕京学报》等期刊和著作等活动直接或间接促进了燕京大学国学教育的开展。(详见本章第二节和第三节)

有了哈佛燕京学社的经济后盾,燕京大学聘请了很多文史领域的权威学者:国文学系有容庚(考古)、郭绍虞(文学评论)、郑振铎(中国文学史)、孙楷第(小说)和高名凯(语言音韵学);历史学系有顾颉刚(上古史)、洪业(历史方法论)、张星烺(中西文化交流史)、许地山(中国宗教史)、邓之诚(中国通史)、齐思和(上古史)、聂崇岐(宋史)、陈垣(中国历史研究);日籍学者鸟居龙藏(考古)等。师资阵容强大,燕京大学成为中国的国学教育和研究中心之一。

洪业主张研究国学不应完全因袭中国传统的治学方法,而应到国外去学习西方治学方法,探求新的治学道路,以促进国学研究的发展。在他的规划和推动下,燕京大学选拔齐思和、翁独健、郑德坤、周一良、陈观胜、蒙思明、王伊同等优秀毕业生,由哈佛燕京学社奖学金资助,到哈佛大学申请攻读学位或继续研究工作。

---

① 陈观胜著,熊大绛译:《哈佛燕京学社与燕京大学之关系》,收录于董鼐主编:《学府纪闻·私立燕京大学》,台北南京出版有限公司,1982 年,第 54—55 页。按该项捐款只捐给至少有三个教会合办的基督教大学,所以圣约翰大学、沪江大学等基督教大学未能得到该项捐款。

表格 30　哈佛燕京学社资助赴美学习的燕京大学学生一览表①

姓名	学术成就
齐思和	1935年获得哈佛大学哲学博士学位,回国后先后在北平师范大学、燕京大学、私立中国大学等校历史学系担任教授,曾先后兼任燕京大学历史学系主任、燕京大学文学院院长、北京大学历史学系主任等职。学识渊博,贯通古今中外,对中国史和世界史均有研究,尤其对先秦史和世界中世纪史造诣颇深。注重中国历史和西方历史的对比研究,著有《中国史探研》《世界中世纪史讲义》等。
翁独健	燕京大学硕士,哈佛大学博士(1938)。蒙古史专家。回国后任燕京大学历史学系教授。院系调整后任中央民族学院历史学系及民族研究所教授,后任中国社会科学院民族研究所副所长。
郑德坤	燕京大学硕士,后在华西大学研究考古学。赴哈佛大学攻读博士,毕业后回国任教,后至英国剑桥大学、香港中文大学工作。在香港中文大学筹办"东方文化研究所",自任所长。
林耀华	燕京大学社会系硕士,哈佛大学博士。人类学、民族学专家。毕业后回燕京大学任社会学系教授。院系调整后任中央民族学院历史系教授及民族研究所所长。
周一良	燕京大学历史系硕士,后在中央研究院历史语言研究所工作,赴哈佛大学攻读博士(1939—1944)。回国后在燕京大学、清华大学任教。魏晋南北朝史及日本史专家。1949年后曾任清华大学历史学系主任。院系调整后任北京大学历史系教授、历史学系主任。
陈观胜	美籍华裔,出生于夏威夷。1931年获夏威夷大学学士,1934年获燕京大学硕士,1946年获哈佛大学博士。专长佛教史。著有《南诏时期反佛教的宣传》等。曾担任燕京大学哈佛燕京学社干事。后在美国洛杉矶加州大学东方语言学系、普林斯顿大学宗教学系任教。
蒙思明	燕京大学历史学系硕士,哈佛大学博士。毕业后回华西大学任教,院系调整后调至四川大学历史学系。
王伊同	燕京大学学士(1937),硕士(1940)。毕业后在成都金陵大学任教(1940—1944),后受推荐到哈佛取得博士学位(1949)。专长魏晋南北朝史兼及明代史。先后在芝加哥大学(1949—1950)、威斯康辛大学(1950—1952)、加拿大不列颠哥伦比亚大学(1957—1962)、宾州匹兹堡大学任职。著有《清末民初的中国学者》《六朝时期豪族在社会、政治、经济诸方面的影响》等。

---

① 张玮瑛、王百强等主编:《燕京大学史稿》,人民中国出版社1999年版,第402—404页。

续表

姓名	学术成就
王钟翰	燕京大学硕士(1940),后赴哈佛大学哈佛燕京学社进修(1946—1947)。清史专家。回国后在燕京大学历史学系任教,并在哈佛燕京学社任代副主任。院系调整后在中央民族学院历史学系任教授。
邓嗣禹	1932年燕京大学毕业后,留学哈佛大学,师从著名汉学家费正清,于1942年获博士学位,后长期任教于美国印第安纳大学,并被哈佛等名校聘为客座教授。主要著作有《中国考试制度史》《太平天国起义的新见解》《太平天国起义与捻军运动》《清朝政治制度》等。有些论著已成为欧美各大学研究中国近代史所必备的参考书。与费正清合著的《中国对西方的反应》一书,被剑桥、哈佛等大学用作教材。

哈佛燕京学社还为美国培养了一批汉学人才。受哈佛燕京学社的资助,美国有不少学者到中国进行两到三年学习或不定期研究访问。根据可查阅的文字资料,1949年以前受哈佛燕京学社资助来华作学习研究的学者如下表:

表格31　哈佛燕京学社资助来华学习的美国学者一览表[①]

姓名	来华时间	学术成就
魏鲁男(Ware, James Roland)	1929—1932	专长中国六朝时期历史。曾译释《论语》《孟子》《庄子》等。回国后历任哈佛大学中文教员、讲师、副教授、教授。
舒斯特(Schuster, Carl)	1929—1932	专长人类艺术的比较研究。1935年以后在费城艺术博物馆中国艺术馆任助理馆长等职。
施维许(Swisher, Earl)	1931—1934	1935年以后历任科罗拉多大学讲师、副教授、教授,研究中国现代和当代历史等。
毕乃德(Biggerstaff, Knight)	1930—1935	先后在华盛顿大学、康乃尔大学任教(该校远东研究系主任)。著有《中国最早的近代官办学校》等书。

---

① 张玮瑛、王百强等主编:《燕京大学史稿》,人民中国出版社1999年版,第398—401页。

续表

姓名	来华时间	学术成就
卜德(Bodde, Derk)	1931—1935	在宾夕法尼亚大学任教,专攻中国哲学。曾把冯友兰的《中国哲学史》卷一、卷二译成英文。著有多种有关中国文化传统的著作。
顾立雅(Creel, Horrlee Glessner)	1931—1935	芝加哥大学历史学系、东方语言文学系讲师、教授。专长中国古代史、中国哲学史、中国政治制度,开始以考古驰名。著有《中国的诞生》(1936)、《孔夫子其人和神话》(1949)、《中国思想:从孔夫子到毛泽东》(1953)。
戴德华(Taylor, George Edward)	1930—1932	曾任华盛顿州立大学东方学院教授兼院长。原为英籍。专长中国现代政治发展。著有《为华北而斗争》《变化中的中国》等书和论文《太平天国叛乱》等。
西克门(Sickman, Laurence)	1930—1935	专长中国绘画、雕刻、青铜器。回国后任密苏里美术馆东方艺术馆馆长等职。
赖肖尔(Reischauer, Edwin O.)	1933—1938年在法国、日本和中国研究日本语言和历史。	对中国史也有较深的研究。他与费正清合作写过《东亚文明史》和《东亚:传统与变革》。
芮沃寿(Wright, Arthur Frederick)	1939—1940年、1941—1947年两次来华	研究中国佛学、儒学等哲学思想。先后任斯坦福大学、耶鲁大学教授。
饶大卫(Rowe, David Nelson)	1938年来华	获得洛氏基金资助来北平,在哈佛燕京学社随洪业学习。返美后在普林斯顿大学、耶鲁大学等校研究国际政治。
倪维森(Nivison, David Shepherd)	1947—1948	专长中国思想史,研究中国儒学以及马克思主义哲学。后在斯坦福大学担任中文和中国哲学等课程。

续表

姓名	来华时间	学术成就
费正清(Fairbank, John King)	1932年、1933年	于1932年、1933年两次获得哈佛燕京学社奖学金的支持,来华研究中国学。1936年后历任哈佛大学远东语言系讲师、副教授,培养了一批著名的研究中国历史的美国学者,他被誉为:"美国研究中国的奠基人(A Man Known and Loved as the Father of American China Studies)"。
嘉德纳(Gardner Charles Sidney)	1925—1928年、1938—1939年两次来华	先后在哈佛大学、宾夕法尼亚大学、哥伦比亚大学任教,在耶鲁大学图书馆任中国史顾问。专长:中国政治史和文化史、康熙时期中国的亚洲邻国史。
柯睿格(Kracke, Edward Augustus Jr.)	时间不详	历任芝加哥大学东方语言和文明系的中国文学和制度的助理教授、副教授、教授。专长:中国政治史、中国城市、宋史。著有《宋初文官制度》(1953)、《中国思想和制度》(1957)、《中国遗产》(1963)等。
柯立夫(Cleaves, Francis Woodman)	时间不详	专长:蒙古史。出版有诠释蒙古史和伊朗史史料著作(1962、1969出版)数种。

上述名单表明,哈佛燕京学社派遣或资助来华的美国研究生和研究人员,后来大都成为在美国大学或学术机构的汉学研究专家或学术带头人,奠定了美国汉学研究的学术水平,对美国研究中国历史与现状、政治与文化所起的作用及影响非常大。

燕京大学图书馆在建校初期仅有少量英文书和中文古籍图书,到1925年其全部藏书尚不足一万册。哈佛燕京学社成立后,为燕大图书馆拨款购书,使图书馆藏书量日益增长,

(二)国学研究所

燕京大学国学研究所正式成立于1928年,但其策划却早在20

世纪初。1914年,一些对中国文化感兴趣的美国人成立了一个委员会,主要赞助来自弗瑞尔(Charles Freer),派遣兰登·华尔纳(Langdon Warner)经由欧洲到中国,目的是咨询欧洲汉学家关于成立国学研究所的可能性,调查在北平的相关机构。华尔纳在考察旅行结束后写了一份详细的报告,但是"一战"的爆发影响了这一计划的实现。后来,耶鲁大学的赖德烈(Kenneth Latourette)和博晨光(Lucius C. Porter)在哥伦比亚大学准备仿照在雅典、罗马和耶路撒冷建立的美国考古学研究所(American Schools of Archeology at Athens, Rome and Jerusalem)的模式,起草一个在北平成立国学研究所的计划。[①] 然而,虽然这一计划获得很多支持,最终却没有付诸实际行动,这个想法也没有取得实际性的进展。

20世纪20年代,在司徒雷登的领导下,燕京大学日益"中国化",尤其希望在国学教育和国学研究领域能有一番成就。在司徒雷登、博晨光等燕大教师的努力下,燕大与华北协和外语学校(The North China Union Language School)联合成立燕京华文学院(Yenching School of Chinese Studies),共享师资和设备,在1925年秋天开始工作,并希望吸引到经济赞助、优秀的学生和教师,使其成为北平的国学联络中心。

1925年5月28日,博晨光在燕京华文学院就职午餐会上发表演讲,详细论述了该机构的目标,可以用"AADAA"五个字母来表示。第一,Acquaintance,即希望国学研究所能成为"阐释者之家"(Interpreter's House),让从国外到中国来从事商业、外交、医疗和教育等工作的新移民学习和理解中国古老的文化遗产。第二,Appreciation,即西方人能够欣赏中国文化。第三,Discovery,即开展国学研究,共享"发现"(discovery)的工作。第四,Analysis,即在

[①] 《燕京大学国学研究所的计划与目标(1925年)》,亚洲基督教高等教育联合董事会档案159卷4821,香港中文大学崇基学院藏。

研究工作中认真分析中国文化的各种元素。第五，Adaptation，即弥补西方文化的欠缺，使中国古代圣贤提出的真理在现代世界发挥作用。[①] 该学院主要设置中国语言、中国文化等方面的课程，比以往更重视讲授中国哲学、文学、历史、艺术等科目，授课教师有博晨光、周友兰、王克私等。然而，受北伐战争和资金管理方面争议的影响，华北协和华语学校与燕京大学的合作办学在1928年宣告结束。华文学院的成立和发展为燕大获得霍尔遗产中的海外教育基金提供了基础，有助于促成哈佛燕京学社的诞生。

1925年9月，筹备成立哈佛燕京学社的三方代表霍尔遗产托管理事会、哈佛大学、燕京大学共同签署了《工作备忘录》，其中言明，哈佛大学和燕京大学两校可望从霍尔遗产基金中得到估计为六万美元的捐款，以此作为两校合作成立"北京国学研究所"之用，并在康桥（哈佛大学所在地）与北平两地同时开展东方问题研究。[②]

1928年，燕京大学与哈佛大学合作成立哈佛燕京学社，并创办国学研究所。燕京大学明确规定国学研究所以研究中华国学、沟通中西文化为宗旨，专门招收国学研究生。该所聘请的著名学者有：陈垣、吴雷川、容庚、顾颉刚、黄子通、许地山、郭绍虞、张星烺等，他们在燕大国文、历史、哲学等系任教。研究范围包括中国文学、历史、哲学、考古学、美术、宗教等。[③]

对研究生的报考资格规定更为详细。国学研究所研究生的报考资格为在大学毕业，经燕大国学研究委员会考试或审查合格的学生，考生须对于中国历史、哲学、文学三科，每科至少须有与燕大6至8学分课程相当的程度，以历史学系的国史鸟瞰、哲学系的中国哲学

[①]《燕京大学国学研究所的计划与目标（1925年）》，亚洲基督教高等教育联合董事会档案159卷4821，香港中文大学崇基学院藏。
[②]《哈佛燕京学社（1938年）》，收录于陈大白主编：《北京高等教育文献资料选编》，首都师范大学出版社2002年版，第781页。
[③] 吴雷川：《北平燕京大学概略》，《中华基督教教育季刊》1931年第7卷第1期，第6页。

史、国文学系的文学史和文字学等课程为标准；如果拟专门研究某一科，至少须有与燕大10学分课程相当的程度，并须有至少能读一种外国文字的能力。①

研究生入学后，须补习本科功课，但并不限定必须修若干学分，亦无必修功课。学生于修业一年后，如欲得硕士学位或修业证书者，须作论文一篇，并须证明其对于其所专门研究之科目有较深广之普通知识，对于其论文有辩护之能力。论文审查的标准是发表思想能力、研究之心得、研究之方法，并表示其能独立研究并运用科学方法。②

如白寿彝在1929年考入燕大国学研究所，一下子见到陈垣、张星烺、郭绍虞、冯友兰、许地山、顾颉刚、容庚和黄子通等学者，使他大开眼界。他听过很多教师的课，如黄子通讲的西洋哲学史、亚里士多德、康德和认识论等，冯友兰讲的中国哲学史，许地山讲的佛教文学和梵文等。他的导师是黄子通，重视采用读书法指导学生。白寿彝回忆道：

> 先生拿出康德的《纯粹理性批判》，指定了三十多页让我去读，并约我两星期后去见他。如期见面以后，我把我的理解说了一遍。先生说："你全没有看懂，这跟你的外文水平不好有关系。你先看看中国哲学家的著作吧。"他把程颢的《识仁篇》拿出来，这是一篇很短的文章。先生说："你认真把这篇看一看，一个月以后来见我。"一个月后，见到先生，讲述一遍自己的看法。先生说："你还是没有看懂，我给你讲讲吧。"他详细地给我讲了一遍，足足讲了两个小时。他讲得津津有味，我也听出一点味道。从

---

① 《燕京大学招收国学研究生、专修科简章》，收录于陈大白主编：《北京高等教育文献资料选编》，首都师范大学出版社2002年版，第572页。
② 《燕京大学招收国学研究生、专修科简章》，收录于陈大白主编：《北京高等教育文献资料选编》，首都师范大学出版社2002年版，第572页。

此以后，慢慢懂得了读书不能只在字面上打圈子，还要深入地理解作者的思想。懂得了这一点，读书的味道就跟以前不同了。在先生指导下，大约经过一年的光景，自己感觉到学业上有显著的进步。此后三年，在黄子通先生的指导下，我着重研究两宋哲学，发表关于朱熹的论文多篇，后又编入《朱熹辩伪书语》一书，由北京朴社1933年出版。①

国学研究所由哈佛燕京学社所设立，其工作隶属于燕京大学学术组织的一部分，设所长一人，主持一切所务。所长由北平管理委员推举，取得燕京大学行政执行委员会同意，议决通过后由燕大校长聘任。所长还为事务会议、学术会议当然主席，各种常设及临时委员会当然委员，一切经费支持由所长签字负责。著名历史学家陈垣曾担任国学研究所所长。

国学研究所设中、西文秘书各一人，襄助所长办理事务。西文秘书主要职务为：国学研究所对国外关系；外国研究员之研究工作及生活事务；西文文字工作。② 国学研究所专门设置西文秘书，也反映了燕京大学国学研究的取向，即重视中西文化的交流沟通。

国学研究所的研究人员分为导师及研究员、编译员、研究生、特别研究员。导师及研究员由国学研究所提名，得大学执行委员会同意，请管理委员会议决通过，由校长聘任，并由所长于聘书副署。其职务如下："(1)负责指导研究生研究工作。(2)选择有关国学之专门问题，作有系统具体之研究，每年将研究成绩著论及演讲。(3)遇必要时，在燕京大学内与国学有关之各学系兼任教授或讲师，授课若干小时。(4)出席本所学术会议。(5)本所议决各项应办事项，需要导

---

① 燕京研究院编：《燕京大学人物志（第一辑）》，北京大学出版社2001年版，第351页。
② 《燕京大学国学研究所所章》，收录于陈大白主编：《北京高等教育文献资料选编》，首都师范大学出版社2002年版，第616页。

师及研究员合作者,经议决定,由所长通知各导师及研究员负责分任。"①编译员由所长提名,经事务会议议决,再经大学执行委员会通过后,由所长聘任,受所长指派担任学术工作。国学研究所招研究生若干名,并斟酌情形,设特别研究员若干名,规定有专门问题欲来国学研究所研究的国内外学者,经学术会议或事务会议认可,得在一定时期内,在国学研究所作研究工作,并报告成绩。

国学研究所规定定期召开事务会议和学术会议。第一,事务会议,至少每月召开一次,讨论所内一切事务,由所长召集。事务会议以所长为主席,大学校长、校务长及本所中、西秘书为委员。在必要时,所长得特约国学研究所研究员或大学教授列席。议决事项,凡与燕大行政有关系者,须经大学执行委员会议决通过后执行。② 第二,学术会议,至少每月召开两次,讨论学术事务,由所长召集。学术会议以所长为主席,全体研究员为当然委员,中西两秘书为列席委员。遇必要时,所长得聘请燕大各学系教授若干名,为特约会员,列席学术会议;并随时邀请特别研究员列席学术会议。学术会议议决事项,凡与燕大教授规程有关者,须经所长提出,大学校务会议征求同意,通过后执行。③ 学术会议还经常邀请学者演讲,比如陈垣讲《耶律楚材之生卒年》、顾颉刚讲《泰皇泰帝泰一考》、张亮尘讲《南洋殖民者林凤》、许地山讲《掌中论》、黄子通讲《戴东原哲学》、博晨光讲《高本汉的〈左传考〉》、容庚讲《金石书评》等。④

---

① 《燕京大学国学研究所所章》,收录于陈大白主编:《北京高等教育文献资料选编》,首都师范大学出版社2002年版,第616页。
② 《燕京大学国学研究所所章》,收录于陈大白主编:《北京高等教育文献资料选编》,首都师范大学出版社2002年版,第616页。
③ 《燕京大学国学研究所所章》,收录于陈大白主编:《北京高等教育文献资料选编》,首都师范大学出版社2002年版,第617页。
④ 顾颉刚:《顾颉刚日记》(第二卷,1927—1932),台北联经出版事业公司2007年版,第18页;《容庚教授选读论文》,《燕京大学校刊》,1930年10月31日,第2版。

国学研究所还设立奖学金,授予研究院符合申请条件的研究生,每名500元,鼓励学生研究国学。凡研究生欲申请者,须递交研究题目、大纲,及已出版、未出版的研究著作若干篇,审查合格,即可授予奖学金。奖学金获得者及其研究题目包括:郑德坤《水经注及水经注引得》、冯家昇《辽史经籍志补正》和《辽史引得》、罗香林《客家研究》、顾廷龙《宋代著录金文集释》、吴世昌《汉译西洋文学著作考订》、翁独健《蒙古史研究》、张维华《明史佛郎机和兰意大里亚三传考证》和李晋华《明代结社考》等。① 奖学金为研究国学的学生解除了后顾之忧,有助于推动学生的学术研究,取得更多学术成果。

在哈佛燕京学社的资助下,国学研究所有相对充足的资金,以支持燕大教师出版著作。国学研究所资助出版的书籍有:《古籀余论》(孙诒让)、《尚书骈枝》(孙诒让)、《张氏吉金贞石录》(张埙)、《马哥波罗游记》(张星烺)、《宝蕴楼彝器图录》(容庚)、《历代石经考》(张国淦)等。② 有些学生在研究所中协助教师开展学术研究,从而受到了学术训练,逐渐提高了学术研究能力。

燕大虽然自成立之初即招收研究生,但研究院组织并不完备,也未正式报教育部,而且当时中国尚未颁布《授予学位条例》,所以燕大研究生获得的硕士学位是暂时的,不能正式呈报。国学研究所是哈佛大学与燕京大学联合创办的,经费有专款,故燕大一直在讨论是否"用国学之名称作为研究院中各研究所之一"③。国学研究所无法授予学生正式的硕士学位,其地位与名称也有待重新讨论确定,所以国学研究所办理后的成绩不理想,注册学生人数逐渐减少。1932年,燕大对国学研究所加以改组,仿照大学管理制度,取消国学研究所名

---

① 《得国学研究所奖学金之人名及其研究题目》,《燕京大学校刊》,1932年6月24日,第1版。
② 《燕京大学中文出版品目录》,《燕京大学校刊》,1932年2月12日,第2版。
③ 《纪念周吴校长报告》,《燕京大学校刊》,1931年1月16日,第1版。

称,所长职位改为哈佛燕京学社驻北平办事处总干事,负责管理学社在燕大的研究工作,以及维持哈佛大学总办事处与在中国相关的六所教会大学的联络事务。同时该学社接受研究生申请时,要依照燕大研究院标准来加以审核,实行后颇见成效。[①]

国学研究所存在的时间不长,但依然培养了如白寿彝、吴世昌、张长弓、张寿林、牟传楷和班书阁等一批学生,取得了一定办学成绩。

二、专业性学术组织的创设

随着分科治学理念的传播和燕大建设近代大学制度的需要,燕京大学成立了历史学会、国文学会、哲学会等专业学会,这也成为燕大实施国学教育的重要途径之一。

(一)历史学会

20世纪二三十年代,随着学术专业化的发展,出现了很多的史学专业学会,如北京高等师范学校史地学会、北京大学史学会和清华大学史学会等。这些学会组织的发展,在很大程度上促进了史学研究的进步。燕京大学也成立了历史学会,以促进师生之间的学术交流,推动史学研究的开展。

1927年秋,历史学系学生组建历史学会,但由于课业负担沉重等原因,学会在第一年实际上就名存实亡。次年秋天,在历史学系代主任王克私博士和王桐龄、张星烺教授的支持下,历史学会重新组织起来,不到一周时间即宣告成立。师生会员共计二十余人,以燕大历史学系教员学生为基干,历史学系毕业学生、曾任教的职员及校内对历史有兴趣的学生亦均可加入[②],规模稍具。学会的主要目的是研讨学术、辅助历史学系的发展和联络师生的感情。《史学年报》第一期

[①] 陈观胜著,熊大绛译:《哈佛燕京学社与燕京大学之关系》,收录于董萧主编:《学府纪闻·私立燕京大学》,台北南京出版有限公司,1982年版,第55页。
[②] 《历史学会会讯》,《史学消息》1936年第1卷第1期,第41页。

中谓:"至所希望于我史会之将来者,约略言之,计有三端:(一)从今后振起团结精神,不论为职员非职员一致为会务努力,完成会内预定工作,以达研究阐扬史学之基本目的。(二)从今后本师生合作之精神,负责督促我史学系之发达,注重国史之研究,务使我史学为'国化燕大'中之领导。他若教授、教材、教法以及一切课程编制,关系同学本身利害者,当不忌加以建设的批评,善意的建议。(三)从今后当体学术无畛域之真谛,联络各校同好,共谋中国史学会之发展,共同工作,以发扬史学,整理国史。"①这段话基本说明了历史学系组建历史学会的原因和宗旨。

历史学会以历史学系为依托,认为学会"为研究学术团体,且规模又非宏大",因此组织机构相对简单,"期能收实效而止"。最初只推举主席一人,文书一人,财务兼庶务一人。后因活动逐渐增加,又增设演讲、参观、研究各股,合称职员会。② 第一届职员会主席为韩叔信,文书股杨缤,财务兼庶务股余宗武,演讲股翁独健,参观股杨实,研究兼出版股齐思和。另外还聘任两位教师担任顾问。

同时,会员们一致同意编印《史学年报》,发表会员的研究成果,以就正于海内外同好。因出版任务相对复杂而繁重,《史学年报》出版工作既重要且工作量较大,所以成立专门的出版委员会负责。第一届年报出版委员会成员及分工如下:编辑主任为齐思和和李书春,印刷主任为翁独健,广告主任为杨实,会计主任为韩叔信,校对主任为余宗武和梁佩贞。③ 为保证刊物文章的质量,另设稿件审查委员会,会员构成以学生为主,教师主要起指导作用。

总体来说,历史学会由全体大会总体决策,职员会及其各股、年报出版委员会和稿件审查委员会分工负责。

---

① 《历史学会之过去与将来》,《史学年报》1929年第1期,第150页。
② 《历史学会之过去与将来》,《史学年报》1929年第1期,第150页。
③ 齐思和:《史学年报十年来之回顾》,《史学年报》1938年第2卷第5期,第543页。

历史学会在每学年秋季和春季召开全体大会。秋季全体大会的任务为迎新、改选。会议议程一般首先由上届主席致迎新辞,作职员会工作报告,然后再由历史学系主任报告学系发展的状况。之后,改选执委,组成新的职员会,完成新旧交接,以便展开新学年的工作。职员中途退出,须向执委会提出辞呈,然后由执委会批准。春季大会在第二年新学期开始举行,一般首先由主席致开幕词,报告半年来会务工作的情形,然后补选执委。会后常有茶点和游戏助兴,由主席领导,进行"史学方法""猜诗""考族谱"等游戏。

职员会是历史学会的运转核心,负责具体实施全体大会议决的事项。一般每学期开始和中间各举行一次。秋季全体大会后,执行委员会将召开本年度第一次会议。由主席报告补助计划,内容有津贴《史学年报》印刷费、津贴学术演讲者的车费和补助参观团所需费用等。然后讨论各股本年度的工作大纲。最后为议决事项,如制定预算案,起草年报、委员会等机构的办事细则,发起调查以及扩大征求会员等事项。

学期中间还要举行第二次执行委员会会议。主要内容为各股报告工作概况:演讲股报告已作演讲情况,然后报告已约好的讲员、讲题、开讲时间地点等;参观股报告本年度参观计划,具体执行的情况以及接下来准备参观的地点和时间;研究兼出版股报告本年度计划,如举行"历史座谈会"的次数,准备邀请的领导、教师、座谈题目及日期和地点等。

《年报》出版委员会和稿件审查委员会负责学会最重要的出版事项,其工作与研究兼出版股密切相关。

表格32　燕京大学历史学会职员表[1]

年度	主席	文书	财务兼庶务股	演讲股	参观股	研究兼出版股
1928年度	韩叔信	杨缤	余宗武	翁独健	杨实	齐思和
1929年度	韩叔信	穆润琴	赵丰田	翁独健	冯家昇	齐思和
1930年度	韩叔信	穆润琴	赵丰田	翁独健	冯家昇	齐思和
1931年度	朱士嘉	翁独健	余鸿发	宋玉珍	李延增	朱士嘉
1932年度	邓嗣禹	梁璨章	王育伊	冯家昇	朱士嘉	翁独健
1933年度	葛启扬	周一良	吴维亚、翁独健	刘选民	王育伊	张维华、邓嗣禹
1934年度	周一良	刘选民	邝平樟、王育伊	张维华	张家驹	翁独健、邓嗣禹
1935年度	周一良(辞职)、刘选民	陈絜(辞职)、张家驹	龚维航、赵宗复	刘选民(辞职)、朱南华	朱宝昌	周一良、陆钦墀、蒙思明(张家驹、侯仁之、张玮瑛辞职)
1936年度	刘选民	程世本(陈絜辞职)	张玮瑛、黎秀伟(王怀中离校)	陆钦墀	张诚孙	徐素真、李金声、王钟翰(龚维航、赵宗复辞职)
1937年度	陆钦墀	程世本	许纯鋆	蒙思明	刘选民	齐思和、侯仁之、王钟翰
1938年度	侯仁之	王伊同	罗秀贞	陈瑜(杜洽辞职)	许纯鋆、刘选民	齐思和、谭其骧、王钟翰

在草创时期,学会成绩比较突出的是出版《史学年报》。齐思和连续三年主持研究兼出版股。1931年韩叔信和齐思和离开历史学会后,学会的主持工作陆续由朱士嘉、邓嗣禹、葛启扬、周一良、刘选民等人负责。朱士嘉、翁独健、张维华、邓嗣禹、周一良、蒙思明、张家

---

[1] 石增银:《燕京大学历史学会初探》,华东师范大学硕士学位论文,2006年,第11页。

驹、侯仁之、张玮瑛等陆续参与《史学年报》的编辑工作，历史学会进入发展时期。学会人员变动频繁，其中坚持最久的是翁独健，他在1935年毕业后离开，之后留学哈佛大学。此时，历史学会组织结构和工作开展逐渐成熟起来，再加上洪业、邓之诚、顾颉刚等名师的帮助，学会工作发展愈来愈好，受到越来越多的关注。

20世纪30年代，燕京大学已成为当时中国最好的教会大学，报考燕大的学生日益增多，历史学会的人数也逐渐增加。1936年，历史学会的会员人数由组建时期的20余人增加到170人，其中校内会员71人，校外会员99人。[①] 1937年，历史学会在全校范围内征求新会员，又有30余人报名参加，历史学会进入全盛时期。这一时期主持职员会会务有刘选民、程世本、张玮瑛、黎秀伟、陆钦墀、张诚孙、王钟翰、许纯鎏、蒙思明等，还有返校任教的齐思和教授，以及攻读研究生后留校工作的侯仁之等人。会员的组成也发生了较大的变化，旧会员毕业离校后得以保留自己的会员身份，学会组织渐趋固定化，学会机构组成也相应更加健全。

1937年7月7日，卢沟桥事变爆发，7月28日日军占领北平。为了给沦陷区的学生提供求学的机会，司徒雷登决定燕大继续留在北平。政局不稳在一定程度上影响了学校各项活动的开展，燕大历史学会进入维持时期。1938年，历史学会专门纪念学会创建和《年报》创刊十周年，出版了一期特刊。至1940年，历史学会有94名会员。[②]

1941年12月珍珠港事件爆发，日美交战，燕大校园被日军强行占据。历史学会的活动也被迫终止，一些会员被捕，另一些会员则辗转到达后方。此后燕大虽然相继在成都、北平复校，但因经费等问题

[①]《历史学会会讯》，《史学消息》，1936年第1卷第1期，第42—49页。
[②] 程明洲辑：《史学界消息（1939年12月至1940年12月）》，《史学年报》，1940年12月，第183页。

历史学会始终未能恢复活动。

历史学会坚持了十余年,在当时的环境下实属不易,能够提供多重渠道筹措资金是学会能够维持下来的一个重要原因。其资金来源主要有四种:第一,会费。每人每年一元。第二,师友捐助。学会最初的经费主要来自师友的捐助,王克私、王桐龄和张星烺等教授对学会的捐助是学会顺利发展的重要条件。第三,学系津贴。主要用途为津贴《史学年报》的出版,邀请校外名家到燕大演讲的车费及其他费用补贴等。哈佛燕京学社不仅资助历史学系的发展,使其有充足的资金开展学术研究,而且还直接向《史学年报》赞助50美元的广告费,并在历史学会的要求下于1938年将广告费提高到100美元。① 第四,《史学年报》的销售收入。《史学年报》出版之后销路还算不错,但因销售的绝对周期较长,无法用来补偿印刷的费用。第五,《史学年报》基金。为了获得稳定的经费来源,学会会员决心募捐和创立出版基金。1937年2月,全体大会决议募捐成立《史学年报》基金,为成立历史学会十周年纪念庆祝及《史学年报》创刊十周年纪念基金筹备委员会奠定了基础。

历史学会成立于1928年秋,至1941年因日军封闭燕大而结束。在这十四年里,学会通过举行学术演讲、参观、研究和出版等活动,教育培养了如齐思和、翁独健、侯仁之、谭其骧、冯家昇、周一良等新一代学人,深受学界瞩目。

(二)国文学会

20世纪20年代末,燕京大学各院系学生纷纷成立各种学会,这种风气也影响了国文学系的师生。在教师的大力支持下,国文学系成立了国文学会,其组织结构和历史学会有类似之处,最高决策机构

---

① 《就增加年刊广告费及有关基金分配问题与哈燕学社的联系信件》,燕京大学档案 YJ38004,北京大学档案馆藏。

是全体大会,具体执行机构则是职员会。职员会设有主席、文书、会计、事务、游艺、演讲兼研究、编辑兼出版等负责人。1936年5月,国文学会职员会包括:主席王元美,文书邓懿,会计赵曾玖,事务黄如文,游艺朱炳荪,演讲兼研究薛诚之,编辑兼出版周杲。①

凡主修国文学系的学生,以及有研究文学的兴趣的外系学生均可加入国文学会。国文学会在每个学年度均会举行选举大会、迎新会等。1937年5月,国文学会举行学期末次大会,选举下届职员,余焕栋担任总务委员会主席,胡芝薪担任出版委员会主席。② 1938年9月19日,国文学会举行迎新会,郭绍虞主任、刘盼遂、董璠、王西征、郑骞及20余名同学到会。国文学会开展学术演讲、出版刊物和对外交流等多种活动,为加强师生、学生之间的交流,创造了更多的机会。

(三)哲学会

燕京大学哲学系师生人数较少,其聘任的专任教师有徐宝谦、博晨光、冯友兰、张东荪、严群、朱宝昌等。此外还聘请其他院系的教师兼职,如宗教学院教授赵紫宸和柏基根、副教授诚质怡、讲师傅乐敦(R. Brank Fulton)、助教伍英贞(Miss M. Wood)、国文学系教授黄子通和吴雷川,注册部主任梅贻宝等。③

哲学系教师非常重视出版刊物。1927年4月,尚志学会主办的《哲学评论》创刊。瞿菊农最早担任《哲学评论》的主编,从第6卷第1期起,燕大文学院院长黄子通负责编辑《哲学评论》。燕大哲学系教师瞿菊农、张东荪、黄子通、冯友兰等均曾参与编辑。《哲学评论》主要是研究哲学问题和介绍哲学思想的刊物,偏重于介绍方面;内容不

---

① 《燕京大学国文学会本届职员》,《文学年报》1936年第2期。
② 《国文学会末次大会》,《燕京新闻》,1937年5月28日,第3版。
③ 资料来源:(1)《燕京大学本科课程一览》,《燕京大学布告第21号第11届》,1928年,第64页。(2)《燕京大学课程一览》,《燕京大学布告第26届第10号》,1941年,第60页。

以狭义的哲学为限,教育哲学、法律哲学、美学、哲学史等文章均可发表。[①] 一般两个月或三个月出版一期,瞿菊农、黄子通、冯友兰等均担任过主编。

1929年10月1日,在瞿菊农的竭力提倡下,哲学系邀请哲学评论社参加燕大落成典礼,并召开年会,宣读论文。这次会议的结果非常圆满,不但有了编辑《哲学评论》第3卷第2期的文章,并且使燕大的学生对于哲学产生格外的兴趣。

1930年9月30日,燕大哲学系组织《哲学评论》同人在燕大召开第一次年会。燕大校长司徒雷登、文学院院长陆志韦均到会并致辞。美国哈佛大学哲学系主任吴兹(Prof. James H. Woods)教授、燕京大学博晨光教授、清华大学校长罗家伦均到会宣读论文。吴兹演讲《佛家哲学之根本义》,博晨光讲《中国哲学之两大根本问题》,罗家伦讲《多元论的历史哲学》。此外哲学评论社共宣读十余篇论文。[②] 瞿菊农将其中比较重要的论文在《哲学评论》上以"年会论文号"的形式集中发表,如金岳霖的《知觉现象》、张东荪的《将来之哲学》、冯友兰的《孟子哲学》、黄子通的《论归纳》、瞿菊农的《盘化与层化》和罗根泽的《庄子哲学》等,在学术界产生了一定影响。燕大校长司徒雷登、文学院院长陆志韦、哲学系主任及各位教师热心招待哲学评论社,充分说明了燕大提倡哲学的热心。

总体来说,《哲学评论》以刊载研究西方哲学的文章为主,刊载研究中国哲学的论文较少,研究内容主要集中于中国古代儒家、诸子学派以及佛教的哲学思想。详见下表(表格33)。

[①] 《编辑后记》,《哲学评论》1927年第1卷第1期,第175页。
[②] 《哲学评论》1930年第3卷第2期。

表格 33 《哲学评论》(第 1 卷—第 5 卷)中刊载的研究中国哲学的文章①

作者	文章名称	刊登时间
许地山	大乘佛教之发展	1 卷 1 期,1927 年 4 月
冯友兰	郭象的哲学	1 卷 1 期,1927 年 4 月
许地山	大成佛教之发展(续)	1 卷 2 期,1927 年 6 月
许地山	大成佛教之发展(续)	1 卷 3 期,1927 年 8 月
许地山	大成佛教之发展(续)	1 卷 4 期,1927 年 10 月
许地山	大成佛教之发展(续)	1 卷 6 期,1928 年 4 月
黄方刚	老子年代之考证	2 卷 2 期,1928 年 9 月
冯友兰	孟子哲学	3 卷 2 期,1930 年 3 月
罗根泽	庄子哲学	3 卷 2 期,1930 年 3 月
罗根泽	孟荀论性新释	3 卷 4 期,1930 年 12 月
嵇文甫	对于陆王学派的一种观察	4 卷第 3、4 期合刊,1933 年 1 月
杨大膺	荀子教育哲学	5 卷 2 期,1933 年 11 月

20 世纪 30 年代初,在《哲学评论》周围,逐渐集聚了一批以研究中西哲学问题为共同兴趣的知名学者,比如金岳霖、冯友兰、许地山、胡适、黄子通、贺麟等,并不定期举行哲学家聚会,讨论哲学问题,这成为中国哲学会的雏形。胡适最早提议成立中国哲学会,但由于他政治身份较浓,且忙于主编《独立评论》等原因,并没有出面组织筹备中国哲学会。当时北平哲学界的学者,主要集中于燕大、清华和北大三所大学的哲学系,黄子通时为燕京大学哲学系主任,清华大学教授金岳霖以介绍和研究西方及新实在论而闻名,北京大学哲学系教授贺麟以介绍和研究黑格尔哲学著名,故黄子通、金岳霖和贺麟三位教授主要负责筹备建立中国哲学会。

---

① 资料来源:《哲学评论》(第 1 卷至第 5 卷)。

1935年4月13日,中国哲学会首届年会在北京大学开幕。胡适、冯友兰、蒋梦麟、张东荪、张申府、林宰平、贺麟等50多人到会。会议首先由冯友兰致开会词,继由北大校长蒋梦麟代表北大致欢迎词,胡适代表中国哲学会致欢迎词,之后开始宣读论文。整个会议期间宣读的有关中国哲学的论文主要有:冯友兰的《历史演变中之形式与实际》、林宰平的《中国民族的思想——中庸》、景幼南的《密宗印度教与密宗佛教》、胡适的《楞枷宗的研究》、汤用彤的《汉魏佛学理论之两大系统》、贺麟的《宋儒的思想与方法》、沈有鼎的《周易卦序》。宣读的有关西方哲学的论文有:张真如的《康德的研究》、张申府的《我所认识的辩证法》、张荫麟的《论可能性》、黄子通的《康德与怀德海之实在观》、郑昕的《真理与实在》、傅统先的《科学的唯心论》(张东荪代读)、周煦良的《自由意志与自己决定》、金岳霖的《手续论》、彭基相的《柏拉图的理念论》等。整个会议按照日程安排有条不紊地进行,参会学者对感兴趣的哲学问题进行了热烈讨论。

然而,此时中国哲学会并未正式成立。4月14日下午,黄子通提出《正式组织全国统一的哲学会案》,冯友兰、张申府、瞿菊农、沈有鼎等人先后发言讨论,决定组织筹委会,负责进行正式组会事宜。会议推举贺麟、金岳霖、黄子通、黄建中、宗白华、瞿菊农、胡适、沈有乾、慈连照、范寿康、吴康11人为筹备委员,由首届年会原有筹备委员贺麟、金岳霖、黄子通三人负责召集。① 燕大教师黄子通、张东荪等为哲学会首届年会的召开发挥了重要作用,首届年会对中国哲学界产生了深远的影响。《大公报》记者曾指出:"中国哲学会第一届年会,实为中国思想进展上之重要阶段,即由过去零碎的介绍和个别的研究时期,到集团的检讨,比较与批评时期。各派各家的哲学思想,经这样集团的批判与论争之后,自然可以熔合成长一种新的哲学思潮。"②

---

① 《哲学年会昨闭幕》,《大公报》,1935年4月15日,第4版。
② 冯友兰:《哲学年会闭会以后》,《大公报》,1935年4月18日,第4版。

1936年,《哲学评论》由中国哲学会接手办理,但中国哲学会经费拮据,缺乏出版经费,因此中国哲学会首届理事会会议决定向清华、北京大学、中央大学和中山文化教育馆等申请资助。此时冯友兰已由燕京大学转到清华大学任教,在冯友兰、金岳霖等教授的努力下,清华大学评议会同意补助中国哲学会每年 200 元,用作刊物的出版和印刷费。此外,中央大学仅临时性资助 200 元,中山文化教育馆勉强同意提供补助,北京大学则未能对中国哲学会提供资助。① 在中国哲学会的管理和资助下,《哲学评论》得以继续出版,直到 1947 年才终止。

受当时学术风气的影响,1930 年燕大哲学系成立哲学学会,初入会者 50 余人,以便促进哲学研究的开展,加强学术交流。② 1939 年哲学学会主席为葛力,委员有方绰、范希纯等。③ 哲学学会通过举行学术会议、邀请知名学者到校演讲等多种方式对学生进行教育。比如,1938 年哲学学会曾邀请中国大学蓝公武教授到燕大演讲,哲学家张东荪亲自到会,有学生 50 余人参加。④

在哲学系的倡导下,燕大成立教职员哲学讨论会,凡对哲学问题感兴趣者,不论教职员、学生均欢迎参加。在学期初哲学讨论会召开会议,讨论决定学年讨论会的计划。例如,1934 年讨论的问题分为两大类:关于时代哲学的刊物;关于世界现状的探讨。并组成三个讨论班,第一班为书评,由新闻学系聂士芬主领,王美桂女士记录,于 10 月 23 日举行;第二班讨论本学期前大学总会议所动议的各种专门问题;第三班讨论题目为"中国新思潮之发展",由中国教职员组织。⑤

---

① 郭金海、朱俊鹏:《"以襄盛举":抗战前清华大学对学术团体的资助》,《自然科学史研究》2010 年第 4 期,第 498 页。
② 《哲学会大发展》,《燕大周刊》1930 年第 10 期,第 8 页。
③ 《燕京大学一九三九班年刊委员会》,《燕京大学一九三九班年刊》,1939 年。
④ 《什么是哲学家》,《燕京新闻》,1938 年 11 月 11 日,第 2 版。
⑤ 《教职员哲学讨论会十六日在临湖轩举行》,《燕京新闻》,1934 年 10 月 13 日,第 4 版。

总的来说,哲学系人数较少,哲学学会开展的活动规模有限,无法与历史学会和国文学会相比,但哲学系也培养出了如严群、葛力、高名凯等著名学者。

(四)禹贡学会

随着史学专业化的发展,中国史地研究逐渐得到重视,同时"强邻肆虐,侵略不已",因此顾颉刚等学者希望成立学术组织促进史地研究的发展,并尽书生报国之志,为民族复兴工作做出贡献。

1934年2月,燕大顾颉刚和谭其骧师生共同发起组织建立禹贡学会,会员人数逐渐增多,影响也渐渐扩大。燕京大学洪业、张星烺、钱穆、容庚、张国淦、冯家昇、顾廷龙、朱士嘉、童书业、张维华、周一良、侯仁之和蒙思明等都是禹贡学会的活跃分子。此外,由于顾颉刚当时在北大兼课,讲授"中国古代地理沿革史",谭其骧在辅仁大学讲授"中国地理沿革史",故而禹贡学会会员主要以北大、辅仁大学以及平津等地研究史地的学者为主。

1936年5月24日,禹贡学会在燕京大学临湖轩举行大会并选举第一届职员。到会会员及通信会员共194人,而国内外会员已达300余人。会议选出理事顾颉刚、钱穆、冯家昇、谭其骧、唐兰、王庸、徐炳昶7人,候补理事刘节、黄文弼、张星烺3人,监事于省吾、容庚、洪业、张国淦、李书华5人,候补监事顾廷龙、朱士嘉2人。费孝通在大会上宣讲广西瑶山调查经过。会议讨论决定禹贡学会以集合同志研究中国地理沿革史和民族演进史为宗旨,主要工作有六项:编辑中国民族志;编辑中国地理沿革史及沿革图;编辑中国地名辞典;考订校补历代正史地理志;辑录地方性的文化史料作专题研究;与其他学者合作,求地理问题的解答。[①] 同年8月22日,学会举行第一届第一次理事会,顾颉刚当选为学会理事长。遗憾的是,1937年"七七事变"

---

① 《禹贡学会成立大会》,《燕京新闻》,1936年5月26日,第1版。

爆发,顾颉刚于9月赴兰州,大部分会员也离京,奔散四方,学会工作被迫中止。

禹贡学会会址为张国淦捐赠。最初学会经费拮据,于是会员于思泊于1936年1月发起月捐,赞助者有王庸、吴世昌、吴其昌、胡汝麟、张维华、许道龄、连士升、杨向奎、赵璉、赵泉澄、刘节、钱穆、罗根泽、谭其骧和顾颉刚等十六人。① 其后学会又获得中英庚款委员会补助的一万五千元,得以顺利开展活动。学会聘有若干专任研究员和编辑员,担任编纂丛书和整理档案工作。②

禹贡学会重视实地考察,曾于1936年暑假期间派遣会员赴包头、绥远一带考察,《后套水利专号》即为考察归来撰写的报告之一。③

禹贡学会重视购买具有史料价值的档案,1936年六七月间,北平头发胡同文学斋要出售大批财政部档案。学会亟欲购买,但因限于经费,最后选取清光绪和宣统期间较完善的档案购买,为数三四万卷,重四千余斤,价值千元,内容包括户口、田赋、漕运、白粮、仓储、海关等内容。④ 这些档案价值极高,甚至连故宫博物院文献馆、北京大学和中央研究院历史语言研究所也没有收藏。

总之,禹贡学会不仅出版了一批有价值的学术论著和资料,而且通过组织出版《禹贡半月刊》等活动培养了一批中国史地研究的人才,在中国近代学术史上谱写了辉煌的篇章。

(五)考古学社

考古学社是中国近代第一个考古组织,源于"颂斋之会"。当时

---

① 《本会三年来大事表》,《禹贡半月刊》1937年第7卷第1、2、3期合刊,第10页。
② 容媛编:《国内学术界消息》,《燕京学报(十周年纪念专号)》1936年第20期,第598—599页。
③ 容媛编:《国内学术界消息》,《燕京学报(十周年纪念专号)》1936年第20期,第598—599页。
④ 容媛编:《国内学术界消息》,《燕京学报(十周年纪念专号)》1936年第20期,第598—599页。

北平的学者经常在燕京大学教授容庚处聚会,在一起鉴赏古物、交流学术,被称为"颂斋之会"。先后参加聚会的有台静农、顾颉刚、庄尚严、孙海波、魏建功、唐兰等学者。1934 年 6 月,容庚及徐中舒、董作宾、顾廷龙、邵子风、商承祚、王辰、周一良、张荫麟、郑师许、孙海波、容肇祖 12 名学者倡议在颂斋之会的基础上发起成立金石学会,得到众人的响应。9 月 1 日,召开成立大会,到会的会员代表 35 人,会上决定将金石学会改称为考古学社,选出容庚、徐中舒、刘节、唐兰、魏建功 5 人为考古学社执行委员,负责拟定社章,编辑社刊。容庚会后去函郭沫若,邀请他入会,郭沫若复函表示赞同。参与学社筹建的还有叶恭绰、徐中舒、顾廷龙、刘节、邵子风、王辰、周一良、张荫麟、郑师许等人。社址设在燕京大学燕东园二十四号。

容庚、邵子风、董作宾等学者之所以成立考古学社,有以下几方面原因:第一,晚清以来,考古发掘取得重要进展,硕果累累,比如殷墟甲骨文字、敦煌及西域各处的汉晋木简、清内阁大库书籍档案、周口店猿人遗址的发现等,此外各地发掘,所获益丰,是中国考古学界前所未有的盛事,因此学者认为应该加强对出土器物的研究。第二,对古物进行研究的学术机关"尚殊寥寥",而且有许多重要资料流出海外或散归私藏,他人对此则无研究机会,成为考古学发展的最大障碍;组织考古学社便于组织搜采有文化价值的古物、图录,使之得以流通,供学者研究与整理。第三,帮助财力有限的学者出版其研究著作。近代我国古物多流出海外,或为私人收藏、博物馆保存,"不轻展露";即使付印成书者,印本数量少,且价格昂贵,"遂使嗜古之士,于宗邦重器,希世遗文,欲一望景迹而不可得"[①]。为了弥补此种遗憾,容庚等人希望通过成立考古学社,对古物及相关研究著作等择优出版,廉价流布,加强考古学领域的学术交流。在成立大会上,考古学

---

① 容庚:《考古学社之成立及愿望》,《考古》1934 年第 1 期,第 6 页。

社拟定《考古学社简章》，规定学社以中国古器物学的研究、纂辑及其重要材料的流通为主旨。

考古学社最初意图主要是出版同人的学术著作，第一年就以考古学社的名义出版了 8 种书。在达到既定目标后，考古学社社员又认为除此之外还应完成其他使命。第一，促进中国考古学的发展。中国古代没有考古学，只有金石学；但自 20 世纪 20 年代以来，中央研究院李济、梁思永和董作宾三位主持发掘殷墟及濬县各处遗址，北平研究院徐炳昶和何士骥发掘宝鸡县斗鸡台遗址，他们采用科学的方法作有系统的发掘，成绩斐然可观。考古学社认为应有更多的学者参与这种工作，宣传科学的考古学研究方法。第二，分工合作是近代科学发展的趋势，考古学者同古器物学者应该分工合作，增强彼此的联系，并特别留意地质学、人类学、古生物学、古代史等学科。第三，材料集中是促进学术革新的必要条件，考古学社希望能够结集出版重要古物的资料，并建议国家应该以文献馆及图书馆的力量购置私人所藏的文献材料，以博物馆的力量收集私人所藏的古器物材料，通过"材料集中"来促进学术革新。[1]

考古学社的社员分三种：第一种是对于考古有相当成绩者；第二，对于考古有相当兴趣，而致力他种学问，可为考古学者之助者；第三，对于考古有相当兴趣，相当研究，而可以深造者。[2] 凡赞同学社宗旨，经社员介绍者，缴纳社费，即可成为考古学社的社员。考古学社在学术界产生很大影响，不少著名学者都纷纷加入。考古学社成立之初社员仅 35 人，一年之内增至约 90 人，到 1937 年，已发展到 141 人。[3]

1935 年 4 月 12 日，考古学社在北平中央公园来今雨轩召开春季

---

[1] 刘节：《考古学社之使命》，《考古》1935 年第 2 期，第 3—5 页。
[2] 容庚：《考古学社之成立及愿望》，《考古》1934 年第 1 期，第 7 页。
[3] 郭胜强：《董作宾传》，江苏文艺出版社 2010 年版，第 123 页。

聚餐会，会员到者17人。首先由容庚报告半年来考古学社的工作，并提议修改社章，获得一致通过。修正后的《考古学社简章》规定设社长一人，计划学社一切事宜，并筹募学社的必需经费；社长人选由执行委员会提名，经大会选举后担任，任期二年，允许连任；设执行委员会，辅助社长执行一切事务，由大会票选五人担任；由五人中公推一人为常务委员，负召集责任，任期一年，允许连任。① 执行委员会提名推举社员叶恭绰为社长，并获一致通过。

1935年9月29日召开第二次年会，为了加强社员之间的相互了解，考古学社决定社刊特辟"社员自传"一栏，或述家世，或述治学经过，或述今后愿望。②

1936年9月5日，考古学社在北平西单商场召开第三次年会。执行委员提名推举于省吾、孙海波、刘厚滋、赵万里、顾廷龙、容庚、徐中舒、刘节、唐兰、魏建功10人为执行委员，经社员选举后，容庚、唐兰、于省吾、徐中舒、孙海波担任执行委员，刘节、顾廷龙、赵万里为候补执行委员。③

考古学社工作计划包括三部分：第一，出版社刊《考古》，内容分著作计划、通讯讨论、考古及出版消息、社务报告和社员题名等项。第二，出版考古专集，内容为古器物照片和拓片等材料及考释。第三，出版考古丛书，内容为会员新著以及罕见的名人旧著。④ 考古学社的出版物，除社刊由学社分送各社员外，由执行委员会审查其余社员著作，列为专集及丛书，由著作人自行出资印刷，或由学社集资出版。

为了使更多的人有机会亲眼目睹珍贵的古物，考古学社曾计划

---

① 《考古学社简章(1936年4月修正)》，《考古》1936年第4期，第365—367页。
② 《社务纪要》，《考古》1935年第3期，第246页。
③ 《社务纪要》，《考古》1936年第5期，第381—383页。
④ 《考古学社简章(1934年9月修正)》，《考古》1934年第1期，第2页。

与国立北平图书馆合作,筹备金石展览。1935年11月20日,容庚、于省吾、柯昌泗、刘节4人做东宴请马衡、卓定谋、徐鸿宾、徐炳昶、孙壮、赵万里、谢国桢、魏建功、周进、邵锐等,讨论展览会的具体事宜,计划以字体变迁为主,分甲骨文、金文、篆碑、隶碑、三体石经、鸟篆、章草、飞白、木简、砖瓦匋文、正书、行草书各类展览,社员的考古著作(无论是否出版)及书画均在征求之列。① 然而遗憾的是,因时局动荡,保管征求均不易负责,展览会被迫取消。

考古学社虽然不是隶属于燕京大学的专业组织,但燕京大学师生自始至终在其中发挥了重要的作用。比如,考古学社的发起人、执行委员容庚是燕京大学的教授,邵子风、周一良等是燕京大学的学生;第一任执行委员徐中舒、刘节、唐兰、魏建功等均曾在燕大担任兼职教师;第二任执行委员中除容庚、唐兰和徐中舒之外的于省吾是燕大的名誉教授,孙海波则是燕大的学生。1934年底,考古学社有58名社员,社员包括中央研究院、故宫博物院、北京大学、燕京大学、辅仁大学、北平图书馆、上海交通大学等机构的教师或学生。其中,燕京大学12人,故宫博物院2人,中央研究院4人,北平图书馆4人,辅仁大学4人,北京大学4人,北平研究院历史学会2人,中国大学2人,齐鲁大学1人,其他机构23名。② 来自燕京大学的12名社员为容庚教授、闻宥副教授、邵子风(燕大研究院研究生)、容媛(哈佛燕京学社秘书)、顾廷龙(燕京大学研究院毕业)、薛诚之(研究生)、张全恭(研究生)、郑国让(研究生)、谢国彦(研究生)、王振声(燕京大学肄业)、周一良(燕京大学肄业)、王锡昌(燕京大学肄业),约占考古学社的六分之一;燕大教师容庚、容媛等常在考古学社社刊上发表文章,可见燕京大学师生在考古学社中所占的重要地位。

考古学社筹资刊行了学术含量很高的《考古专集》十七种和《考

---

① 《社务纪要》,《考古》1935年第3期,第247页。
② 《第一期社员名录(1934年度)》,《考古》1934年第1期,第44—52页。

古丛书》甲编二种、乙编八种,燕京大学师生的一些著作藉此得以发表。考古专集中包括容庚的《古石刻零拾》《海外吉金图录》《颂斋吉金图录》《善斋彝器图录》《二王墨影》《汉武梁祠画像录》《颂斋吉金续录》《颂斋书画录》《伏庐书画录》等,容庚和学生瞿润缗合著《殷契卜辞》,孙海波和张瑄合编《魏三字石经集录》等;考古丛书中包括孙海波著《甲骨文编》以及《古文声系》,邵子风著《甲骨书录解题》等。[①]

20世纪30年代,中国近代考古学刚刚诞生不久,燕大师生积极参与考古学社的成立及其活动,不仅有利于燕大学生的专业成长,提高研究国学的能力,而且有力地推进了我国考古学事业的发展。可惜日本占领北平后,考古学社成员奔波流亡于全国各地,无法开展专业活动,学社也就自动解散。

燕京大学历史学会、国文学会及其参与创立的禹贡学会和考古学社等都因日本侵华战争而被迫中止。1946年燕京大学在北平复校,学术研究又重新活跃起来。1948年夏秋之间,燕京大学、清华大学、北京大学等对于东方语文学有兴趣的教授,发动成立了东方语文学会,每两个月开会一次,每次由二名会员演讲。在东方语文学会进行演讲的学者及其演讲题目为:季羡林讲《梵文 t、d 两字的对音》,王森讲《因明入正理论——书评》,翁独健讲《元典章"禁回回抹杀羊作速纳"条考释》,周一良讲《牟子理惑论时代考》。[②] 东方语言学会的成立及其所开展的活动有利于引起学生对东方学的研究兴趣,遗憾的是当时政局依然不稳定,之后学术研究重点又有所改变,东方语文学会的工作也没有延续下来。

[①] 《本社出版书籍》,《考古》1937年第6期,第364—371页。
[②] 《学术团体消息》,《燕京学报》1948年第35期,第287—288页。

第二节　学术期刊的出版

沙姆韦、梅瑟-达维多主张:"早期的学会开始发展规范组织知识所需的技术和策略。其中一个例子是以出版作为认可新知识的基本途径。"[①]燕大学术组织既出版了《燕京学报》这种综合性学术期刊;也出版了《史学年报》《史学消息》《文学年报》《考古》等专业性的期刊。其中一些期刊主编或撰稿人,具有较高的学术权威和威望,在编辑刊物、探讨学问的过程中加强对学生的国学教育,提高了燕京大学国学教育的效果。

一、综合性学术期刊的出版

燕京大学出版的综合性学术期刊中,以《燕京学报》最为著名,是由哈佛燕京学社赞助燕京大学出版的,以发表研究中国学术著作为主旨,主要刊载历史学、文学、语言学、音韵学等方面的研究成果。撰稿人以学社资助的研究人员、燕大教师和学生为主。《燕京学报》是当时中国四大国学刊物之一(另外三份杂志是《国学季刊》《清华学报》《中央研究院历史语言研究所集刊》),伯希和等国外汉学家都特别称许这一杂志。

在哈佛燕京学社正式成立以前,由于已收到拨来的资助款项,燕京大学于 1927 年 6 月即开始编印出版《燕京学报》,每年两期。除抗日战争时期曾一度中断(1941 年 12 月至 1945 年 12 月)以外,《燕京学报》一直出版到 1951 年 6 月。刊物为半年刊,每年逢 6 月和 12 月出版。其刊载的文史哲方面的学术论文,在学术界很有影响。这些论文的作者大都是当时知名的学者,不仅有燕大的教授,也有燕大以

[①] [美]华勒斯坦等著:《学科·知识·权力》,生活·读书·新知三联书店 1999 年版,第 19 页。

外的学者。著名作者有 130 多位,包括王国维、唐兰、张东荪、陆志韦、钱穆、朱希祖、马衡、顾颉刚、洪业、冯友兰、容庚、郭绍虞、陈垣、邓之诚、顾随、顾廷龙等等。

《燕京学报》设编辑委员会,历任主编有容庚、顾颉刚和齐思和。第一期编委会主任为容庚,其他委员有赵紫宸、许地山、冯友兰、黄子通、冰心、洪业和吴雷川。

容庚(1894—1983),字希白,金石考古学家。1922 年进入北京大学国学研究所学习,1926 年任燕京大学国文学系教授。他担任了第 1—6 期、第 9—11 期、第 16—29 期《燕京学报》的主编,共主编了 23 期杂志。

顾颉刚(1893—1980),历史学家。1929 年至 1937 年任燕京大学国学研究所研究员兼历史系教授,主编《燕京学报》第 7—8 期、第 12—15 期。

齐思和(1907—1981),历史学家。是哈佛燕京学社派往哈佛大学攻读博士学位的燕大毕业生之一。1935 年获博士学位后归国。1938 年任燕大历史系主任。1945 年燕大复校后齐思和继续担任历史系主任,兼《燕京学报》主编,主编第 30—40 期(终刊号),共 11 期。

在全部 40 期杂志中,第 6 期(1929 年 12 月)、第 20 期(1936 年 12 月)和第 30 期(1946 年 6 月)分别为"校舍落成纪念专号""十周年纪念专号"和"司徒雷登先生七十寿辰庆祝纪念专号",但这些仅是纪念性质,并不反映该期的内容。

《燕京学报》编委会人员经常变动,曾担任过编委会委员的学者有:赵紫宸、许地山、冯友兰、黄子通、冰心、洪业、吴雷川、陈垣、郭绍虞、钢和泰(A. von Stael-Holstein)、张星烺、刘廷芳、王克私、博晨光(L. C. Porter)、马鉴、张东荪、陆志韦、齐思和、王静如、翁独健、高名凯、陈观胜、聂崇岐、林耀华、孙楷第、翦伯赞。其中第 31—34 期《燕京学报》仅署名主编齐思和一人。可见,《燕京学报》的主编、编委大都是当时的著名学者,多数撰稿人属燕京大学的专职、兼职教师或与燕大有关联的学者及学生。

纵观《燕京学报》的内容,努力涉及新的领域、探讨新的课题、使用新的方法是其比较明显的特点。学者张越认为《燕京学报》有关历史学研究的文章充分反映出以下特点:第一,拓展新的研究领域。这主要反映在科技史、外交史、经济制度史、民族史等不被传统史学重视的领域。其次,研究新的课题。《学报》发表的许多文章反映了对新课题的研究和从新角度出发去看待有关问题。再次,新的研究方法的使用,即使用现代自然科学方法等来研究有关人文社会科学的课题。[1] 除了史学论文,《燕京学报》还刊登了不少文字学、考古学、哲学等方面的论文,这些论文也具有上述特点,反映了《学报》紧跟学术发展的潮流,这成为《燕京学报》始终保持高水平的重要原因之一。

《燕京学报》保持高水平的原因还与编辑的科学态度和敬业精神分不开。首先,编辑认真选择、校对文章。顾颉刚在主编一期《燕京学报》时费去的时间如下:办事约 5 小时,编辑约 34 小时,校对约 56 小时,共 95 小时;以一日作工十小时计,共费九天半。[2] 其次,只要是确有学术价值的论著,编者不论作者的学术观点是否与之相合、作者的名气是否大小,均予登载。这样做的结果是,既保证了《学报》的学术质量,也有助于青年学人尽快成才。《燕京学报》第七期发表了钱穆的成名作《刘向歆父子年谱》(第七期),该文系统驳斥了康有为《新学伪经考》所主张的、在当时极为流行的刘歆伪造诸经之说,纠正了一味疑古的学风。当时的《学报》主编顾颉刚与钱穆的学术观点并不一致,但他丝毫不介意,不仅刊登了钱穆的文章,而且还推荐他到燕京大学任教。钱穆晚年回忆道:"此种胸怀,尤为余特所欣赏。固非

---

[1] 张越:《关于〈燕京学报〉》,《史学史研究》1996 年第 4 期,第 70—76 页。
[2] 顾颉刚:《顾颉刚日记(第二卷,1927—1932)》,台北联经出版事业公司 2007 年版,第 325 页,第 416 页。

专为余私人之感知遇而已。"[1]

《燕京学报》还发表了许多崭露头角的燕大学生或青年教师的文章。如冯家昇《契丹名号考释》(第十三期)、张寿林《三百篇联绵字研究》(第十三期)、瞿润缗《大龟四版考释商榷》(第十四期)、吴世昌《即、则、衹、只、且、就古训今义通转考》(第十四期)、郑德坤《水经注版本考》(第十五期)、周一良《魏收之史学》(第十八期)、陈梦家《古文字中之商周祭祀》(第十九期)、邓嗣禹《明大诰与明初之政治社会》(第二十期)、陈梦家《商代的神话与巫术》(第二十期)、侯仁之《明代宣大山西三镇马市考》(第二十三期)、朱宝昌《唯识新解》(第二十三期)、郑骞《善本传奇十种提要》(第二十四期)、侯仁之《王鸿绪明史列传残稿》(第二十五期)、翁独健的《斡脱杂考》(第二十九期)、高名凯《汉语的人称代名词》(第三十期)、周汝昌《真本石头记之脂砚斋评》(第三十七期)等。这些作者均曾经在燕京大学历史学系、国文学系或哲学系等就读,日后他们在各自的研究领域做出了突出的贡献,成为著名的历史学家、考古学家或文学家等。

《燕京学报》以发表高水准的学术论文、拥有一流的作者群体和编辑阵容、发表青年学者的文章、刊载学术考察与学术动态的内容、设置注重学术评论的"书评"栏目、按时出刊和印制精良等特点而受到学术界的重视,有助于提高燕大学生学习和研究国学的兴趣,拓展他们的视野。

哈佛燕京学社不定期出版"燕京学报专号",从1933年1月至1951年6月间共出23种,每一专号实为一部学术专著。如1937年出版的《宋诗话辑佚》(燕京学报专号之十四),这是郭绍虞自1927年编著《中国文学批评史》时即着手搜辑,严立编例,认真鉴别和选择,"其性质不同诗话者不辑,其出于依托者不辑,其或流传不广而确知

---

[1] 钱穆:《八十忆双亲·师友杂忆》,生活·读书·新知三联书店2005年版,第145页。

有抄本者不辑",经过长达 10 年的搜罗寒暑才完成。全书分上下两卷,上卷为补辑,下卷为全辑,所谓"补辑者,虽有传本而不全……全辑者,则为完全散佚之著"。容媛谓:"(郭绍虞)采撷群书,分别加以补辑整理,使残缺者得成完璧,散佚者复为专著;且附加案语小注,非特每则材料之出处,版本间字句之异同,可一目了然,而订正讹误,尤时多高见,足释群疑。"[①]此外,哈佛燕京学社还出版了张诚孙著的《中英滇缅疆界问题》(燕京学报专号之十五)、张维华《明史佛郎机吕宋和兰意大利亚四传注释》、洪家晟《辽史源流考与辽史初校》、陈懋恒《明代倭寇考略》以及郑德坤和沈维钧合著的《中国明器》等著作,为燕大师生发表出版研究成果提供了平台,促进了学术交流。

二、专业性学术期刊的发行

(一)编纂《史学年报》

为了弘扬学术,倡导史学研究,相互交流,燕大历史学会决定编纂《史学年报》,刊登会员及校外同人的研究成果,成为史学界沟通交流的平台。燕大学生齐思和、朱士嘉、翁独健、邓嗣禹等先后担任过《史学年报》的主编。会员的研究成果,尤其是学生会员的文章大多发表在这里,在一定程度上反映出了历史学会的学术水准。

在克服时间、经费等各种困难后,1929 年 5 月 20 日《史学年报》正式出版。王克私博士、教授王桐龄、张星烺等对学生热心指导、提供稿件并捐赠年报的印刷费用。历史学会会员发扬团结合作的精神,多方筹措资金,使《史学年报》在艰难中生存并发展起来,连续出版了 12 期。在《史学年报》的组织出版上,历史学会非常重视制度的建设,成立专门的年报出版委员会和稿件审查委员会,以保证稿件的

---

① 容媛编:《国内学术界消息(二十六年七月至十二月)》,《燕京学报》1937 年第 22 期,第 309—310 页。

质量。出版委员会设有主席(历史学会研究股负责人)、文书、发行兼财务、广告兼推销、校对等职务,由历史学系学生担任。先后担任出版委员会主席的有齐思和、朱士嘉、翁独健、邓嗣禹、蒙思明、王钟翰等人,他们后来均成为一代史学名家。稿件审查委员会设有主席一人和委员五人,其中主席由学生担任,委员中有教师也有学生,洪业、顾颉刚、邓之诚等人都曾任委员。两个委员会的人选中学生占大多数,教师只负责稿件质量的把关,显然其用意是鼓励学生进行学术研究和出版工作,从中获得锻炼。

《史学年报》之所以取得成功,还有两个原因:第一,重视取材。来稿中不论是燕京大学史学系教授的著作,还是毕业生钻研的成果以及校外人员投稿,均由主持者将作者姓名弥封,送交编辑委员会负责审查。审稿者因而不知作者是谁,能够以公正的眼光择别稿件。"故虽有名德硕学,其来稿无足取者,亦在摈弃之列;而精心撰构之作,即令其人姓字无闻,亦必收载。"第二,重视校对之精审。《史学年报》编者认为校对的精粗会影响学术刊物的价值,因此"每次校对,不敢惮烦,或四五次,或七八次,虽未能必其绝无屯毛之误,亥豕之讹,然较之时下刊物,已有渊壤之判矣"。①《史学年报》取得成功的经验是值得后人深思的。

《史学年报》的稿件主要来自学会会员,年报编刊期间,共有95人投稿,发表文章176篇,其中发表4篇以上的有11人,全部是历史学会的会员。投稿最多的是齐思和,计11篇,其次是洪业8篇,顾颉刚7篇,张尔田6篇,邓之诚、杜洽、朱士嘉各5篇,韩叔信、王伊同、聂崇岐、赵丰田各4篇。发表3篇的有曹诗成、奉宽、冯家昇、傅振伦、谭其骧、葛启扬、周一良、王钟翰、侯仁之9人,其中只有奉宽和傅振伦不是历史学会的会员。② 上述作者中,洪业、顾颉刚、张尔田、邓

---

① 佳吉:《史学年报回顾录》,《史学消息》1936年第1卷第1期,第4页。
② 石增银:《燕京大学历史学会初探》,华东师范大学2006年硕士学位论文,第21页。

之诚等是燕京大学历史学系的教师,而齐思和、朱士嘉、韩叔信、王伊同、冯家昇、周一良、王钟翰、侯仁之等均是燕京大学的学生,由此可见《史学年报》为有着扎实功底和踏实学风的燕大学生提供了学术成果发表的园地。此外,《史学年报》还发表了清华、北大历史学系学生的文章,如傅振伦、谢兴尧、卫聚贤、吴晗等,从侧面反映了《史学年报》的影响范围。

在动荡的时局中,《史学年报》坚持了 12 年之久,在国内外引起较大反响。曾和《燕京学报》等一并被列入当时全美史学会选出的十种中国优秀学术杂志。其销量也与年俱增,"四期以后,均告绝版。国内无论矣,即欧美各大图书馆,并皆竞相订购;瑞典、苏俄,近亦来函订寄"①。当时美国哈佛大学出版的《哈佛东方学年报》(*Harvard Journal of Asiatic Studies*, Harvard-Yenching Institute, vol. I, 1936),刊后附中国学术杂志五种,其中一种即是《史学年报》。法国《通报》且于各期发行后,特别介绍《史学年报》。

(二)出版《史学消息》

1936 年 10 月,在顾颉刚的支持下,燕大历史学系创办《史学消息》,由学生轮值编辑。历史学会会员也积极参与了《史学消息》的编辑工作。《史学消息》创刊目的是与国内外史学界沟通消息,提倡历史研究兴趣,介绍史学研究成绩,联络会员感情,供历史学系学生练习编辑之用。其内容包括七部分,分别是:国内外史学界消息,包括发掘、著作、人物、陈列等项;讲演录;调查报告;本系消息;历史学会会务;历史学会会员消息;通讯。第一部分中的著作一项,又包括:西洋汉学论文举要、日本"中国学"论文举要、书报批评介绍、各国关于汉学的新刊书目。② 因国内已有大夏大学出版的《史地社会论文辑

---

① 佳吉:《史学年报回顾录》,《史学消息》1936 年第 1 卷第 1 期,第 4 页。
② 刘选民:《本刊的内容》,《史学消息》1936 年第 1 卷第 1 期,第 2 页。

要》、复旦大学出版的《文摘》等刊物每月将国内学术论文作成辑要，便于读者参考，"惟对于国外研究中国学术著述之介绍，则尚未有闻也"①，因此《史学消息》比较侧重介绍国外史学界方面的消息。

《史学年报》也曾刊出一些国内外史学界的消息，但是篇幅有限，传达的消息数量有限，且不够及时。《史学消息》每月刊出一期（除假期外），提高了会员交流的频率。"自发行以来，颇受学界欢迎，不一月而第一二期即告绝版。"②

当时欧美等国研究汉学的著作"甚丰"，为了能够了解更多国外汉学研究的情况，历史学会组织各国文字翻译组，计有：日文翻译组，成员包括王怀中、王钟翰、赵宗复、孙敏敏和刘选民；德文翻译组，成员包括李宗瀛、张德华和梁思懿；法文翻译组，成员包括龚维航、陆钦墀；俄文翻译组，成员包括赵宗复、龚维航、刘选民。除负责该刊各栏外，以集团办法翻译各国研究汉学的著述，其步骤首先是介绍各国研究中国的机关、文献及趋势，继而翻译精选的专门研究论文，依次在《史学消息》发表。③

1937年，历史学会认为："外人之致力汉学，为期虽短，而进步惊人。即如欧美汉学家能以科学方法处理史料，其研究之精细，立论之精辟，多为国人所不及；又如日本学者之研究中国学术，其精密处虽不如西人，然无取材之赅博，刻苦不苟之精神；殊足供国人所借镜。"因此，《史学消息》决定"辟国外汉学论文提要栏，逐期介绍欧美、日本研究汉学之成绩，期为国内学者他山之石；惟以提要流于简略，读者多以未能窥其全豹为憾"，因此还添增翻译特刊，以系统方法介绍国外精撰汉学论文。④

---

① 《新刊介绍》，《大公报·史地周刊》1937年第129期。
② 《新刊介绍》，《大公报·史地周刊》1937年第129期。
③ 《本系消息》，《史学消息》1936年第1卷第2期，第34页。
④ 《本刊下年度编辑计划》，《史学消息》1937年第1卷第8期，第74页。

《史学消息》不仅给了历史学系学生练习编辑的机会,而且及时报导国外汉学研究最新动态,拓宽了会员的研究视野,促进了中外学术交流。

(三)编辑《大公报·史地周刊》

1934年9月,由洪业发起,燕大历史学会与《大公报》合作出版《史地周刊》,每期以《大公报》副刊的形式发行,燕大、清华等大学教授轮流主编。《史地周刊》声誉日高,出至78期,《大公报》致函洪业要求增加篇幅,每期由八千字增至一万二千字。① 至1937年抗战全面爆发后《史地周刊》停刊,一共发行了125期。

《史地周刊》于第一期《发刊词》中充分说明了创刊的目的:

> 怎样使科学的正确和通俗的趣味结合。这便是我们常常感觉到的问题,而打算在这周刊上作解决的尝试的。我们愿意选择自己或别人探讨的结果,尽力之所能,作比较通俗的陈述,同时愿意把本刊公开给国内同向这方面努力的人们。我们的野心是以兴味的甘饵引起一般人对于史地,尤其是本国史地的注意,并且供给他们新国民所应有的史地智识。我们盼望本刊的一大部分能够成为中小学的史地教师和学生的读物。对于教师供给他们以补充的材料;对于学生,供给他们以课外的消遣。再者,对于关心或从事中小学史地教本的编纂的人,本刊也愿意为他们腾出一些交换意见的地方。……总之本刊的任务是直接或间接地使史地智识,尤其是本国史地智识,兴趣化和普遍化。……史地知识是有用的。其普遍化可以助长国家意识的觉醒;其深刻化可以指示我们对于集合的环境之集合的适应。②

这表明《史地周刊》主张学术性与通俗性相结合,反映了历史学

---

① 《〈史地周刊〉扩充》,《燕京新闻》,1936年3月31日,第1版。
② 《发刊词》,《大公报·史地周刊》1934年第1期。

会已将视野从学术界扩展到当时国难日重的中国社会,希望全社会都开始重视史地知识,使民众具有"国家意识"。

《大公报·史地周刊》在《投稿简章》中表示欢迎以下稿件:(1)通俗的专著,不拘议论的或记叙的。(2)游记,以有史地的观察者为尚。(3)有趣的史料。(4)史地著作和教本的介绍和批评。(5)史地界消息的报告。(6)质疑和答难的通讯。前三类以五千字以下为尚,后三类以二千字以下为尚。稿件不拘文言白话,须用楷书,加标点和引号;凡重要的引证要注明版本、卷数和页数,翻译较僻的专名应注原文;除通讯外的投稿,已登载者,酌酬稿费,每千字自二元至四元不等,五千字以上之稿以五千字计算。[①]

燕京大学洪业、容庚、顾颉刚等教授都参与编辑《史地周刊》,刊物内容涵盖范围很广,包括历史地理学、民族史、社会史、政治史、思想史、传记和书评等,主要以历史学和地理学两大学科为范围,向社会公开征稿也扩大了作者群,易引起作者或读者的回应。

《史地周刊》除了介绍一般新出版的史地专书外,也刊登《史学年报》《史学消息》《禹贡半月刊》《地理学报》等刊物的消息,扩大这些刊物的影响,这成为《史地周刊》的一大特点。

尽管《史地周刊》的作者群覆盖范围较广,但侯仁之、邓嗣禹、齐思和、连士升、龚维航、张家驹、杨寔、傅安华和朱士嘉等燕大学生的文章经常发表在上面。如,1937 年,侯仁之撰写的《陈潢治河》发表在《史地周刊》第 126 期,论述了陈潢治河的思想、精神以及治河的具体过程、所取得的成就等,高度评价了陈潢在辅助靳辅治河过程中所发挥的作用。[②] 这反映了《史地周刊》和燕京大学的密切关系,《史地周刊》也成为培养燕大学生成才的一个平台。

---

① 《史地周刊投稿简章》,《大公报·史地周刊》1935 年第 16 期。
② 侯仁之:《我从燕京大学来》,生活·读书·新知三联书店 2009 年版,第 55—72 页。

(四)《文学年报》的出版

燕大国文学会曾编辑出版了两期《睿湖期刊》，内容包括论文、译文、诗歌、游记、小说、随笔等，由北平补社发行。第一期《睿湖期刊》发表的文章包括郭绍虞的《先秦儒家之文学观》、张寿林的《论经名之由来》、胡肇椿译的《汉代之釉陶佣》、李濂译的《诗与预言》、陈治策的《怎么研究一个剧本》、顾敦鍒的《尤西堂的戏曲》、罗慕华的《夜底丑恶》(诗)、苏汝梅的《三个厨工的死》(诗)、杨振声的《虎邱之游》(游记)、冰心的《姑姑》(小说)、张鸣琦的《残疾》(独幕剧)、罗慕华的《关于饮水诗词版本的话》(随笔)等。1930年第二期《睿湖期刊》发表李辰冬的《克罗契的艺术论》、张寿林的《商颂考》、陈治策的《易卜生的"群鬼"》、胡肇椿的《日本遣唐使废绝后之唐日交通考》、顾颉刚《重刻〈诗疑〉序》、郭绍虞《文笔与诗笔》、白寿彝《五行家的歌谣观》、班书阁《明季毁书院考》、顾随的《孟冬》(七言古体诗)、夏斧心的《病》(小说)、张鸣琦的《缺陷》(剧本)等文章。因经费困难等多种原因，《睿湖期刊》只出版了两期，但其作者既包括燕大国文学系、历史学系的教师，如顾随、冰心、顾颉刚、郭绍虞等，又包括学生，总体来说作者阵容强大，发表的文章学术水平较高，还发表小说、诗歌等创作类文章。

为了继续《睿湖期刊》的生命，1932年，燕大国文学会出版《文学年报》，和《睿湖期刊》性质相同，只不过是换了名字，共出版了7期，直到1941年日军占领燕大才被迫中止。

1932年5月，第一期《文学年报》的编辑是沈心芜和郭德浩，研究股顾问为郑振铎，创作股顾问为冰心。但由于冰心生病，未能审阅创作类的文章，故首期《文学年报》登载的都是研究、讨论性质的文章，包括郭绍虞的《杜甫戏为六绝句集解》、陆侃如的《中国古代的无韵诗》、郑振铎的《宋金元诸宫调考》、沈心芜的《文学起源与宗教的关系》、容庚《颂壶考释》、张寿林《王昭君故事演变之点点滴滴》、沈启无《近代散文钞后记》、瞿润缗《桐人？相人？》、郭德浩《李后主评传》、苏明仁《白仁甫年谱》和奉宽《渤海国志跋》等10多篇论文。①

国文学会因欠债,不得不推迟出版《文学年报》。待还清老债后,1935年,在国文学系主任陆侃如的支持下,国文学会力谋恢复出版《文学年报》。经过一年的努力,1936年5月第二期《文学年报》终于出版,由容庚题写封面。② 其经费来源除了广告收入外,主要来自燕大教师的捐款,如陆侃如捐洋50元,董璠、刘盼遂及刘节各捐洋10元,闻一多、王力、钱穆、顾随、奉宽及于式玉女士各捐洋3元,沈国华捐洋2元并代收捐款。③ 此期稿件由陆侃如审阅,郭绍虞也为《文学年报》的出版做了很多事。

第二期《文学年报》内容非常丰富,刊登的文章包括郭沫若《答马伯乐先生》、郭绍虞《元遗山论诗绝句》、钱穆《论两宋学术精神(中国近三百年学术史引论之一)》、刘节《大诰解》、刘盼遂《补后汉书张仲景传》、董璠《格律论》、李镜池《〈朋盍簪〉释》、沈心芜《文以载道辨》、瑞典高本汉著及陆侃如译《书经中的代名词"厥"字》、法国马伯乐著及陆侃如译《评郭沫若近著两种》、周杲《刘子政生卒年月及其著述考辨》、张全恭《明代戏曲兴盛的原因》、薛诚之《谚语的探讨》、李素英《论歌谣》、陈家骥《郑康成著述考》、邓懿《纳兰词的几种作风》、许勇三《昆曲中南北曲之腔调与音阶的比较研究》、王元美《黄昏》(独幕剧)和李素英《美的纪念》(诗)等文章。与第一期相比,第二期《文学年报》继续维持了较高的学术水平,登载了郭绍虞、钱穆、刘节、刘盼遂、董璠等著名国学研究者的学术论文,还发表了法国汉学家马伯乐评价郭沫若著作的译文及郭沫若对此的回应,为学者之间的学术交流提供了平台。

1937年5月,国文学会出版第三期《文学年报》,由吴雷川题封

---

① 《编者的话》,《文学年报》1932年第1期。
② 《编者赘语》,《文学年报》1936年第2期。
③ 《启事》,《文学年报》1936年第2期。

面。出版经费来源包括哈佛燕京学社惠赠的50元广告费,国文学系主任陆侃如捐款50元国币,国文学系教师各捐2元国币,上述入款全部用作了《文学年报》的印刷费,使其得以如期出版。① 第三期《文学年报》登载了胡适《再谈关汉卿的年代——与冯沅君女士书》、钱穆《庐陵学案别录》、王力《双声叠韵的应用》、顾随《夜漫漫斋读曲记》、郭绍虞《文笔再辨》、沈心芜《古文解》、陆侃如《楚辞补说》和刘盼遂《李商隐锦瑟诗定诂》等研究论文,可见此时《文学年报》吸引了众多著名学者投稿,其学术水准进一步提高。陆侃如、冯沅君曾合著《南戏拾遗》,由哈佛燕京学社出版,引起很多学者的兴趣,青木正儿、顾随、魏建功、赵景深等都来函讨论,《文学年报》为此刊登《关于南戏拾遗的几封信》,将几位学者的学术讨论公之于众,以飨读者,也有利于提高阅读《文学年报》的学生的研究能力。更值得一提的是,《文学年报》还刊登朱炳荪翻译的瑞典高本汉著《论周颂的韵》、德国弗朗克著《中国的封建制度》、德国耶捷著《德国中国学的现状》的论文,以及于式玉翻译日本目加田诚著《词源流考》,将瑞典、德国、日本的汉学研究成果介绍到中国。

《文学年报》常面临经费短缺的困难,国文学系因此多次请求哈佛燕京学社补助《文学年报》广告费及经费,如1938年3月25日,国文学系给哈燕学社去函,请求补助第四期《文学年报》;1939年3月21日,郭绍虞给哈燕学社写信,要求学社给第五期《文学年报》捐款50元广告费并补助经费。②

从1932年至1941年,《文学年报》克服重重困难共出版了七期,不仅刊载了燕大教师郭绍虞、容庚、刘盼遂、董璠、陆侃如、高名凯、郑骞等人的文章,而且刊登了不少学生的文章,如第二期杂志中邓懿

---

① 《编者的话》,《文学年报》1937年第3期。
② 《就增加年刊广告费及有关基金分配问题与哈燕学社的联系信件》,燕京大学档案YJ38004,北京大学档案馆藏。

《纳兰词的几种作风》就是其毕业论文《纳兰性德及其词》的一小部分；第三期发表了陈梦家所著的《祖庙与神主之起源》一文，以及杨明照撰写的《春秋左氏传君子曰征辞》《范文澜文心雕龙注举正》和《刘子理惑》三篇文章，为学生发表学术研究成果提供了机会。

（五）《禹贡半月刊》的发行

禹贡学会成立后，于1934年3月开始发行《禹贡半月刊》，宗旨为："搜集中国民族史与地理沿革史之材料，并讨论问题，作鼓吹民族主义之基础。"① 至1935年12月，《禹贡半月刊》已发行44期，将前三卷（每卷十二期）装为合订本，其中计论古代地理者77篇，论战国至两汉地理者27篇，三国至唐20篇，宋元9篇，明清23篇，论边疆者24篇，论内地种族者5篇，论中外交通者13篇，论地图者12篇，论方志者11篇，其他有地方小记7篇，游记9篇，书评目录传记等24篇，通论10篇，可谓中国历史地理的学术研究的大结集。②

《禹贡半月刊》初出版时，每期不过二三十页，后逐渐增至八九十页；第一、二卷多短篇作品。自第五卷以后陆续出版各种研究专号，篇幅增加，内容亦充实。③ 至第六卷九期，《禹贡半月刊》已出版六种专号，分别是：（一）利玛窦世界地图专号附有《坤舆万国全图》（第五卷第三、四合期）；（二）西北研究专号（第五卷第八、九合期）；（三）回教与回族专号（第五卷第十一期）；（四）东北研究专号（第六卷第三、四合期）；（五）后套水利调查专号（第六卷第五期）；（六）南洋研究专号（第六卷第八、九合期）。还出版五种游记丛书，分别是：（一）李书华著《黄山游记》；（二）谢刚主著《两粤记游》；（三）李书华著《房山游记》；（四）李书华著《天台雁荡山游记》；（五）谭惕吾著《新疆之交通》。又出版地图底本甲种二十六种，乙种六种，丙种二种。其内容以经纬

---

① 《介绍禹贡半月刊》，《大公报·史地周刊》1935第66期。
② 《介绍禹贡半月刊》，《大公报·史地周刊》1935第66期。
③ 容媛编：《国内学术界消息》，《燕京学报（十周年纪念专号）》1936年第20期，第637页。

线分幅,大小一律,可以随便分合使用。① 此后,《禹贡半月刊》出版康藏专号(第六卷第十二期)、回教专号(第七卷第四期)、古地理专号(第七卷第六、七合期)、察绥专号(第七卷第八、九合期)。1937年7月16日,《禹贡半月刊》第7卷第10期出版,之后被迫停刊。尽管只出版了三年半的时间,但该刊物共发表了708篇文章,研究内容从古地理研究扩大到边疆研究,成绩斐然。

《禹贡半月刊》这一学术园地,吸引了大量有志于研究中国历史地理的青年学生,培养了一批新生代的历史地理学者,其中包括燕大学生侯仁之、翁独健、冯家昇、张维华、顾廷龙、朱士嘉、白寿彝等。这些学者曾深情地怀念顾颉刚及《禹贡半月刊》这一学术阵地对他们的重要影响。侯仁之晚年回忆,《禹贡半月刊》创刊时,他正在燕大读大学二年级,顾颉刚让他写一篇习作,题为《汉书地理志中所释之职方山川泽》。成稿以后,习作能否发表,他当时并无信心,但出乎意料的是这篇习作很快就在《禹贡》半月刊上登载出来,并经过了顾颉刚的修改、补充和润饰。这件事大大激励了侯仁之,从此他决心去研究古籍。侯仁之还曾经在《禹贡半月刊》发表《记本年湘、鄂、赣、皖四省水灾》(第四卷第四期,1935年10月)等文章,从而逐渐建立了他的学术声望,他的研究成果得以更快地传播,获得学术界的认可,最终成长为一代历史地理学大师。

(六)《考古》杂志的出版

考古学社在1934年12月出版第一期社刊《考古》,自成立至1937年的三年间,共出版《考古》六期,第四期社刊由刘节编辑,第五期社刊由于省吾主编,第六期社刊由唐兰主编,庶务、校对、会计之责则由容庚负责。其篇幅由最初的56页扩充至400多页,发行量也由

---

① 容媛编:《国内学术界消息》,《燕京学报(十周年纪念专号)》1936年第20期,第598—599页。

500册增至1000册。①《考古》中发表不少燕大学生的文章。如孙海波发表《读王静安先生古史新证书后》《卜辞文字小记》等文章,陈兢明发表《三十五年来的甲骨学》,邵子风发表《哭噩同源考》,陈梦家发表《令彝新释》《释底渔》等文章,周一良发表《云冈石佛小记》,杨明照发表《说文采通人说考》。燕大学生在《考古》杂志上至少发表15篇文章,约占考古学社刊登学术论文(共约110篇)的13%。②

考古学社办刊的过程不是一帆风顺的,但学社委员并没有放弃,筚路蓝缕,尽最大努力去办好社刊。考古学社财力有限,两期社刊的印刷费约需600元,一切杂用约需100元,支出共需700元。社员社费约收250元,社刊约收100元,收入共约350元,年不敷约350元。③ 为了考古学社的发展,执行委员不欲节减篇幅,社长叶恭绰、社员容庚和陈大元等均捐款④,量力相助,以解决经费支绌的问题。他们面对困难没有放弃,积极捐款,自然对学生有感召作用,给学生树立了良好的榜样。

总之,这些学术期刊成为燕大师生以及学生之间学术交流的重要媒介,推动了国学共同体的规模扩展,还可以奖掖后进,鼓励年轻人研究国学,成为国学人才培养的重要途径。

第三节 学术研究活动的开展

为了促进学术交流,培养国学人才,燕京大学非常重视开展国学研究活动,如举行学术研讨会、邀请著名学者讲演、实地考察、对外交往等。

---

① 《社务纪要》,《考古》1937年第6期,第361页。
② 笔者根据考古学社社刊《考古》第一至第六期目录整理。
③ 《社务纪要》,《考古》1937年第6期,第361页。
④ 《社务纪要》,《考古》1936年第5期,第382—383页。

一、组织学术研讨会

燕大经常组织召开讨论国学的座谈会,进行师生交流、学生交流,互相沟通学习,使学生受益匪浅。

历史学会每月举行史学座谈会,由会员报告专文研究,以供讨论。参与人员包括历史学系师生以及校外被邀请的学者等。座谈会在教师的住宅轮流举行,洪业、邓之诚、张尔田等教授的住宅经常作为研讨会的地点。洪业、邓之诚等教授均曾举行讲演,兴趣甚为浓厚,如邓之诚主讲《辛亥革命之回顾》,张孟劬主讲《清史稿》等。有时还由学生宣讲论文,以此作为大家讨论和发言的基础。1938年3月,研究生蒙思明曾报告"元初的政治财政与阿合马三人被杀的原因"[①]。教授们常拿出丰富的茶点招待来宾,促进师生关系的融洽,并使学生在学业上受益。

国文学会也常常在郭绍虞、吴雷川等教师住宅举行交流会,国文学系、其他院系学生都可参加。学生不仅可以听到老师的专题讲演,还有机会受到特别的指导。如有一次开会,经济学系学生秦佩珩提前到了,他就在吴雷川的书房里翻书,见到了不少极有价值的好书。吴雷川从来不吝惜向学生出借任何秘本,并对学生进行指导。他不仅向秦佩珩介绍《西园闻见录》等书,提供珍贵的史料,并且告诉学生他的主张,"经济史应该与经济地理合流,不能把地理看成历史的附庸,地理该是治历史学的工具",对秦佩珩研究经济史是很重要的启发。[②]

二、举行学术演讲

燕大校方、历史学会、国文学会、教育学会等经常邀请校内外名家举行公开学术演讲,拓展学生的知识视野。

---

① 《史学座谈会明晚举行》,《燕京新闻》,1938年3月8日,第4版。
② 秦佩珩:《忆吴雷川先生》,《国文月刊》1946年第50期,第31页。

历史学会经常联系校内外著名学者做公开学术演讲。学会第一年邀请两位校外著名史学家到燕大演讲,分别是清华大学历史学系主任蒋廷黻和校长罗家伦。蒋廷黻演讲的题目为《鸦片战争之意外结果》,详述此次战争没能引起中国政治变革的种种原因,"议论风生,聆者惟恐其言之毕也"。第二次罗家伦的讲题为《太平天国》,讲述了太平天国兴亡的经过及其内部组织,"考据精确,推阐綦详,其诠释因果,亦多新解"[①]。学会在第一年虽然邀请名人演讲的次数不多,"然每一演讲同学皆获一演讲之益,迥非浮浮泛泛者可比,此亦未始非慎重延请之功也。听讲者除本系同学外,他系同学参加者极为踊跃,后至无座者皆兀立后方不肯去,此固足征同学对于演讲者之钦仰,亦本会之所引为乐幸也"[②]。

随着组织的日趋健全和完善,历史学会邀请更多名人到燕大演讲。1936学年度,历史学会举办的演讲有清华大学历史系教授雷海宗主讲的《秦国统一功业的推进》,河南大学文学院院长萧一山教授讲《太平天国史料》等。1936年11月26日,历史学会请钱穆演讲《对于章太炎学术的一个看法》,到会者40余人,钱穆讲述章太炎的史学思想、政治思想,章氏论历代的风俗人物、论学术,并分析章氏学术在近代学术史上的地位。[③] 1936年12月2日,学会请对圆明园研究有素的燕大教授刘兆慧(Prof. George Loehr)讲《圆明园之过去及现在》,到会者一百余人。12月16日,学会又请北京大学教授孟心史先生主领史学座谈会,地点在洪煨莲教授住宅举行,范围为明清掌故,到会者极为踊跃。[④] 从演讲的内容看,演讲者一般均介绍自己最新的学术成果,如钱穆讲演的《对于章太炎学术的一个看法》,属于他研究

---

① 《燕大历史学会一年来工作概况》,《史学年报》1930年第1卷第2期,第167页。
② 《燕大历史学会一年来工作概况》,《史学年报》1930年第1卷第2期,第167页。
③ 钱穆:《对于章太炎学术的一个看法》,《史学消息》1936年第1卷第3期,第2—7页。
④ 《历史学会会讯》,《史学消息》1936年第1卷第3期,第31—32页。

的清代学术史的一部分。这些演讲都是学者经过深入研究所获心得,因此听众往往兴味盎然,受益匪浅。

抗战全面爆发后,燕大历史学会举行演讲的数量没有受到很大影响,洪业、邓之诚等老教授继续担任讲员,燕大毕业留校或留学归来任教的学生如齐思和、翁独健、侯仁之等也开始举行演讲,此外在华进行研究或任教的德日进(Tailhard de Chardin)、魏敦瑞(Franz Weidenreich)等外籍学者也在燕大发表演讲。1940年度历史学会举行系统演讲,请校内外学者任讲员。演讲内容包括:翁独健《史学之性质》、张孟劬《中国过去之史学界》、裴文中《近年中国史前学之新发展》、德日进"Discovery of Past"、张东荪《对于历史的五种可能看法》、魏敦瑞"Facts and Theories on the Decent of Man"、邓之诚《中国正史研究法》等。[①] 这些演讲不仅能够使学生了解中西方最新的学术研究成果和史学研究方法,增进学术团体及学人之间的了解,而且能够促进学者与史学爱好者之间的沟通,增强学术研究的氛围,从而推动学术的进步。

为增进学生国学常识起见,国文学会也经常邀请著名学者演讲。1935年5月,胡适在燕大国文学会演讲,题目是"清代颜李学派之学说",共3次,第一讲、理学与反理学,第二讲、颜李学派的创立者——颜元,第三讲、李塨及颜学的转变。[②]

1936年,国文学会又决定每月举行讲演会一次,轮流在各教授

[①] 程明洲辑:《史学界消息(1939年12月至1940年12月)》,《史学年报》1940年12月,第182页。
[②] 演讲内容详见以下文献:(1)《胡适在国文学会讲颜李学派之学说》,《燕京新闻》,1935年5月16日,第2版。(2)《胡适在燕大国文学会讲:清代颜李学派之学说》(续),《燕京新闻》,1935年5月18日,第2版。(3)《胡适在燕大国文学会讲:清代颜李学派之学说》(续),《燕京新闻》,1935年5月28日,第1版。(4)《胡适在燕大国文学会讲:清代颜李学派之学说》(续),《燕京新闻》,1935年6月6日,第3版。(5)《胡适在燕大国文学会讲:清代颜李学派之学说》(续),《燕京新闻》,1935年6月13日,第1版。

住宅举行。1936年10月14日,容庚举行首次讲演,讲《汉武梁祠画像》,到会数十人。11月,在郭绍虞家举行第二次讲演,郭绍虞讲《中国文学朗诵法》。12月15日在刘盼遂宅举行第三次讲演,刘盼遂演讲《李商隐诗与杜甫诗之比较研究举例》。1937年,国文学会请刘节演讲《先秦哲学史上的一个问题》(即老子年代问题),董鲁安演讲《训诂学的一个问题》。1938年,国文学会请吴雷川讲《为学与治生之道》,参加者30余人;容庚讲治学经历,他是在北大国学门毕业后,应洪业之请来燕大工作的。①

1934年11月30日,吴雷川应教育学会邀请,为教育学系师生讲清代科举制度,包括三项:科举制度的由来,清代科举考试情形,科举时代的出路。计到者一百五六十人。吴雷川是前清翰林出身,在演讲中:"述其自身之经过,兼以和蔼之态度,丰采之谈吐。尤以耆龄硕学,众望所趋。是以一谈一笑,无不浸入脾骨。"②吴雷川的演讲给学生留下了深刻的印象。

三、开展实地考察活动

历史学会认为:"北平为历代国都者垂六百年,古迹古物,在在皆是,故论者谓北平为天然研究历史之地。吾等既幸处此优美环境,安能坐失良机?故本会成立之初,即汲汲于是。"③至1930年,学会相继组织会员参观了北平大高殿、北大国学研究所档案、故宫文献馆的

---

① 资料来源:(1)《中国文学会讲演》,《燕京新闻》,1936年10月16日,第1版。(2)《国文学会会务忙》,《燕京新闻》,1936年10月23日,第4版。(3)《国文学会第二次讲演》,《燕京新闻》,1936年11月3日,第2版。(4)《国文学系演讲会》,《燕京新闻》,1936年12月18日,第1版。(5)《国文学会首次例会》,《燕京新闻》,1937年3月19日,第2版。(6)《国文学会举行末次大会》,《燕京新闻》,1937年5月25日,第2版。(7)《国文学会中吴雷川先生讲"为学与治生之道"》,《燕京新闻》,1938年9月30日,第2版。
② 《吴雷川讲科举制度》,《燕京新闻》,1934年12月1日,第1版。
③ 《燕大历史学会一年来工作概况》,《史学年报》1930年第1卷第2期,第167页。

《四库全书》、团城的玉佛、地质调查所陈列的新石器时代的石器和陶器，以及中央研究院历史语言研究所在河南发现的殷代遗物。之后，学会还组织会员参观考察了故宫博物院、文渊阁、清史馆、内阁大库、古物陈列所、圆明园、明十三陵、妙峰山、周口店龙骨山等地。通过现场实地考察，会员所得印象极深，远出书本之上。

历史学会不仅参观考察北平城内和近郊的古迹古物，而且多次进行长途考察。顾颉刚在其中起了非常重要的作用，他兼任北平研究院历史研究会的负责人，并通过办朴社和禹贡学会等，同各种背景的学人都有交往，因此能够帮助学会联系很多地方，并预先计划接洽，使学生非常感动。

长途旅行考察主要在假期进行，活动范围主要在北方。如1936年春假期间，会员作洛阳、开封、安阳之游，并有六人参加清华调查班赴陕西旅行，他们此次参观的地方有郑州陇海公园，咸阳城外周陵、茂陵及霍去病将军墓，西安名胜古迹，渭水、黄河，河南博物馆等。[①]历史学会存在的十多年间，会员足迹东到辽宁、山东，西到山西，北到内蒙古，南到河南。比如居庸关、山东泰山、河北大名崔东壁故里、河北龙兴寺等寺庙、大同云冈石窟、察哈尔南部访古、西安等地。通过一系列的参观考察活动，会员们大有收获，获得了不少书本之外的知识，加深了对历史问题的认识，促进了相关研究的深入。

从活动组织形式来看，有历史学系和学会单独组织的，也有与校内其他院系或与清华大学和禹贡学会共同组织的。比如旅行西安即是与清华大学一同进行的，而察哈尔南部访古工作，则是历史学系教师冯家昇、侯仁之与禹贡学会研究员张维华同往。

围绕这些参观考察活动，会员们对古迹的兴废进行深入调查和研究，撰写文章，比如侯仁之撰《明代宣大山西三镇马市考》和《故都

---

① 《历史学会会讯》，《史学消息》1937年第1卷第7期，第43页。

胜迹辑略》、韩叔信撰写《燕京大学校友门外恩佑恩慕二寺考》等,为以后深入研究打下了基础。

四、研究和出版工作

除出版发行期刊外,燕京大学还积极从事其他研究和出版工作,如出版哈佛燕京学社引得、国学研究著作等。

"引得"一名,来源于英语"index"一词的音译兼义译,与目前国内通用的"索引"一词意思相同。

燕京大学决定编纂引得主要有三个原因:第一,我国古书浩如烟海,翻检极难,引得便于学者进行学术研究和探讨。第二,引得工作在欧美颇为发达,绝大多数书籍都附有引得,受西方潮流的影响,中国引得工作也逐渐发展。第三,中国近年所出的工具书籍汗牛充栋,但"若古书通检之作,成书则少,缪蠡甚多",学者还常常鄙"工具机械之编辑",崇"学术研究之著述",不屑于从事"工具之作",因此有必要"力挽此蔽"。① 为了促使工具编辑与学术研究"相互辅行",并驾齐驱地发展,1928年,应邀在哈佛大学讲学的燕京大学历史学系教授洪业计划对中国历代重要典籍编写引得。这一计划得到哈佛燕京学社托事部成员布莱克的大力支持,托事部为这项工作特别批了一笔款项。1930年秋,洪业提出在燕京大学创办引得编纂处的计划,顺利获得哈佛燕京学社的通过。

洪业在哈佛期间与托事部达成了下列协议:计划用三年时间作为编写引得的试验期。他回到燕京大学后立即组织开展工作,最初二年每年由托事部拨款6000美元,第三年拨款4000美元。第三年底,即1933年,当该项工作临近结束时,洪业将这三年以来的工作写了一份报告,直接交托事部,作为要求引得项目继续进行的依据。在

---

① 容媛编:《国内学术界消息(二十七年一月至六月)》,《燕京学报》1938年第23期,第328—329页。

该报告中,洪业称三年来共为约 90 部的中国典籍作了引得,引得出版的总页数为 3360 页。根据对读者不同要求的估计,每部引得出版的册数在 500 至 1000 册不等。费用的总支出为 43000 元中国币。[①]

托事部对洪业工作的成果及其价值甚为满意,并计划每年继续拨款支持。由于工作范围的扩充,需要改善既有的印刷设备,燕京引得编纂处于 1936 年夏在校园附近建起了自己的专用印刷所。随着对古籍编纂引得的范围不断扩大,册数不断增多,人们对它的兴趣和要求也愈来愈大,在声誉日益提高的情况下,其销售额也日益增加。至 1936 年,其销售总额约在 11000 中国币以上。[②]

引得编纂处初成立时,设主任一人,由洪业兼任,负责处理引得编纂处的一切事务;下设三名编辑,即田继综、聂崇岐和李书春,分任校印引得;校印各种引得一人;经理一人,掌管来往书札和一切杂务,由马锡用担任;书记员兼抄录员掌缮录引得稿件,初为五人。后来增设副主任一人,由聂崇岐兼任,辅助主任处理日常事务及负责总编校工作。编辑兼校印所主任一人,负责校印所的事务;编辑一人,经理一人,助理二人,书记八人。[③]

编纂引得工作,经过反复试验,自编纂至成书,约经过十种步骤,即:第一,选书,选择应引得之书。第二,择本,即选择应引得之书的版本,一般选择常见而又较好的本子。第三,标钩,即编辑就书的性质加以标号。一般由二人同时各标同一本书,然后由第三人参加讨论,最终折中商定。第四,抄片,书记将已标竣的书籍抄引得所需要的辞句于白片上。第五,校抄片:助理将书记抄完之片与原书对校,

---

[①] 《哈佛燕京学社(1938 年)》,收录于陈大白主编:《北京高等教育文献资料选编》,首都师范大学出版社 2002 年版,第 783 页。
[②] 《哈佛燕京学社(1938 年)》,收录于陈大白主编:《北京高等教育文献资料选编》,首都师范大学出版社 2002 年版,第 783 页。
[③] 容媛编:《国内学术界消息(二十九年七月至十二月)》,《燕京学报》1940 年第 28 期,第 254—255 页。

遗者补之，误者正之，之后再由编辑复校。第六，书记将校毕的抄片，依引得编纂处自创的中国字庋撷法分排。第七，校排片：助理将排完的抄片，逐一校正后，编辑再复校一次，除正误外，其字句删润多在此时为之。第八，送印：将校毕排完之片付引得校印所。第九，校印样，校印所将样张送校，先由编辑审查格式，然后书记作第一校，助理作第二校，编辑作第三校。第十，发印，排印样三校无讹后，由编辑批"付印"二字于校样上，发于校印所，上版刷印，然后装订成册。①

引得编纂完成后，还要对引得撰序，即简述原书撰者的来历及其版本源流，并客观评价其价值。其中撰序最多者首推洪业，合计在十篇以上，长短不一，短的一二千字，长的达五六万字、七八万字，甚至有超过十万字的。其代表作为《礼记引得序》（五六万字）、《春秋经传引得序》（十万字以上）和《杜诗引得序》（七八万字）三篇。② 因洪业主编的《礼记引得》发表在先，全书约 700 页，"既于礼记内容之典章制度钩致极备，复有长数万字之序一篇，细考两汉礼学经记之源流关系"，因此得到法国汉学大师伯希和的赞赏，并将其介绍于法国法兰西研究院之铭文学院，该院遂授予洪业 1937 年度的茹理安（一作儒莲）奖金。茹理安奖金是茹理安（Aignan Stanislas Julien）创办的，他卒于 1873 年 2 月 14 日，曾于 1872 年 12 月 18 日特书遗嘱，以遗产的一部分赠予铭文学院，并指明每年利金 1500 法郎，由铭文学院选赠研究中国学术有最佳著作者。③ 燕大师生认为西人尚且如此鼓励汉学研究，我国学者当"益知奋勉"，故更加努力从事国学研究。

1939 年，洪业担心日本将进一步扩大战争，派张芝联和当时北平城内尚能独立教学研究的中法大学汉学研究所约定，如战乱扩大，

---

① 容媛编：《国内学术界消息（二十九年七月至十二月）》，《燕京学报》1940 年第 28 期，第 254—255 页。
② 张玮瑛、王百强等主编：《燕京大学史稿》，人民中国出版社 1999 年版，第 407 页。
③ 容媛编：《国内学术界消息（二十七年一月至六月）》，《燕京学报》1938 年第 23 期，第 292—293 页。

则引得编纂处立即移至中法大学汉学研究所工作。在太平洋战争爆发后，1942年1月引得编纂处即迁至中法汉学研究所，主持人为聂崇岐，副手为张芝联，因此最后几册引得是由中法汉学研究所出版，改名"通检"，引得的编纂与出版工作并未因战争中断。

1931年至1951年二十年间，引得编纂处的出版物可分为两类：一为正刊，共出41种；二为特刊，共出23种。两类合计64种，81册，是国内较早运用科学方法编纂的中国古典文献的工具书。直到今天，除一些被更新的索引所代替外，许多种引得仍被国内外学术研究工作者使用。1959年、1960年，中华书局曾经重新影印出版过《艺文志二十种综合引得》《食货志十五种综合引得》及《四十七种宋代传记综合引得》《辽金元传记三十种综合引得》《八九十种明代传记综合引得》《三十三种清代传记综合引得》六种。为了满足研究者的需要，中华书局又于1987年将上述六种引得中的后四种宋、辽金元、明、清传记综合引得重加订正，并附《四角号码人名索引》，影印出版。与此同时，上海古籍出版社将引得编纂处所出版的正、特刊引得64种，81册缩小影印，予以全部出版，以飨广大研究者。

通过编纂引得的工作，燕京大学培养了很多杰出人才，为他们以后的工作奠定了基础。比如：著名民族史研究专家翁独健曾参加《道藏子目引得》等的编纂工作；著名《水经注》研究专家、考古学家郑德坤编写《水经注引得》一书；著名历史学家、明清史权威学者房兆楹、杜联喆夫妇编写《三十三种清代传记综合引得》，他们后来培养了国际知名的明清史学者芮玛丽（Mary Wright）、史景迁（Jonathan D. Spence）、倪德卫（David S. Nivison）等；著名历史学家邓嗣禹编写《太平广记篇目及引书引得》等。

中国古籍浩如烟海，在洪业领导下开展的引得编纂工作不仅可以方便学者查阅史料，而且还培养了很多人才，其研究成果传播到国外，成为美国汉学研究的基础，哈佛大学也因此成为美国的汉学中心。

五、对外交流活动

燕大学术组织还重视与校外其他学术组织的交流,如历史学会参加中国史学会的成立大会,参与组织北平史学会等;国文学会多次与清华大学国文学会联欢,进行学术交流等。

因为政局的动荡,历史学会的外部活动相对较少,但也参加了历史学界的一些重要活动。

1929年1月13日,北京学术界在北平师范大学召开中国史学会成立大会。这是北平史学界的第一次联合,到会的有燕京大学历史学会会员二十余人,北京大学史学会会员三十余人,清华大学史学会会员十余人,北平师范大学史学会会员三十余人,北平女子师范大学史学系学生十余人,辅仁大学史学系学生十余人。各校教授朱希祖、陈垣、罗家伦、张星烺、刘崇鋐、王桐龄、王漠、萧一山、刘玉峰、孟士杰、陈映璜、朱师辙、郭廷以,故宫博物院单士元、刘儒林、滕统音,古物保管会分会庄严及北大史学系毕业生、研究生等,先后到会,共一百多人,开创了中国史学界的新纪元。在这次成立大会上,燕大历史学会参加的人数虽然不多,但是在当选的九名委员中,有三位燕大历史学会的会员,即陈垣、王桐龄和张星烺。

鉴于西方学者和日本学者在中国历史研究方面所取得的惊人成就,1932年,谭其骧、朱士嘉、邓嗣禹等历史学会会员发起北平史学会,"期于十年之后,不再以外人所著之中国历史为教科书,以自忘其为中国人"[①]。10月16日,该会在北平中山公园成立,26日召开第一次执行委员会,由谭其骧任主席,文书为朱士嘉。会议通过了执行委员会组织法和人员安排,共分文书、事务和出版三股,其中谭其骧任

---

① 燕大北京校友会、燕大校史筹备组编印:《燕京大学史料选编》(第2期),1996年,第32页。

职文书股,朱士嘉、邓嗣禹任职出版股,在拟聘请的18名编辑委员会中,陈垣、顾颉刚、邓之诚、洪业和陆懋德为燕大历史学会会员。

虽然北京中国史学会和北平史学会的活动没有能够开展起来,但是燕大历史学会在组建过程中的表现仍然很突出。之后,他们继续以开放的心态对外进行学术交流,并没有自我封闭起来。根据现有的材料,燕大历史学会至少与大夏大学史地社会学研究室、中山大学研究院文科研究所、浙江大学史地学系、广东国民大学文法学院学术研究社、东京立教大学史学会、东京文理科大学大缘史学会等机构有图书交换等交流活动。

20世纪30年代,燕大历史学系教师、历史学会会员顾颉刚还积极参与中国历史学会的组织。1936年,剑桥大学教授、世界历史学会会长田波烈,与沪江大学教授会常务委员会康选宜,由日本抵平后,除参观各名胜古迹外,并应各大学及文化团体之邀,作学术讲演。他们与顾颉刚、陶希圣等历史学者研讨,一致希望中国历史学会从速成立,以出席1938年在瑞士举行的国际历史学会大会,并决定由燕京大学历史学系、北京大学历史学系以及清华大学历史学系负责在北平联络发起;中央大学校长罗家伦负责在南京联络发起;康选宜则负责返沪联络发起。

1937年,田波烈曾致顾颉刚信,部分内容是:

顾颉刚教授:

你知道我已经和许多中国历史学者讨论中国加入世界历史学会的事。直到现在并没遇到一个人不赞成此举的。所以我想中国加入这个组织的时机已经成熟。敝会现已有四十二国为会员(日本在内)。

为达此目的:第一步,先要组成一个中国历史学协会。中国入会可取三种方式:(一)由中国政府请求;(二)由一个公认的国家团体请求,如中央研究院之类;(三)由一个代表全国历史学者的委员会请求。无论如何,第三点总得成立。我愿意并且希望你能领袖着把它组织起来。

我极诚挚地相信,中国本国历史和教育的发展,若不发生更多国际的关系,不会完善。并且在中国以外的学术界中也总不会被人认识——除非立即采取目前的步骤。贵国的加入,对贵国本身和敝会都具有最高崇的历史意义。我相信中国的史学业已达到一个可以与举世并立的阶段。我也相信没有人比你更有资格来辅助这件伟大的工作。

你的挚友,哈罗·田波烈　三六,十二,二。①

这封信充分体现了顾颉刚在历史学界的地位,遗憾的是因政局不稳等原因,中国历史学会并没有很快成立起来,但他们的活动为后来中国史学会的成立奠定了基础,其贡献是显而易见的。

燕京大学国文学会也重视对外交往,曾多次与清华大学国文学会联欢交流。1937年3月,清华大学国文学会由朱自清率领在燕大学生热烈欢迎的掌声中走进姐妹楼。首先由各位教师致词,毓森宣布开会,略谓:"这次集会意在联络感情,清华和燕京的国文学系有着特殊的关系,希望能够合组一个燕清国文学会。"陆侃如致词:"清华燕京为姐妹校,理应切实联络。"朱自清先生致词,语极幽默,风采甚佳,亦谓"清华燕京实在应该亲密"。燕京大学容庚、郭绍虞等教师都发表了讲话。在致辞后:

> 是一顿极而味美丰富的茶点,一面吃,一面进行着游艺。第一项为清华同学口琴独奏,音调凄凉悲壮,听者为之动容,一曲完毕,大家还要求重奏。其次是郭绍虞先生女公子郭以宁小姐的打琴,丝丝不苟,奏来十分纯熟。再次是傅玉贤女士的国剧清唱,先唱一段"骂殿",程味十足,大家要求再唱,傅女士要喝一点

---

① 《史学界消息》,《史学消息》1936年第1卷第3期,第27页。

水润润嗓子。由该会游艺股长余焕栋君表演打琴,工夫甚佳,拍节尤妙。打琴之后,傅女士再来一段"玉堂春",又酷似尚小云,博得掌声不少。最后是一位清华的同学唱军歌,辞曲皆妙,唱来令人喷饭。①

这次联欢可谓"致词中南腔北调极尽幽默,游艺繁多唱谈俱佳动人听",给参加者留下了深刻的印象。

小　结

随着中国传统学术向近代学术的转型,学术研究日益组织化和专门化,学术组织成为现代学术发展的重要标志。兴趣、爱好和理想相同的学术研究者自行约定成立学会、研究机构等学术组织,交流学术成果,增进学术交流,逐渐形成一种制度化的学术共同体。燕京大学成立了哈佛燕京学社、国学研究所、历史学会、国文学会等与国学相关的学术组织,这些组织有较大的学术自由度和广阔的学术研究空间。

新式学术组织包括综合性和专业性组织两类。燕京大学与哈佛大学合作成立的哈佛燕京学社是燕大最有代表性的综合性学术组织。它为燕京大学国学领域的教学、研究和出版提供设施和资助,学社基金优先用于中国文化包括文学、艺术、历史、语言、哲学和宗教史的研究,并建立国学研究所,资助出版《燕京学报》、古籍引得等学术研究成果,为燕大培养国学人才做出了重要贡献。

民国初年,大批对西方学术有所研究的留学生回国,在他们的影响下中国逐渐建立了现代学术分科体制,西方知识分类观念深入人心,因此各种专业性学会开始陆续建立。国学也分化为文学、历史

---

① 《燕清国文学系联欢》,《燕京新闻》,1937年3月2日,第3版。

学、哲学、考古学等学科，在大学的传授则主要依靠国文学系、历史学系、哲学系等院系。与之相对应，燕京大学独立或与其他机构合作成立了历史学会、国文学会、哲学学会、考古学社等学术社团，以聚集同仁、交流学术，促进学术研究的进步。他们所开展的活动具有共同点，如组织出版学术期刊、举行学术研讨会、学术研究、开展实地考察活动、开展对外交流活动等。燕大学生齐思和、翁独健、冯家昇、周一良、王钟翰、侯仁之等通过参与学会的各种实践活动，在教师的指导下开展学术研究，参与出版学术刊物并发表文章等，从而接受了深度的学术训练，最终脱颖而出，成长为著名学者。可见，燕京大学的学术组织及其所开展的活动，成为课堂之外的另一条培养国学人才的重要途径。

结　语

一、燕京大学国学教育的特点及其影响

（一）特点

20世纪二三十年代，北京大学、清华大学、辅仁大学、齐鲁大学等高校均比较重视国学教育，培养了众多优秀的国学人才。要全面衡量和评价燕京大学所开展的国学教育，有必要将燕京大学国学教育与其他大学的国学教育进行比较，在此基础上分析燕京大学国学教育的理念、组织机构、内容和方法、师资队伍建设、经费、图书资料保障以及人才培养成就等方面所具有的特点。

第一，在国学教育理念方面，燕京大学主张学生以兼容并包的态度对待中西文化，实现中西文化的沟通融合。

当时中国不同大学、学术派别对国学的态度迥异。北大是新文化运动的中心，一部分教师提倡科学和民主，反对旧文化，提倡新文化，如胡适提出"研究问题，输入学理，整理国故，再造文明"的主张，1929年又提倡"全盘西化"。东南大学及之后的中央大学受"学衡派"的影响，相对比较保守，坚守中国文化的道统，批评新文化运动倡导者的过激言论。清华主张正确对待中西文化的交流与融合，其开办国学研究院的旨趣是："（一）值兹新旧递嬗之际，国人对于西方文化，宜有精深之研究，然后可以采择适当，融化无碍；（二）中国固有文

化之各方面(如政治、经济、哲学),须有通彻之了解,然后于今日国计民生,种种重要问题,方可迎刃而解,措置咸宜;(三)为达上言之二目的,必须有高深学术机关,为大学毕业及学问已有根柢者进修之地,且不必远赴欧美,多耗资财,所学且与国情隔阂。"①

不同于文化激进主义和文化保守主义者的思想主张,燕京大学、辅仁大学、金陵大学等几所私立教会大学的办学理念比较中立。司徒雷登非常佩服北大校长蔡元培,借鉴了他的兼收并蓄思想②,但燕大对待传统文化的态度没有北大师生那么激进,主张中西文化兼容并举。司徒雷登景慕中国文化,喜欢学习文言文,在对学生演讲时经常引述孔子、孟子、王阳明等中国古代知识分子的箴言。这也影响了燕大国学教育的师资聘任、教育内容和教育方法等。比如燕大规定只要学有所成,不论思想观点、学术派别一律礼聘任教,既聘有服饰、语言、习惯完全西式的教授,也聘有坚持中国传统,甚至拒绝给用白话答卷、横着书写作业的学生判分的老夫子。③

当时辅仁大学国学教育的办学成绩也不错,其办学宗旨是:"介绍西欧新得科学文化之精者,并保存中国旧有文学美术之最善者,舍短取长,不使偏胜。"④把国学放在突出地位,重视对中国文化传统的精神的继承,希望保存中国文学、艺术及哲学,并加以基督教化。⑤ 金陵大学于 1930 年成立"中国文化研究所",宗旨是:研究并阐明本国文化之意义;培养研究本国文化之专门人才;协助本校文学院发展关

---

① 孙敦恒编著:《清华国学研究院史话》,清华大学出版社 2002 年版,第 15 页。
② 韩迪厚:《司徒雷登传》,收录于燕京大学校友校史编写委员会:《燕京大学校长司徒雷登》,2004 年,第 27 页。
③ 史静寰:《司徒雷登的教育思想——燕大的学术性》,收录于燕京大学校友校史编写委员会:《燕京大学校长司徒雷登》,2004 年,第 43 页。
④ 孙邦华:《西学东渐与中国近代教育变迁》,中国社会科学出版社 2012 年版,第 360 页。
⑤ 孙邦华:《西学东渐与中国近代教育变迁》,中国社会科学出版社 2012 年版,第 362 页。

于本国文化之学程；供给本校师生研究中国文化之便利。[1] 华西大学国学教育目标是"发扬中国固有学术，兼收罗古物评确考证，贡献于海内外"[2]。

也有一些教会大学不太重视国学教育。如圣约翰大学非常重视英文教学，对国学教学造成不利影响；福建协和大学、岭南大学等则比较重视实用科目，国学教育的程度不尽如人意。

第二，在国学教育组织机构方面，燕京大学既通过文史哲等院系实施国学教育，也重视发展研究生教育，成立新式学术组织，通过多种组织机构对学生开展国学教育。

燕京大学国学教育的组织机构受到北大、清华等国立大学的影响。1913年至1917年夏，北大文科设有中国哲学门、中国文学门和英国文学门，但没有中国史学门。蔡元培担任北大校长后，决定努力充实文、理两科，增设史学门及地质学门，为北大史学系奠定了独立发展的基础。1919年，北大改革学科制度，改"门"为"系"，全校共有十四个系，包括哲学系、国文学系、史学系等。[3] 因此，北大也通过哲学、国文、史学等学系实施国学教育。北京大学研究所国学门于1922年设立，设立国学门委员会，以国文、史学、哲学三系教授为骨干，培养研究生从事专题研究，下设方言调查会、风俗调查会、考古学会、明清史料整理会和歌谣研究会，以及编辑室、研究室和登录室等。[4] 清华国学研究院是由吴宓在1925年筹建，1928年国立清华大学正式成立，次年清华国学研究院第四届学生毕业，意味着国学研究院正式结束。之后，清华逐步设立了与各院系衔接的研究院所，1931年设有

---

[1] 沈卫威：《"学衡派"谱系：历史与叙事》，南京大学出版社2015年版，第239页。
[2] 陶飞亚、吴梓明：《基督教大学与国学研究》，福建教育出版社1998年版，第208页。
[3] 尚小明：《北大史学系早期发展史研究（1899—1937）》，北京大学出版社2010年版，第17—20页。
[4] 陈以爱：《中国现代学术研究机构的兴起——以北大研究所国学门为中心的探讨》，江西教育出版社2002年版，第80—90页。

文、理、法三个研究所,系成为"学部",共有10个,包括历史学系、国文学系、哲学系等。[1]

燕大成立之后,即开设国文、历史、哲学等专业,培养本科人才;哲学学科设立研究课程[2],培养研究生,是较早开展哲学研究生教育的大学之一。不久,国文、历史等专业也开始招收研究生。1929年,燕大取消学长制,下设文学院、理学院和应用社会科学学院,之后国文学系、历史学系和哲学系一直隶属于文学院,组织架构比较稳定。

燕大国学研究所于1928年正式成立,在组织架构、运行体制等方面受到北大研究所国学门和清华国学研究院的影响。研究员主要是以国文、历史学和哲学三系教授为主。燕京大学还与哈佛大学合作成立哈佛燕京学社,国文、历史、哲学等系分别成立国文学会、历史学会、哲学会,这些学会成为燕大教师对学生进行国学教育的途径之一。

与燕京大学相比,其他教会大学国学组织机构的健全经历了一个较长发展过程。如辅仁大学于1927年正式成立,设有本科3个系(中文系、英文系、历史系),次年哲学系招生。[3] 金陵大学曾设置中国文化研究所,实行科研与教学并重的方针,要求研究人员既致力于学术研究,又要兼授本校文学院课程,担负起培养人才的工作,无专职研究人员。[4] 齐鲁大学在1930年成立国学研究所,并不是一个独立的研究机构,几乎包括了文学院的全部教师,实际上成为原来文学院的一个教学和研究的组织机关。[5] 华西大学重医学、理科而轻视文科,直到1926年才组建国文学系,1932年正式成立文学院。华中大学系科设置规模比较小,文学院设有中国文学系,历史社会系是由历史系

---

[1] 孙敦恒编著:《清华国学研究院史话》,清华大学出版社2002年版,第200—201页。
[2] 《北平私立燕京大学一览》,燕京大学出版,1930年,第3页。
[3] 孙邦华:《西学东渐与中国近代教育变迁》,中国社会科学出版社2012年版,第360页。
[4] 陶飞亚、吴梓明:《基督教大学与国学研究》,福建教育出版社1998年版,第192—193页。
[5] 陶飞亚、吴梓明:《基督教大学与国学研究》,福建教育出版社1998年版,第204页。

和社会学系合并而成,另设有为全校各院系开设哲学宗教选修课程的哲学宗教组。① 福建协和大学直到1938年国文和历史才分别独立成系,系的规模很小,师生数量很少,教师也没有达到华西大学的水平。②

第三,燕京大学重视国学师资队伍的建设,人际关系和谐融洽。

燕京大学既聘请了在国内负有盛名的学者,如吴雷川、陈垣、容庚、钱穆、顾颉刚、邓之诚、俞平伯等;也聘请了从海外学成归来的博士和硕士,如洪业、赵紫宸、冯友兰、萧公权、许地山、张星烺、黄子通、李荣芳、侯仁之、齐思和、翁独健、周一良、高名凯等,从而建立了一支阵营强大的教师队伍。燕京大学实行严格的教师聘任和管理制度,同时注意改善教职工的待遇,实施养老金制度,以美元储存薪金的一定比例,退休后一次性付给教师;并实行学术休假制度,规定教师服务六年以上有一年的假期,可以借此机会到国外收集资料,了解国外学术发展的信息,开展研究。

在国立大学中,北大、清华的国学师资水平也比较高。如北大史学系在抗战全面爆发前的二十年,师资力量极为雄厚,至少有104位学者受聘担任过北大史学系教师,包括何炳松、朱希祖、马叙伦、马衡、夏曾佑、邓之诚、顾颉刚、罗家伦、钱穆、孟森、傅斯年、陈垣、陈寅恪等中国著名史学家。③ 清华国学研究院聘请梁启超、王国维、陈寅恪、赵元任、李济等著名学者担任导师,保证了国学人才的培养质量。总之,北大、清华、燕京大学三校在师资方面各有一个核心的班底,同时又有教师互相兼课兼职现象。④ 燕大顾颉刚、顾名、裴文中、容庚、顾随、俞平伯、冯友兰等教师是北大毕业生,徐中舒、刘节、刘盼遂、陆侃如、王静如、林庚等教师是清华毕业生。

---

① 陶飞亚、吴梓明:《基督教大学与国学研究》,福建教育出版社1998年版,第222页。
② 陶飞亚、吴梓明:《基督教大学与国学研究》,福建教育出版社1998年版,第219页。
③ 尚小明:《北大史学系早期发展史研究(1899—1937)》,北京大学出版社2010年版,第35—41页。
④ 陶飞亚、吴梓明:《基督教大学与国学研究》,福建教育出版社1998年版,第121页。

在教会大学中,辅仁大学文学院有国文、西洋语言文学、史学和社会经济等四个系,每系平均教员有 10 余人,其中有不少学者名流,如陈垣、余嘉锡、张星烺、刘半农、朱希祖等。其留学生比较少,在为数不多的留学生中,留日的比较多,留学欧美学习人文科学的教师极少。20 世纪 30 年代以后,北大、清华和燕京的毕业生成为辅仁大学教师的数量比较多。① 金陵大学国学师资以回国留学生居多,国内大学毕业生次之,不过大都是青年学者,成名学者不如燕大、辅仁大学数量多。② 齐鲁大学的师资质量不如燕大和金陵大学高,国学人才数量较少,其中大部分教师知识结构陈旧,受过系统的新方法训练的只有张维华等个别人。华西大学主要聘请当地著名文史专家,师资中缺少有留学经历的学者,兼职教师比较多。岭南大学聘有陈受颐、容肇祖、张长弓、冼玉清等学者,人才济济,但缺少像顾颉刚、洪业那样的学术名家。

燕大之所以能聘请到众多名师,除了经费的支持外,还有一个重要原因是,与其他大学相比,燕大的人际关系比较和谐融洽。例如,有一段时间北大不同派别、不同主张的教授之间的人事纠纷比较复杂。1912 年,京师大学堂改称北京大学,文科以桐城派势力为主。新文化运动后,北大成为全国学术中心,文科逐渐以章太炎弟子为主流,校内产生了新旧之争,从日本留学回国的年轻学者与文科中的"老先生"出现了不和的情形。③ 1917 年底,姚永朴辞去北大教职,桐城派势力完全退出北大。蔡元培担任北大校长后,聘请陈独秀、胡适等提倡文学革命者进入北大任教,一场激烈的文、白之争在北大上演。陈独秀、胡适等提倡新文学的主张获得了章太炎弟子钱玄同、沈尹默、周作人等人的赞同,但章太炎的旧交和门生刘师培、黄侃却持

---

① 陶飞亚、吴梓明:《基督教大学与国学研究》,福建教育出版社 1998 年版,第 163 页。
② 陶飞亚、吴梓明:《基督教大学与国学研究》,福建教育出版社 1998 年版,第 196 页。
③ 陈以爱:《中国现代学术研究机构的兴起——以北大研究所国学门为中心的探讨》,江西教育出版社 2002 年版,第 5 页。

反对态度。此外,随着安徽籍的陈独秀与胡适合作,其势力在北大日张,浙江籍的沈尹默心生不忿,不久陈独秀去职。[1] 北大留日派与留学英美派教师矛盾也逐渐增多,尤其是胡适大力宣传杜威的哲学思想和教育思想以及西方治学的方法与态度,提出"整理国故"的口号,使欧美学术对中国的影响逐渐取代过去来自日本的影响。北大一些师生由于涉入政治运动过深,也影响了该校国学研究和国学教育的顺利开展。随着政治风潮愈演愈烈,北大校内分党结派、互相倾轧的情形愈益严重,对学术和教育的发展带来不良影响。[2]

北大毕业生顾颉刚没有出国留学的经历,其地位本来是超然的,但"两姑之间难为妇",产生了很多烦恼,最后不得不辞去北大职务。[3] 之后,顾颉刚先后赴厦门大学、中山大学任教,但依然受到排挤,与同事矛盾尖锐。自1928年以来,容庚多次邀请顾颉刚到燕大任职,表示燕大非常欢迎他。1929年9月,顾颉刚到燕大就职,任国学研究所导师及学术会议委员,又任历史学系教授。北大代理校长陈百年曾亲到燕大宿舍邀请顾颉刚重返北大任职,但顾颉刚"以北大党派太多,攻讦太甚,挽词拒之,心中痛苦可知矣"[4]。到燕大之后,顾颉刚的研究工作得以顺利展开,他研究了《尧典》《皋陶谟》和《禹贡》的著作时代问题,《周易》之"经""传"的著作时代问题,三皇五帝的系统问题等,"一年里就作了数十万字的论文,把十年来蓄在心头的问题,看在眼里的材料,系统化了一下,心中当然有说不出的高兴"[5]。顾颉刚在

---

[1] 陈以爱:《中国现代学术研究机构的兴起——以北大研究所国学门为中心的探讨》,江西教育出版社2002年版,第28页。
[2] 陈以爱:《中国现代学术研究机构的兴起——以北大研究所国学门为中心的探讨》,江西教育出版社2002年版,第325页。
[3] 顾潮:《历劫终教志不灰·我的父亲顾颉刚》,华东师范大学出版社1997年版,第100—101页。
[4] 顾颉刚:《顾颉刚日记》(第二卷,1927—1932),台北联经出版事业公司2007年版,第325页。
[5] 顾潮:《历劫终教志不灰·我的父亲顾颉刚》,华东师范大学出版社1997年版,第135页。

燕京大学任职一直到1937年,最后因积极抗日上了侵华日军的"黑名单"才被迫离开燕大。此外,精通中国通史的邓之诚先生在北大任教期间与以胡适为代表的新文化人"论事每不合",而学贯中西、毕业于哥伦比亚大学的燕大历史学系主任洪业却很钦佩邓之诚的学识,于是1930年邓之诚转往燕京大学执教,直至1952年燕大被撤销。由此可以看出燕大有宽松宽容的教学和研究环境,有师友的相互提携,人际关系相对简单,因此吸引了众多名师到校任教,为实施国学教育奠定了良好的基础。

燕大师生关系也非常融洽,教师对学生没架子,平等而亲切。冰心曾回忆在燕大的教学生活,指出最眷恋的就是学生们和她成了知心朋友,学生在她面前知无不言、言无不尽。

陈礼颂回忆道:

> 冰心女士一向颇自负其文艺创作天才,于是某次(约1927、1928年间)于上大学一国文课时,突向堂上诸生发问曰:"余之文艺创作何如某某与某某乎?"良久,未见同学发表任何意见。冰心女士又再三发问,忽闻有人起立以尖锐之浙江口音应之曰:"弟子认为先生幸而生为女性,始能成为女作家中之翘楚。然而,小说方面描写之深刻辛辣,先生不及鲁迅远甚,至于新诗方面之隽永超逸,先生亦逊于徐志摩。"众睨而视之,发言者浙江海宁籍吴世昌君也。冰心女士闻言,色现不怿,但频频点首,为之结舌者良久,盖殊不料吴君如此直率敢言也。
>
> 吴君虽眇一目,而能言善辩,思想激烈,文笔老辣,诗词亦佳,笔名"燕京布衣",校中人常背地称之为"独眼龙"。清华大学历史系教授吴其昌即吴君之兄也。吴君中西学均有根底,后任教英伦牛津大学中国语文系。数年前冰心女士曾游经英伦,与吴君晤面,吴君亦有诗记其事。冰心女士不记旧恶,吴君爽朗如

昔,双方雅量,均属难得,殊可钦佩。①

钱家珏回忆:

> 在燕京生活中,有一种人际间融洽和谐的关系,是和别处不同的。师生间完全是民主平等的。在成都时,借用华美女中的校舍,地方小,人员少,师生、同学间几乎全都互相认识。有时见面先生往往先打招呼(不论是教过我,或没教过的),我倒有些不好意思了。……在节日里,这种关系更突出。圣诞夜,先生们有的来参加学生的团契小组,深夜学生到先生家去"报佳音",先生都以自己家最有特色的食品招待我们,梁先生家的广东咖喱饺,高先生家自制的冰激凌……每年4月1日的"愚人节",不论和校长、教授都可以开个大玩笑,有的近于恶作剧,但是谁也不恼,有如家里长者对淘气的孩子一样,一笑了之。②

燕大师生交往频繁,学生可以自由到老师家中拜访,与教师交流,受益颇深。如黄公伟回忆:"时我读中文系,是个典型的书呆子,和容庚、许地山、吴校长(雷川)、郭绍虞、谢冰心、李荣芳、黄宪昭来往最近。……我当时一开学便轮到马、容、郭、吴各师家赴宴。对师长均系一时之名学者,仰慕甚殷。"③徐兆镛忆道:"即使翻书本,做研究也是为编讲义,或便利上课时讲授;只在课余写点文章。季明教授对教书尤其认真,他觉得教学必须使学生彻底明了,不可敷衍塞责,尤不可讲解错误,使学生存了不正确的观念或印象。"④杨敏如回忆:"上

---

① 陈礼颂:《燕京梦痕忆录》,收录于董鼐主编:《学府纪闻·私立燕京大学》,台北南京出版有限公司1982年版,第226页。
② 钱家珏:《四十年后话燕京》,收录于燕大文史资料编委会编:《燕大文史资料》(第三辑),北京大学出版社1997年版,第412—413页。
③ 黄公伟:《燕大"九一八"时代的回忆》,收录于董鼐主编:《学府纪闻·私立燕京大学》,台北南京出版有限公司1982年版,第273—274页。
④ 徐兆镛:《回忆马季明教授》,收录于董鼐主编:《学府纪闻·私立燕京大学》,台北南京出版有限公司1982年版,第137—138页。

顾随的课,我怕下课,他讲课使我心醉了。"①正是因为燕大师生互相切磋,中西友人情谊敦睦,燕大才成为理想的学习场所。学生不仅可以在课堂上向教师学习,而且可以在业余时间随意拜访教授,请教研究学问和做人的道理,丰富学识,日积月累,逐渐选定适合自己的研究方向,最终成长为一代学术大家。当代中国大学应认真借鉴燕京大学师生关系融洽的经验,为人才培养奠定良好的基础。

第四,燕京大学国学教育内容丰富全面,包括哲学、历史学、文学、文字学、考古学、语言学等,强调中西文化兼容并举、理论与应用并重。

燕京大学师资队伍水平较高,来源多样化,故影响了国学教育的内容和方法。燕大国学课程数量较多,1941年国文、历史、哲学三系课程加起来超过一百门,是中国较早开始讲授新文学、文学批评史、史前时代考古学、语言学、古迹古物调查实习等课程的大学。燕大曾受北大影响,国文学系课程范围、内容与北大中文系大致相同,但讲课治学的方法和态度都是新颖的,受西方治学方法影响更大。

燕京大学强调中西文化兼容并蓄。不仅司徒雷登、吴雷川主张中西文化兼重并举,燕京大学文理科科长(教务长)、历史学系主任洪业也主张中西兼体、中西并用。换言之,要使中体演进,西学合用。他不仅规划和执行全校的校务发展,而且对历史学系进行改造,使历史学系的教学与研究方向由侧重西洋史,逐渐转到中、西史学并重,并逐渐侧重国史。同时,历史学系还要求学生必须掌握英文,并选修德语、法语或日语等外国语作为第二外语,注意借鉴西方的治学方法。燕大很多普通教师也主张对中西文化兼容并蓄,如历史学系齐思和曾经在《我国现今西洋史教学之失及改进应循之途径》一文中主张中国历史教育应为了解中国的问题与谋将来出路为目标;无论中

---

① 《燕大部分老友座谈校史发言记录》,收录于燕京大学北京校友会校史筹备组:《燕京大学史料选编》(第一辑),1996年,第4页。

国史和外国史的教学,咸当以中国问题为中心;研究西洋史的目的是比较中西文化的异同,明了中国的国际地位,把中西历史打成一片,以更深入地了解中国文化。他甚至提出:"既云沟通中西,则担任西洋史课程者,不惟于西洋史须有专门研究,于本国史亦须有相当造诣。故依吾人之理想,不通国史者,非惟不能担任本国史,且亦不能担任西洋史。"[1]齐思和不仅主张中西文化融合的观念,而且身体力行,对中西历史均进行研究,在中国史和西洋史两个领域均取得杰出成就,成为一代史学大师。燕大在对学生进行国学教育时,不仅向学生传授传统的国学知识和治学方法,也重视学生的外语学习,向学生传授西方知识和治学方法,真正做到了中西文化的融合会通。

燕京大学不仅要求学生研究学问,追求真理,而且希望学生具有实际工作能力,为就业做好准备,将来能够适应社会的不同需要。国文学系、历史学系等在课程设置中均体现了这一特点。例如,燕大国文学系一方面设置文学类、语言文字学类的课程,另一方面也设置习作类的课程,包括大一国文、大二国文、新文艺习作、翻译练习、历代文选兼习作、书翰文习作等课程,要求学生每周或间周习作一次,以提高学生的作文技能和读书能力。历史学系设置初级历史方法、史学练习和高级历史方法(授课教师洪业)课程,洪业既向学生讲解历史的意义、考证方法等理论知识,也选择简单题目让学生进行练习,包括书籍文稿的校雠、写作题跋和短篇考证论文等,并指导学生写作毕业论文,然后师生共同讨论、批评和修改。1936年历史系开设"古迹古物调查实习"课程,由顾颉刚、容庚等教师带领学生在北京城内、郊外及附近城市参观考察,目的在养成学生自动搜集材料的兴趣,俾所学不受书本限制。

在国立大学中,随着"整理国故"运动的展开,北大研究所国学门

---

[1] 齐思和:《我国现今西洋史教学之失及改进应循之途径》,《大公报·史地周刊》1936年第69期。

将"国学"细化为文字学、文学、哲学、史学、考古学,偏重整理旧学。国学门研究生主要研究文学、语言文字学及学术思想(诸子)方面,亦有关于甲骨金文、历史地理、边疆民族史、刑罚史、经济、风俗等领域的研究。① 后期的清华学校研究院,也基本上是循着这个路向。② 北大和清华重视挖掘新史料,吸收西方的治学方法,与国外汉学家也保持着密切的学术联系。如清华国学研究院主张:"惟兹所谓国学者乃指中国学术文化之全体而言。而研究之道,尤注重正确精密之方法(实时人所谓科学方法),并取材于欧美学者研究东方语言及中国文化之成绩,此又本校研究院之异于国内之研究国学者也。"③可见,清华国学教育的内容也比较丰富,包括中国语言、历史、文学、哲学等,重视吸取中西方文化的精华,向学生传授西方治学的科学方法,注重学生个人自修、教授专任指导,以造就研究高深学术的专门人才。南方的东南大学师生相对来说比较保守,开展文史研究主要采用传统学术范式,缺少新材料、新问题和新方法上的突破。④

与燕京大学类似,辅仁大学也重视国文教育。国文课不仅被确定为一年级各专业的公共必修课,而且从师资的选聘、教材的编写、教学方法的指导、统一考试等整个教学环节,都由校长陈垣亲自负责。他每学年都亲自担任这门课的教学工作,以引起全校师生对它的重视。⑤ 辅仁大学还重视学生的科研能力培养,启发学生自动研究的能力。如陈垣为史学系三年级学生开设选修课"史源学实习",该门课程先后以《廿二史札记》《日知录》等清代史学名著为对象,要求学生"将文中人名、故事出处考出,晦者释之,误者正之",通过学生的

---

① 陈以爱:《中国现代学术研究机构的兴起——以北大研究所国学门为中心的探讨》,江西教育出版社2002年版,第89页。
② 沈卫威:《"学衡派"谱系:历史与叙事》,南京大学出版社2015年版,第228页。
③ 孙敦恒编著:《清华国学研究院史话》,清华大学出版社2002年版,第15—16页。
④ 沈卫威:《"学衡派"谱系:历史与叙事》,南京大学出版社2015年版,第213页。
⑤ 孙邦华:《西学东渐与中国近代教育变迁》,中国社会科学出版社2012年版,第398页。

亲身实践和反复训练,使其掌握中国传统考据学的研究方法,培养学生史学研究的基本技能。①

在其他教会大学中,华西大学开出的国文课程相当多,包括文史和考古等课程。但受到了哈佛燕京学社的批评,其后削减了课程数量,并增加公共课程。② 辅仁大学、岭南大学、华中大学、金陵女子文理学院和华南女子文理学院等教会大学国学课程设置数量比燕京大学少。如辅仁大学1936—1937年国文学系设置有29门课程,史学系22门课程,未列哲学系课程。③ 岭南大学在立案后,中文系开设42门课,在社会科学系中的史学开22门课,哲学开8门课。④ 华中大学国文系的国学课程比较重,但其他社会科学系则体现了中西兼学、西学为主的特色,缺乏一些比较深入的课程⑤;国文教育主要以传统的方式进行,没有超出使用相传已久的注疏讲解经书的范围⑥。金陵和华南两所女子文理学院,规模比较小,设有中文、历史系,教师和学生数量也很少,未设哲学系,主要培养中学师资。

第五,燕京大学国学教育的实施获得了哈佛燕京学社的经费资助。

1928年,燕京大学与哈佛大学合作成立哈佛燕京学社,获得哈佛燕京学社的资金支持,因而得以大力发展国学教育。经费对学者的学术研究和国学人才培养的重要性可以从容庚的一段经历看出:因筹款的原因,容庚著的《宝蕴楼彝器图录》等往往延迟一两年才出版;其学生孙海波的《甲骨文编》因绌于印刷费而不能付印,最后在哈佛燕京学社的资助下才得以出版;容庚很早就在心中筹划成立考古

---

① 孙邦华:《西学东渐与中国近代教育变迁》,中国社会科学出版社2012年版,第404页。
② 陶飞亚、吴梓明:《基督教大学与国学研究》,福建教育出版社1998年版,第211页。
③ 陶飞亚、吴梓明:《基督教大学与国学研究》,福建教育出版社1998年版,第164—165页。
④ 陶飞亚、吴梓明:《基督教大学与国学研究》,福建教育出版社1998年版,第215页。
⑤ 陶飞亚、吴梓明:《基督教大学与国学研究》,福建教育出版社1998年版,第222页。
⑥ 陶飞亚、吴梓明:《基督教大学与国学研究》,福建教育出版社1998年版,第233页。

学社,但因经费问题拖延很久才成立。在哈佛燕京学社的经费资助下,燕京大学得以聘请陈垣、顾颉刚、邓之诚等优秀学者,出版《燕京学报》《文学年报》等学术期刊,编辑古籍引得,扩建图书馆并增添图书,从而为国学人才的培养创造了良好的条件。金陵、齐鲁、岭南、福建协和等教会大学也获得了哈佛燕京学社的资助,虽然经费远低于燕京大学获得的资助,但相对来说还算比较充裕,如最初几年金陵大学中国文化研究所的经费一直有积余。而岭南大学不够重视国学教育,只把很少的经费投入到国学教育中去。辅仁大学因经费比较困难,便把文科作为学科建设的重点,有助于国学教育的开展。

北洋政府时代,国立大学经常拖欠教师薪水,不少学者不能免于衣食之忧。因经费长期缺乏,北大国学门不但无法吸纳更多新人才,许多计划中的工作亦无法顺利开展,所提倡的事业大部分仅停留在材料收集与初步整理的阶段。[1] 也因此导致教师无法安心在北大任教,如北大教授邓之诚转聘到了燕大,沈尹默因欠薪而到燕大兼课。1927年南京国民政府成立,定都南京。首都南迁后,北京大学地位与以前不可同日而语,办学经费依然不充裕,对国学教育的支持力度也日渐下降。直到1931年,北大和中华教育文化基金会签订合作研究专款的协议,规定从1931年到1935年间,每年双方各出资20万元用于延聘教授、充实图书设备、设置奖学金等。[2]

第六,燕京大学重视图书馆建设,并建立史前古物博物馆。

在哈佛燕京学社的经费资助下,燕京大学重视收购中国古籍,采购国内外各种书刊,提高了藏书的质量和数量,1936年藏书285083册[3],位居全国第一;到1950年图书馆藏书达40万册,在全国大学图

---

[1] 陈以爱:《中国现代学术研究机构的兴起——以北大研究所国学门为中心的探讨》,江西教育出版社2002年版,第247页。
[2] 陶飞亚、吴梓明:《基督教大学与国学研究》,福建教育出版社1998年版,第185页。
[3] 严文郁:《中国图书馆发展史——自清末至抗战胜利》,枫城出版社1983年版,第102—106页。

书馆藏书量中名列前茅①。国立清华大学、中山大学、北京大学图书馆藏书量也较多,如1936年清华大学图书馆藏书279363册,中山大学图书馆藏书271862册,北京大学图书馆藏书23.7万册。②

在教会大学中,金陵大学重视图书馆建设,至1947年藏书有408401册,特色是重视搜集地方志、农书和动植物书。③ 在获得哈佛燕京学社的资助后,华西大学逐渐加强国学教育,重视图书馆建设,1936年所藏中文书籍达7万册,外文书籍1.5万册;50年代初藏书20余万册。④ 岭南大学在国学教育的基本建设方面几乎没有做什么工作,没有大量的添置图书或收藏古物。⑤

燕京大学和华西大学比较重视博物馆建设。经裴文中的筹备,1940年12月,燕大史前古物博物馆正式开放,收罗史前古物标本极为丰富。华西大学博物馆于1932年成立,分为考古学部和民族学部,重视搜集中国西部古物和边疆各民族器物。

第七,在国学人才培养方面,燕京大学取得了杰出的成就。

民国时期,北大、清华等国立大学培养了一大批国学优秀人才。如1922年至1927年间,北大国学门培养的研究生至少有46人,包括本科毕业于北大的罗庸、张煦、郑天挺、章维燮、段颐、张鹏翘、王有德、魏建功、甘大文等。⑥ 1917年至1937年间北大中文系共毕业430人,历史系毕业生298人,哲学系毕业生314人,培养了姚从吾、夏德仪、陈祖源、韩儒林、何兹全、杨向奎、邓广铭、吴相湘、杨志玖、高亚

---

① 陶飞亚、吴梓明:《基督教大学与国学研究》,福建教育出版社1998年版,第140页。
② 严文郁:《中国图书馆发展史——自清末至抗战胜利》,枫城出版社1983年版,第102—106页。
③ 陶飞亚、吴梓明:《基督教大学与国学研究》,福建教育出版社1998年版,第198—199页。
④ 陶飞亚、吴梓明:《基督教大学与国学研究》,福建教育出版社1998年版,第213页。
⑤ 陶飞亚、吴梓明:《基督教大学与国学研究》,福建教育出版社1998年版,第217页。
⑥ 陈以爱:《中国现代学术研究机构的兴起——以北大研究所国学门为中心的探讨》,江西教育出版社2002年版,第86—89页。

伟、王玉哲等著名学者。① 清华国学研究院在四年的历程中,前后招考录取新生74人,中途退学或未获毕业者4人,毕业后尚未走上工作或工作不久即病亡的有6人,其余60多人大都分别研究中国文学、史学、哲学等,包括陆侃如、王力、姜亮夫、刘节、周传儒、杨鸿烈、宋玉嘉、王静如等著名学者,他们酷爱中国历史文化,在大中学校或文化学术机构任职,为弘扬我国优秀传统文化做出了重要贡献。②

与北京大学、清华大学、东南大学等著名国立大学相比,燕京大学的国学教育成就也毫不逊色。与金陵、齐鲁等教会大学相比,燕京大学国学人才培养质量远超其他教会大学。

燕京大学自1924年到1948年培养历史学系本科生131人,历史学硕士研究生40人。燕京大学培养的历史系本科毕业生数量虽然低于辅仁大学的268人,但硕士研究生数量远远超过辅仁大学的9人。③ 燕京大学开展研究生教育,培养了一批高层次国学人才,不仅在教会大学中,与国立大学相比也是比较早的。其中一些毕业生在其他教会大学任教,如张维华在齐鲁大学任职,张长弓在岭南大学国文系任教,郑德坤在华西协和大学任教等。当时中国高校文史哲学科招生人数普遍比较少,即使北京大学在1930年国文系仅招生6名,史学系7名,哲学系3名,到1934年文史两系在校生才分别接近100人。④ 从这个角度考虑,燕大培养的国学人才数量并不算少。

从质量上说,燕京大学培养了一大批文学、史学、哲学、宗教学、考古学、语言学等领域的优秀人才,如著名作家冰心、许地山等,著名文学研究专家郑骞、吴晓铃、吴小如等,著名历史学家齐思和、翁独健、王钟翰、周一良、邓嗣禹、张维华、王伊同、侯仁之和谭其骧等,著

---

① 尚小明:《北大史学系早期发展史研究(1899—1937)》,北京大学出版社2010年版,第69—73页。
② 孙敦恒编著:《清华国学研究院史话》,清华大学出版社2002年版,第173页。
③ 陶飞亚、吴梓明:《基督教大学与国学研究》,福建教育出版社1998年版,第324页。
④ 沙建孙等:《北京大学校舍》(增订本),北京大学出版社1988年版,第278、316页。

名哲学家严群、朱宝昌等,著名考古学家郑德坤、陈梦家等,著名语言学家高名凯、林焘等。金陵、齐鲁、岭南、福建协和等教会大学虽然也培养了很多国学人才,但其学术研究和人才培养特色主要集中于地方历史文化和某一专业领域的研究,其中金陵大学擅长中国农业史、古代史和考古学方面的人才培养和学术研究,齐鲁大学、岭南大学、福建协和大学和华西协和大学都利用当地资源,专注于地方历史和文化的研究。[①] 受制于办学理念、人员和经费投入等因素的影响,有些教会大学的国学教育质量不高,尤其是圣约翰大学的国学教育最不景气。

(二)影响

国学是在中华民族悠久的发展历史中逐渐形成的,是具有中国特色的思想文化和学术体系。燕京大学注重开展国学教育,不仅可以促进燕京大学的"中国化",而且在人才培养、科学研究、社会服务等方面取得了明显的实践成效,在现代中国学术薪火的传承过程中占有重要地位。

第一,培养了一大批国学人才。

燕京大学是中西文化交流的产物,随着中国近代民族主义意识的觉醒,其面临的重要挑战之一是如何适应中国的国情,为中国社会服务。培养专业的国学人才和具有基本国学知识的毕业生成为燕京大学的重要任务之一。

近代自西学传入中国以来,中国传统学术逐渐向近代学术转型,出现了一批既继承中华优秀文化传统、又了解西方治学方法的新式学者,如陈寅恪和邓之诚"以诗证史",胡适提倡实用主义理论等。这些学者绝大多数曾经在燕京大学担任专、兼职教师,或者多次在燕大

---

① 樊书华著,方堃杨译:《文化工程:哈佛燕京学社与中国人文学科的再建(1924—1951)》,北京大学出版社2017年版,第99—100页。

发表学术演讲,因而对燕大学生的成长产生了重要影响。这些学者不仅向学生们传授了中国传统文化的内容、治学方法,而且也鼓励他们采用西方治学方法研究学问,从而培养了一大批国学人才,对中国社会的发展做出重要贡献。兹分别对燕大国文学系、历史学系、哲学系以及其他院系毕业的优秀国学人才进行分析。

国文学系毕业生主要工作领域有文学创作、文学研究、语言学和历史学研究等(详见表格34)。如文学戏剧创作领域的代表人物有许地山、冰心、熊佛西等,著名文学研究专家有郑骞、吴晓铃、吴小如、许政扬等,著名语言学家高名凯、林焘,古文字学家、考古学家、诗人陈梦家,考古学家郑德坤,历史学家曾宪楷等。从性别角度分析,燕大培养了著名作家冰心、历史学家曾宪楷、林培志等女性优秀人才,在文学创作和研究、历史学研究、中学教育等领域做出了贡献。分析工作经历可以发现,他们大部分在高校任教,而且是燕京大学、北京大学、清华大学、香港大学、中国人民大学、南开大学等名校,将学术薪火又传承给下一代。

表格34　燕京大学国文学系优秀毕业生一览表[①]

姓名	生卒年	籍贯	院系	教育经历	工作经历和成就
许地山	1894—1941	广东揭阳	国文	1917年考入燕京大学文科;1922年赴哥伦比亚大学学习。	1920年在燕大毕业留校任教;1927年,回国在燕京大学任副教授、教授;1935年应聘为香港大学教授。作家、学者。
熊佛西	1900—1965	江西丰城	国文	燕京大学毕业。1924年,赴美国哈佛大学研究戏剧、文学,获硕士学位。	1926年,先后任北京国立艺术专科学校戏剧系主任、燕京大学教授、北京大学艺术学院戏剧系主任。戏剧教育家、剧作家。

---

① 因史料不足,本表难免会有疏漏。

续表

姓名	生卒年	籍贯	院系	教育经历	工作经历和成就
冰心（女）	1900—1999	福建长乐	国文	1918年入读协和女子大学，1923年进入燕大，毕业后，赴美国威尔斯利学院留学。	1926年，获得文学硕士学位回国，先后在燕京大学、北平女子文理学院和清华大学国文系任教。作家、社会活动家。
顾廷龙	1904—1998	江苏苏州	国文	1931年毕业于上海持志大学，获文学学士学位。1933年毕业于燕京大学国文学系，获文学硕士学位。	曾任燕京大学图书馆中文采访主任。1939年与人共同创办上海合众图书馆，任总干事。1949年后，历任上海历史文献图书馆馆长、上海图书馆馆长等职。著名古籍版本学家、目录学家和书法家。
张长弓	1905—1954	河南新野	国文	1929年考入燕京大学国学研究所中国文学研究生。	毕业后先在安阳教中学，1940—1942年到燕大任教，以后到河南大学工作。研究中国文学史。
郑骞	1906—1991	辽宁铁岭	国文	1926年保送入燕大国文学系。	曾在河北省立女子师范学院、汇文中学、燕京大学、台湾大学任教。中国古典诗词曲研究专家。
林培志（女）	1907—1987	浙江镇海	国文	1926年考入燕大。1932年考入燕大研究院。1935年获得硕士学位。	曾在师大附中、燕京大学任教。1949年后，先后在北京师大附中、宗教学院、马列主义大学、人民大学任教。
郑德坤	1907—2001	福建厦门	国文	1926年考入燕京大学本科，1930年毕业后入燕大读研究生。1941年获美国哈佛大学考古学博士学位。	历任厦门大学、华西大学副教授，英国剑桥大学讲师、研究教授，香港中文大学文学院院长、副校长等。考古学家。
李辰冬	1907—1983	河南济源	国文	1924年就读于燕京大学国文学系。后获法国巴黎大学文学博士。	先后执教于燕京大学、河北女子师范、西北师院、台湾师大等。

续表

姓名	生卒年	籍贯	院系	教育经历	工作经历和成就
曾宪楷（女）	1908—1985	湖南湘乡	国文	艺芳女校毕业，国立湖南大学文科学士、燕京大学硕士。	1949年后任中国人民大学教授、清史研究所所长。历史学家。
杨明照	1909—2003	四川大足	国文	1935年考入四川大学；1936年考入燕京大学研究院国文部。	长期在四川大学任教。文献学家，四川大学终身教授。
高兰（原名郭浩然）	1909—1987	黑龙江瑷珲	国文	1932年从燕京大学国文学系毕业。	曾任职于驻北平的东北义勇军指挥部、东北中学等。1949年后，出任山东大学中文系教授、系副主任、山东省文联副主席、作协山东分会副主席等。抗战时期著名的朗诵诗人之一。
陈梦家	1911—1966	浙江上虞	宗教、国文	1927—1931年在中央大学就读。1932年，由刘廷芳推荐到燕大宗教学院学习。1934—1936年在燕大研究院学习，攻读古文字学。	曾在燕大、西南联大、清华大学等任教。著名古文字学家、考古学家、诗人。
吴晓铃	1914—1995	河北迁安	国文	1933—1935年在燕大国文学系就读。1935—1937年转入北大，从中国语言文学系毕业。	先后在燕大国文学系、西南联大、印度国际大学中国学院等任教。1957年入中国社会科学院文学研究所任研究员。著名中国古典文学研究专家。
吴小如	1922—2014	安徽泾县	国文	先后就读于燕京大学、清华大学、北京大学。	历任津沽大学中文系教员，燕京大学国文学系助教，北京大学中文系讲师、教授及中国中古史研究中心教授等。古典文学专家、历史学家。
许政扬	1925—1966	浙江海宁	国文	1945年考入光华大学中文系，1946年转燕京大学国文学系。	曾在南开大学中文系任教。中国古典小说专家。
林焘	1921—2006	福建长乐	国文	1944年毕业于成都燕京大学国文学系。	曾任教于燕京大学、北京大学。语言学家。

历史学系毕业生主要从事史学研究、历史地理学研究、中学历史教学等工作(详见表格35)。燕京大学历史学系教师洪业、顾颉刚、邓之诚等学者奖掖后学,有意识地栽培与提携青年学生,培养了一大批历史学家,如齐思和研究春秋战国史、聂崇岐研究宋史、翁独健研究元史、王钟翰研究清史、冯家昇研究辽史、朱士嘉研究方志学、周一良研究魏晋南北朝史、邓嗣禹研究制度史、陈观胜研究佛教史、杜联喆研究明清史、侯仁之和谭其骧研究历史地理学,等等。他们为20世纪中国学术的发展提供了思想智慧,将永远为学术史所铭记。部分毕业生担任中学历史教师,如时宗本毕业后即到北京市第一六五中学从事历史教学工作,直到1988年退休,是全国有名望的历史特级教师,撰写了大量论著,多次在北京和外地讲学,在全国广大历史教育工作者中产生了很大影响。此外,史学系还培养了文物收藏专家、记者、社会活动家等,在多个领域对中国社会的发展做出了贡献。

表格35 燕京大学历史学系优秀毕业生一览表[①]

姓名	生卒年	籍贯	院系	教育经历	工作经历和成就
杜联喆	1902—1994	天津	历史	燕京大学历史学系毕业,后赴美留学。	参加哈佛燕京学社引得编纂处的工作。负责主持哥伦比亚大学中国近现代人物传记计划。历史学家,尤长于明清史。
张维华	1902—1987	山东寿光	历史	1928年毕业于齐鲁大学。1931年入燕京大学研究院学习。	曾在济南东关济美中学、齐鲁大学、山东大学等执教。长期从事战国秦汉史、中国土地制度史、中西交通史的教学与研究工作,在中西交通史研究方面有创见,受到史学界重视。

---

① 因史料不足,本表难免会有疏漏。

续表

姓名	生卒年	籍贯	院系	教育经历	工作经历和成就
聂崇岐	1903—1962	天津蓟县	历史	1921年考入燕京大学。由于半工半读,学程时断时续,直到1928年才从燕京大学历史学系毕业。	曾任燕京大学引得编纂处编辑、副主任,北平中法汉学研究所研究员兼通检部主任,燕京大学图书馆代理主任、教授、代理教务长。1949年后,任中国科学院近代史研究所研究员。
冯家昇	1904—1970	山西孝义	历史	1921年考入燕京大学。	曾在燕京大学、北京大学、东北大学等任教。历史学家。
邓嗣禹	1905—1988	湖南常宁	历史	1928年考入燕大史学系,1932年毕业后考入燕大研究院。	1935年毕业后留燕大任教。1942年获美国哈佛大学博士学位。后长期任教于美国印第安纳大学,并被哈佛等名校聘为客座教授。历史学家。
朱士嘉	1905—1989	江苏无锡	历史	1924年,考入燕京大学历史学系。大学毕业后,考取燕大研究生,于1932年获硕士学位。	曾任燕大图书馆中文编目部主任。1942年,赴美哥伦比亚大学研究院攻读博士学位。1949年后,曾在武汉大学历史系任教。
翁独健	1906—1986	福建福清	历史	1928年入燕京大学历史学系学习。1935年赴美留学。1938年获哈佛大学博士学位,同年入法国巴黎大学深造。	1939年回国后,先后任教于云南大学、北平中国大学、燕京大学等校。历史学家。
齐思和	1907—1980	直隶宁津	历史	1931年毕业于燕京大学历史学系。1935年获美国哈佛大学哲学博士学位。	曾任北平师范大学教授,燕京大学教授、北京大学教授。历史学家。
蒙思明	1908—1974	四川盐亭	历史	1929—1933年就读于华西大学社会及历史系;1935年考入燕大研究院历史部。	先后在华西大学、四川大学任教。历史学家。

续表

姓名	生卒年	籍贯	院系	教育经历	工作经历和成就
谭其骧	1911—1992	浙江嘉善	历史	先后就读于上海大学、暨南大学,1930年考入燕京大学研究院。	曾在燕京大学、清华大学、浙江大学、复旦大学任教。历史学家、历史地理学家。
侯仁之	1911—2013	山东恩县	历史	1932年入燕京大学历史学系学习,1936年毕业后留校读研究生;1940年获文硕士学位。1946年,赴英国利物浦大学地理系留学,专攻历史地理学。	曾在燕京大学、北京大学任教。历史地理学家。
王钟翰	1913—2007	湖南东安	历史	1934年考入燕大历史学系,1938年考入燕大研究院历史系。	1943年到成都燕大历史系任教;1946年赴美国哈佛大学研究生院进修两年。回国后在燕大历史学系任教。1952年,调至中央民族学院任教。历史学家。
周一良	1913—2001	安徽建德	国文专修科;历史	1930年入燕京大学国文专修科。1931年入辅仁大学历史学系。1932年转入燕京大学历史学系。1935年毕业后入燕京大学研究院肄业一年。	1944年获美国哈佛大学博士。回国后先后在燕京大学、清华大学、北京大学任教。历史学家。
王伊同	1914—2016	江苏江阴	历史	1932年入金陵大学学习,次年转燕京大学。1938年进入燕京大学研究院学习。	1942年受聘于金陵大学。1944年留学美国哈佛大学东方语文系,获哲学博士学位。后在美国芝加哥大学、威斯康星大学、哈佛大学、哥伦比亚大学、匹兹堡大学等校执教。
王世襄	1914—2009	福建福州	历史	1934年入燕大本科学习,1938年入燕大研究生院学习。	曾在中国营造学社、故宫博物院、文物博物馆研究所、文物保护科学技术研究所、文化部文物局中国文物研究所等机构任职。著名文物专家、学者、文物鉴赏家、收藏家。

续表

姓名	生卒年	籍贯	院系	教育经历	工作经历和成就
林树惠	1916—2006	山东莱州	历史	1940年毕业于燕京大学历史学系,1940年9月至1941年12月为燕京大学研究院历史学部研究生。	曾在燕京大学、齐鲁大学等任教。1949年后历任中国史学会研究室助理编辑、中国社会科学院中国近代史研究所助理编辑。1954年调入南开大学任教。主要从事中国近代史和明清史的教学和研究,为南开大学历史系中国近代史学科的创始人之一。
成恩元	1917—1989	山西文水	历史	1938年考入燕京大学历史学系;1943年考入燕京研究院考古部。	曾任四川大学历史家教授、四川省钱中学会副会长,四川大学博物馆顾问等职。文物收藏家、钱币学家、集邮家。
何炳棣	1917—2012	浙江金华	历史	1938年清华大学本科毕业,随后考入燕大读研究生。1945年赴美国哥伦比亚大学留学。	曾在加拿大英属哥伦比亚大学、芝加哥大学等校任教。历史学家。
戚国淦	1918—2010	贵州修文	历史	1938年考入燕大,先入外国文学系,后转历史学系。	1954年,受命筹建北京师范学院历史系并担任系主任之职。历史学家。
张芝联	1918	湖北汉口	西语、历史	1935年考入燕京大学西语系,两年后转入光华大学。1941年重入燕大研究院攻读历史。后赴美国耶鲁大学、英国牛津大学学习。	回国后,先在上海光华大学任教,1951年到燕京大学历史学系任教,1952年转入北京大学任教。历史学家。
陈公柔	1919—2004	辽宁沈阳	历史	1951年8月毕业于燕京大学历史系。	中国社会科学院考古研究所研究员。曾参加考古研究所在长沙、安阳、洛阳等地区的田野考古发掘。

续表

姓名	生卒年	籍贯	院系	教育经历	工作经历和成就
时宗本	1922年生	河北雄县	历史	1943—1944年在辅仁大学史学系学习。1945年10月考入燕京大学历史学系,1949年6月毕业。	曾任北京市第一六五中学历史教师。从事中学历史教学工作40余年。曾担任北京市历史教学研究会副会长,北京市东城区人大代表。
齐世荣	1926—2015	江苏连云港	历史	1945年考入成都燕大历史学系,1947年转入清华,1949年毕业于清华大学历史学系。	曾任首都师范大学校长,首都师范大学历史学院教授。历史学家。
丁磐石	1927年生	四川成都	历史	1944年毕业于光华大学附中,1945年春进入成都燕大历史学系,1946年随燕京大学复校到北京。	曾在《中国青年》杂志社、中国社科院等任职。书法家。
李惠英	1932—2004	湖南湘潭	历史	1942年考入成都燕京大学历史学系,1946年毕业。	先后移居香港、英国、美国等。创立海峡两岸交流会,并被推选为首任会长。是最早最积极为敦促中美邦交正常化而奔走呼号的爱国华侨之一。

哲学系毕业生人数很少,但就业领域较广,成才率较高(详见表格36)。如严群、朱宝昌继续从事哲学教学和研究,成为我国著名哲学家,培养了众多人才;董秋斯从事文学创作和翻译工作,杨兆龙转行研究法学;范长江是我国著名新闻记者;高名凯改学语言学,是我国著名语言学家;孙道临是我国著名电影演员、导演,等等。

表格36　燕京大学哲学系优秀毕业生一览表①

姓名	生卒年	籍贯	院系	教育经历	工作经历和成就
董秋斯	1899—1969	天津	哲学	1926年从燕大哲学系毕业	曾主编《血路》《国际》月刊,任《民主》周刊编委。1949年后,历任上海翻译工作者协会主席、《翻译》月刊主编、中国作协编审、《世界文学》副主编。著名的文学翻译家。
杨兆龙	1904—1979	江苏金坛	哲学	1922年考入燕京大学哲学系。毕业后入东吴大学法学院学习。1935年取得美国哈佛大学法学博士学位,同年到德国柏林大学法学院进行博士后深造。	曾任上海持志大学、上海法政大学、东吴法学院教授。担任国民政府司法行政部法制专员、最高国际委员会专员、教育部法律教育委员会秘书长等职。1949年后曾在东吴大学法学院、南京大学、复旦大学任教。著名法学家。
严群	1907—1985	福建福州	哲学	1931年在燕京大学获学士学位,1935年获硕士学位。之后在美国哥伦比亚大学哲学研究院研究哲学,在耶鲁大学学习古希腊文和拉丁文。	曾在燕京大学、中国大学、浙江大学任教。1953年开始在杭州大学中文系、政治系、哲学系任教授。著名哲学家。
朱宝昌	1909—1991	江苏泰兴	哲学	早年就读于燕京大学哲学系,获学士及硕士学位。	曾在云南大学、燕京大学、中国大学、上海法学院、西南师范学院、川东教育学院、重庆师范学院、西南军区师范学院、北京师范大学等任教。1956年秋开始在西安师范学院、陕西师范大学任教。著名哲学家、古典文学专家。

---

① 因史料的不足,本表难免会有疏漏。

续表

姓名	生卒年	籍贯	院系	教育经历	工作经历和成就
范长江	1909—1970	四川内江	哲学	1932年进入燕大哲学系学习。	中国杰出的新闻记者,社会活动家。
高名凯	1911—1965	福建平潭	哲学	1935年毕业于燕大哲学系,后即入燕大研究院。1936年进入巴黎大学,改攻语言学。1940年毕业,获博士学位。	1941年起在燕京大学国文学系任助教、讲师。1942年任北京中法汉学研究所研究员。1945年起任燕大国文学系教授兼系主任。1952年后调入北京大学中文学系。语言学家。
孙道临	1921—2007	浙江嘉善	哲学	1938年考入燕大哲学系。太平洋战争爆发后,燕大被封闭。抗战胜利后继续学业,1947年获哲学学士学位。	著名演员、导演。翻译和改编过多部电影、话剧剧本。

除了文史哲等系,燕大其他院系也培养出了一部分国学人才(详见表格37)。如燕大西语系毕业生吴世昌和周汝昌,成长为国内"红学"研究领域的泰斗;数学系房兆楹成长为著名明清史研究专家;社会学系瞿同祖、经济系秦佩珩、新闻系唐振常成长为历史学家;经济学系李慎之成长为著名哲学家和社会活动家。这说明燕京大学重视培养通才,使学生掌握了扎实的专业基础知识,具备了较高的综合素质,改行研究文史哲同样取得了突出成就。

表格37 燕京大学其他院系优秀毕业生一览表①

姓名	生卒年	籍贯	院系	教育经历	工作经历和成就
吴世昌	1908—1986	浙江海宁	西语	1925年他进入嘉兴秀州中学,两年半后考上南开大学预科二年级,一年后又考入燕京大学英文系。毕业后被破格吸收为燕大国学研究所研究生。	1947年,吴世昌应聘赴英国牛津大学讲学,并任牛津、剑桥大学两大学博士学位考试委员。1962年回国后,任中国科学院哲学社会科学部文学研究所研究员。著名汉学家、红学家。
房兆楹	1908—1985	山东泰安	数学	1928年毕业于燕京大学数学系。1930年毕业于武昌华中大学文华图书科。	参加哈佛燕京学社引得编纂处的工作。曾在美国、澳大利亚等国的大型图书馆工作,精通文献学。历史学家。
瞿同祖	1910—2008	湖南长沙	社会学	1930年考入燕大。1934年毕业后考入燕大研究院。1936年获硕士学位。	曾在云南大学、西南联大任教。1945年应邀赴美,先后在哥伦比亚大学、哈佛大学任研究员。1965年回国。后入中国社会科学院近代史所工作。历史学家。
秦佩珩	1914—1989	山东安邱	经济学	1934年考入北京育英中学,三年后考入燕京大学经济学系。	先后在华西大学、光华大学、西北大学、湖南大学、中南财经学院、郑州大学等校任教。著名经济史学家。
汪玉岑	1916—?	上海	政治学	1938—1940年,在燕大读书;之后进燕大研究院。	1949年后,在光华大学、杭州大学、宁波师院等任教,讲授"文学理论""中国现代文学""外国文学""写作""诗歌理论""大一国文"等课程。

① 其他院系优秀人才主要是指燕大非文史哲院系学生,毕业后从事与文史哲相关的工作。因史料的不足,本表难免会有疏漏。

续表

姓名	生卒年	籍贯	院系	教育经历	工作经历和成就
周汝昌	1918—2012	天津	西语	1940年考入燕大西语系。	曾在四川大学、人民文学出版社、中国艺术研究院等机构工作。红学家、古典文学研究家、诗人、书法家。
唐振常	1922—2002	四川成都	新闻学	1942年就读于燕京大学。	曾在上海《文汇报》、上海戏剧学院、上海社会科学院等机构工作。历史学家、剧作家。
李慎之	1923—2003	江苏无锡	经济学	1941年考入燕京大学经济学系。	曾任外交秘书、中国社会科学院副院长兼美国研究所所长。哲学家、社会学家。

第二,科研成效明显,提高了国学研究的水平。

鸦片战争以来,西方国家多次凭借武力入侵中国,引发了中国人强烈的民族危机意识,迫使中国人由"师夷长技"走向"中体西用"。在中国向西方学习的同时,欧洲的汉学研究已进入学院化发展阶段,德国、法国、英国等国家设立了专门的汉学讲座、汉学系或研究所。19世纪末20世纪初,考古学取得了重大进展,英国的斯坦因(A. Stein)、德国的格鲁威德尔(A. Grunwedel)、法国的伯希和(P. Pelliot)、美国的华尔讷(L. Warner)等欧美学者多次来华进行考古发掘,发现了敦煌文书、西域简牍等一大批文献器物和历史遗址,还广泛收集各种具有文化价值的史料、古物,采用西方科学方法进行研究,在汉学研究领域硕果累累,对中国学者震动很大。同时,日本汉学研究者也多次到中国进行考古发掘,收购各类图书、古物,其研究水平很快跃进到与欧洲汉学并驾齐驱的地位,令中国学者感到很大的压力。[①] 因此,燕大的洪业、顾颉刚、陈垣等著名学者一方面自己努力研究国学,另一方面有计划地培养人才,希望学生努力奋进,

---

① 桑兵:《晚清民国的国学研究》,上海古籍出版社2001年版,第4—7页。

提高国学研究的水平,使中国在世界学术界中占有一定的地位。例如,陈垣在上课时讲道,外国人标榜汉学在法国巴黎,日本人不服气,要把它抢到东京去;汉学研究中心在外国,这是中国的耻辱,应该把它抢回到北京。燕大学生翁独健听后触动很深,因外国汉学的研究侧重元史,他后来就决心研究元史,后来在元史研究领域取得了许多开创性的成就。① 燕大培养出的优秀国学毕业生借鉴西方的治学方法,从事古典文学研究、中国历史、中国哲学、中国宗教等领域的研究,硕果累累,提高了国学研究的水平。如燕大历史学系很多毕业生的学士和硕士论文刊载在《史学年报》上,有些甚至以著作形式出版。

第三,传承中华民族精神,为中国社会服务。

鸦片战争以来,中国命运多舛,多次受到西方国家的侵略。尤其是"九一八"事变以后,日本侵略者觊觎华北,华北局势严重。燕京大学师生积极参与抗战宣传和社会服务,利用中国历史推广民族意识、民族认同感和文化民族主义。②

1937年卢沟桥事变后,北平被日本占领,北京大学、清华大学、北平师范大学等高校均向后方迁移。为了给华北的学生提供求学的场所,燕京大学在北平坚持办学。然而,1941年太平洋战争爆发,燕大教师陆志韦、洪业、邓之诚等被日军逮捕入狱。他们拒绝日伪的诱迫,在出狱后仍孜孜不倦地埋头著述。如邓之诚一贯主张学习历史以激发学生的爱国思想,他深感明清之际遗民处境"有同于我者",因此决定研究明遗民诗,希望从遗民高尚的民族气节中,吸取精神力量,加强自己的爱国主义思想,最终完成《清诗纪事初编》的撰述。顾颉刚、陈垣等学者也持有类似的观点,他们希望学生通过学习和研究国学深入了解和传承中华民族的思想、文化和学术传统,深化对民族文化的认同感,提高民族意

---

① 燕京研究院编:《燕京大学人物志》(第一辑),北京大学出版社2001年版,第342页。
② 樊书华著,方堃杨译:《文化工程:哈佛燕京学社与中国人文学科的再建(1924—1951)》,北京大学出版社2017年版,第141页。

识,为中华民族的复兴做出贡献。

第四,促进了中西教育文化交流。

燕京大学在"中国化"的同时,还努力加强其国际性。燕京大学与哈佛大学合作成立哈佛燕京学社,在哈佛燕京学社的资助下,燕京大学聘请了一批学贯中西的学者任教,同时还多次选送优秀教师出国访学和优秀毕业生出国留学,邀请国外学者到中国进行国学研究等,出版对国学研究者颇为有益的古籍引得等。这些活动不仅推动了燕京大学国学教育的发展,而且加强了中西教育文化交流,在交流中燕大也不断提高自己的办学水平,成为中国最著名的大学之一。

总之,燕京大学实施国学教育不仅是要实现燕大的"中国化",而且要培养国学研究的专业人才,提高国学研究的水平,弘扬中国的传统文化,传承中华民族精神,促进中西教育文化交流,为中国社会的发展以及中华民族的振兴做贡献。

二、燕京大学国学教育的现实启示

燕京大学国学教育在一定程度上取得了成功,燕大师生对待国学的态度、实施国学教育的经验教训对当代中国社会以及大学国学教育均有借鉴意义,兹分别述之。

(一)对当代中国社会的启示

1.以科学的态度对待国学。

20世纪90年代以来,随着国学热的兴起,关于现代社会是否应该提倡国学的争论日益激烈。

一部分人旗帜鲜明地反对国学、否定国学。如林夕反对国学的原因就是因为"'国'字已被现代人玩坏。什么国师、国医、国学、国嘴之类,最终都被证明是禁不起推敲的、伪的、假的、骗人的玩意儿!"[1]

---

[1] 林夕:《我为什么旗帜鲜明地反对国学》,搜狐网,http://www.sohu.com/a/118352949_523115,2016-11-7。

国学自然存在一些糟粕,但因此就把国学一竿子全部打死,态度未免太过激烈。国学是历史的产物,精华与糟粕并存,我们要以批判的态度来对待国学,将"国粹"转化为现代中国文化建设的资源。

一部分人非常崇尚国学,追捧各类国学大师、国学班,对现代科技文化嗤之以鼻。20世纪90年代,王财贵在中国台湾发起"儿童诵读经典"运动,并传入中国大陆。很多中国家长受此影响,再加上对教育大环境的不满,让孩子退学,并将其送到私塾就读,每日诵读经典。十年寒窗之后,这些孩子并没有成为"圣贤",反而因为知识结构不健全、无学历而难以适应社会。儿童诵读经典并没有错,但如果死记硬背,囫囵吞枣,则很难取得良好的教育效果。

燕京大学国学教育能够取得成功,一个重要原因是办学理念注重中西融合。司徒雷登主张中西文化兼容并举,培养对中西文化皆有相当了解、适应中国社会需要的人才。改革开放以来,中国现代化建设取得了非凡的成就,也应处理好传统国学与现代化的关系,以科学的态度对待国学。一方面,不能全面否定国学,鼓吹全盘西化;另一方面,不能因为现代化导致的弊端,就因噎废食,否定现代西方文明。

笔者赞同冷卫国的主张,即对待国学应该坚持两个维度,一个是古今传承,另一个是中西互鉴[1]。今天,我们应该重视国学,弘扬传承优秀传统文化;同时也要借鉴西方文明的优秀成果,为我所用。

2. 以审慎的态度分析国学学科化的问题。

自近代西方文化输入中国以来,中国学术改变了传统经、史、子、集的分类,逐渐科学化和专业化,国学专业分类日益细化。同时,随着近代学位制度的兴起,20世纪30年代,南京国民政府教育部颁布实施了《研究生学位条例》,对合格的研究生授予文学、哲学、历史学、

---

[1] 冷卫国主编:《传统经典与国学教育研究·后记》,清华大学出版社2017年版,第318页。

教育学、政治学、经济学等硕士学位，而国学则没有成为一门独立的学科。随着新时期"国学热"的兴起，关于国学是否应该列为一级学科的争论日益激烈。尤其是国务院学位委员会在修订2011年版《学位授予和人才培养学科目录》的过程中，争论的焦点之一是"国学"应否纳入该目录中。

主张将国学列为一级学科的理由有：中国的传统学术是一个整体，中国的学问是"通"的，主张建立国学学科，以弥补文史哲分科的缺陷[1]；将西方汉学、古典学以及美国学等领域的建制方式作为国学学科化的理据；国学具有重要的历史作用与现实价值，在中国悠久的发展历史中发挥了重要的精神支撑作用，可以为现代中国精神文明建设提供可借鉴可利用的精神资源。[2]

有一部分学者反对把国学列为一级学科。笔者也认为目前不宜把国学列为一级学科，理由如下：

从学科概念本身分析，"国学"的学科边界不清晰。什么是学科呢？关于学科的概念，仁者见仁智者见智，可以归纳为以下几种：其一，学科是学问的分类或教学的科目；其二，学科是知识体系；其三，学科是一种组织；其四，学科是一种规训制度；其五，学科包括学科知识和学科群落的社群结构。[3] 笔者赞同第五种观点，即学科不仅是知识，而且包括研究学科知识的学者群落。如王涛认为："就大学和科研机构工作而言，学科指在整个科学体系中学术相对独立、理论相对完整的科学分支，它既是学术分类的名称，又是人才培养的基本单位，是对教师和科研人员教学、科学研究业务隶属范围的相对界定。就存在形式而言，学科是教师和科研人员从事教学、科学研究工作等的实体或载

---

[1] 朱汉民：《国学是一门学科》，http://www.aisixiang.com/data/132884.html，2022-4-20。
[2] 杨树增：《加强国学教育，提高学生国学素质》，收录于冷卫国主编：《传统经典与国学教育研究》，清华大学出版社2017年版，第276—277页。
[3] 宵秋：《大学学科文化的冲突与融合》，华中科技大学出版社2016年版，第23—25页。

体,具有从事人才培养、科学研究等工作的专门的人员队伍和条件设施。"①在制度层面,2009年国务院学位委员会、教育部联合发布《学位授予和人才培养学科目录设置与管理办法》,提出一级学科是具有共同理论基础或研究领域相对一致的学科集合,须符合以下基本条件:(一)具有确定的研究对象,形成了相对独立、自成体系的理论、知识基础和研究方法;(二)一般应有若干可归属的二级学科;(三)已得到学术界的普遍认同。在构成本学科的领域或方向内,有一定数量的学位授予单位已开展了较长时间的科学研究和人才培养工作;(四)社会对该学科人才有较稳定和一定规模的需求。② 学科的特点之一是具有相对独立、理论相对完整的知识体系。那国学是否具有这一特点呢?

根据人大国学院提交的学科设置方案,国学一级学科归属于历史学门类,其下分设经学、子学、国史、国文、小学、中国少数民族和边疆文化、国艺七个二级学科。正如蔺亚琼所指出的,这一学科划分与文史哲等学科高度相关,国学研究依旧在相当大的程度上嵌套于文史哲等学科之中,国学与文史哲难分彼此,甚至没有形成侧重点的分化。③ 既然如此,还有必要再单独把国学列为一级学科吗?有学者强调中西方学术的差异,认为文史哲学科分类的一个后果是经学走向衰落,经学传统中断,经学被肢解到了不同的学科,经学的价值和意义也被否定了,对症药方是国学成为独立的一级学科,并专辟经学为一个二级学科④。其实经学衰落的原因是复杂的,是中国近代学术转

---

① 王涛:《学科建设论》,高等教育出版社2015年版,第1页。
② 《国务院学位委员会 教育部关于印发〈学位授予和人才培养学科目录设置与管理办法〉的通知》,教育部网站,http://www.moe.gov.cn/s78/A22/xwb_left/moe_833/tnull_45419.html,2009-2-25。
③ 蔺亚琼:《知识边界与学科建构:国学学科化的边界策略及其困境分析》,《北京大学教育评论》2017年第5期,第175页。
④ 朱汉民:《国学是一门学科》,http://www.aisixiang.com/data/132884.html,2022-4-20。

型和社会转型的结果。若时人对经学感兴趣,完全可以在历史学科下专门研究"中国经学史",把"经学"作为一个领域来研究,又何必把经学专辟为一个二级学科呢?

从个人发展角度来说,人的时间、精力和才能是有限的,而国学博大精深,即使中国古代有名的学人也只能以某种专长领域的学问著名,故学生在学习过程中肯定要选择某一领域精耕细作,如此方能有所建树。燕京大学培养的国学人才大多数从小打下了良好的国学基础,有机会跟随老一辈国学大师学习,在燕大接受中西方文化相结合的教育后才在国学研究领域卓有成就。但仔细分析可以发现,他们取得的重要成就往往以某一专业领域为主,例如侯仁之、谭其骧研究历史地理学,吴世昌、周汝昌研究红学,高名凯、林焘研究语言学,周一良研究魏晋南北朝史,秦佩珩研究经济史等等。现代社会生活节奏快,人们心情浮躁,缺乏静心研读国学的环境、氛围与条件,大学生的国学基础素质普遍偏低,国学院学生在接受大学本科四年教育后,在攻读硕士、博士研究生阶段必然会深入某一领域进行分科学习和研究,最终才有可能成长为一名专家。试图以国学学科化的途径培养高层次的国学"通才"或曰新时代的"国学大师"也许只是一个难以达成的理想目标。

从外部环境来说,国学确实对中国的文化建设具有重要的精神价值。当前的"国学热"、国家对中国传统文化的重视都为开展国学研究、进行国学教育提供了有利的条件,但这并不意味着国学一定要作为一级学科才能发展。国学作为一个学习和研究的领域同样可以得到发展。

(二)对当代中国大学国学教育的启示

21世纪以来,国学教育愈来愈受大学的重视,北京大学、中国人民大学、武汉大学、清华大学等著名高校都设立了有关国学的教学研究机构,力求培养国学人才。然而,新时期大学的国学教育仍然存在许多亟须解决的问题,比如国学课程设置、师资聘任等。燕京大学在国学教育领域取得了杰出成就,培养了众多人才,对当代中国大学开展国学教育具有重要的借鉴意义。

首先,确立明确可行的国学教育目标。燕京大学是一所综合性大学,校训是"因真理得自由以服务",国学教育目标是培养为社会服务的国文教师、历史教师等应用型人才,或研究国学的专业人才。中国目前有1000多所普通高等学校,办学层次水平参差不齐,有条件的大学可在培养国学应用型人才和专门研究人员方面均予以重视,其他大学至少应向学生普及国学常识,根据本校条件因材、因地、因时施教,以提高学生的人文素质和修养。

第二,学校行政的支持与制度保障。燕京大学国学教育所取得的成就与司徒雷登、吴雷川等多任校长重视国学密切相关。校长的办学理念、行事风格等深深地影响着一个学校的发展,大学校长不仅应具备一定的国学修养,而且应该支持国学教育的开展,对国学教育予以制度、经费和图书等方面的保障,并可以通过设立奖学金鼓励学生学习国学,采用多种措施实施国学教育。

第三,秉持通识教育理念,设计合理的课程体系。燕京大学重视通识教育的实施,一般学问和专门学问并重,要求所有学生必修国文课程,依靠国文学系、哲学系、历史学系等实施专业性的国学教育,并充分利用校园环境、课外活动等隐性课程资源对学生进行潜移默化的国学教育,使普及型、专业型和陶冶型国学教育三者相结合,效果显著。当代中国愈来愈多的大学开始重视通识教育,要注意使国学教育在通识教育课程体系中占有一定地位,并通过文科院系或专门的国学研究所、研究院实施专业性的国学教育,重视建设良好的校园环境与校园文化,使学生在潜移默化中受到中国优秀传统文化的影响。在课程实施过程中,教师应采用讲授法、谈话法、练习法、读书指导法等多种方式实施国学教育,教学与研究相结合,最大限度地提高国学教育的效果。

第四,聘请名师,建立融洽的师生关系。燕京大学不仅希望学生在校期间能够丰富学识,尤其希望师生能够互相合作,实现"燕大一家"。司徒雷登曾在新学年始业典礼上演讲,希望全校师生:"思想上根本无教职员学生之分,互相了解,一德一心谋燕京之前进,为国家广育人材,盖无论任何大学,决无有师生不合作而成良好之大学者。"[①]正是因为燕大师生互相切磋,中西学人情谊敦睦,燕大才成为理想的学习场所,在人才培养方面取得了杰出成就。在当代中国,愈来愈多的大学开始重视国学教育,"名师出高徒",大学必须重视教师聘任工作,提高教师的学术水平,并认真借鉴燕京大学师生关系融洽的经验,由此为人才培养工作奠定良好的基础。

第五,重视学术共同体的建立和发展。随着中国传统学术向近代学术的转型,学术研究日益组织化和专门化,学术组织成为现代学术发展的重要标志。燕京大学与哈佛大学成立了哈佛燕京学社,为燕大国学领域的教学、研究和出版提供设施和资助,学社基金优先用于中国文化包括文学、艺术、历史、语言、哲学和宗教史的研究,为燕大培养国学人才做出了重要贡献。燕大独立或与其他机构合作成立了历史学会、国文学会、哲学学会、考古学社、禹贡学会等专业性的学术社团,出版发行学术期刊,开展学术研究活动,以聚集同仁、交流学术,从而促进了学术研究的进步,有助于人才培养。当代中国大学也应重视国学学术共同体的构建和发展,通过学术共同体组织学术研讨会、举行学术演讲、开展实地考察活动等,在这些活动中对学生进行国学教育,提高学生的国学水平,培养适应社会需要的国学人才。

---

① 《本学年始业典礼》,《燕京大学校刊》,1930年9月19日,第1版。

附 录

资料来源:燕京大学国文学系编《燕京大学国文名著选读》,1938年。北京师范大学图书馆藏。

《燕京大学国文名著选读》(上册)目录

文章名称	作者或来源	页码
儒行	《礼记》	1
释儒	孙星衍	4
释儒	林伯桐	6
释儒	曾钊	8
原儒	章炳麟	10
说儒	胡适	13
周东封与殷遗民	傅斯年	93
学记	《礼记》	101
劝学	荀子	103
勉学	颜之推	107
徐州上皇帝书	苏轼	109
应诏陈言折	曾国藩	114
中华民国解	章炳麟	118
共和平议	章士钊	127

续表

文章名称	作者或来源	页码
少年中国之自白	黄远庸	139
真理是什么	陈大齐	145
说合理的意思	任鸿隽	154
杜威论思想	《胡适文存》	158
论批评	陈大齐	166
新思潮的意义	胡适	181
人生观	张君劢	190
人生观与科学	梁启超	198
我们对于西洋近代文明的态度	胡适	207
机器与精神	林语堂	221
通论读书	张之洞	231
最近二三十年中中国发现之学问	王国维	240
我们对于国家应取的态度	顾颉刚	246
今日中国之大学教育	阙名	250
改善中学教育之亟务	阙名	252
郡县论	顾炎武	257
封建郡县论	俞樾	263
郡县论	刘沛	264
田制沟洫	林则徐	267
畿辅水利推行各省议	林则徐	274
滇缅分界通商事宜疏	薛福成	278

《燕京大学国文名著选读》(下册)目录

文章名称	作者或来源	页码
玄学与科学	丁文江	283
再论人生观与科学并答丁在君	张君劢	303
评所谓"玄学与科学之争"	范寿康	370
中国哲学史大纲序	周作人	387
颜氏家训	颜之推	389
百二十回本忠义水浒传序	李贽	394
战国策书录	刘向	431
七录序	阮孝绪	433
通志总序(节录)	郑樵	437
文献通考序	马端临	441
读史方舆纪要总序	顾祖禹	468
日知录序	潘耒	471
日知录跋	张杓	473
原富序	吴汝伦	474
社会通诠序	夏曾佑	476
与朝歌令吴质书	曹丕	481
答魏太子笺	吴质	482
与杨德祖书	曹植	483
答临淄侯笺	杨修	485
与陈伯之书	邱迟	486
代陈伯之答邱迟书	吴汝伦	488
答冯子华处士书	王绩	490
东坡短简十二首	苏轼	492
致蔡子民书	林纾	496

续表

文章名称	作者或来源	页码
复林琴南书	蔡元培	500
新青年宣言	阙名	509
国学季刊发刊宣言	胡适之	511
在中国科学社演说词	任鸿隽	527
杜威博士生日演说辞	蔡元培	529
朱熹传	《宋史》	533
陆九渊别传	《宋史》	545
王守仁传	《明儒学案》	548
顾炎武传	《国朝先正事略》	552
顾炎武		553
颜元传	戴望《颜氏学记》	557
颜元		562
戴震传	刘光汉	571
戴震		577
戴东原在中国哲学史上的位置	胡适	590
天演学初祖达尔文之学说及其略传	梁启超	597
进化论革命者颉德之学说	梁启超	603
游西山记	常安	611
游西山诸名胜记	王思任	613
登泰山记	姚鼐	619
登泰山记	沈彤	621
登泰山记	薛福成	622
游黄山记	袁枚	624
游庐山记	袁枚	626

续表

文章名称	作者或来源	页码
游庐山记	恽敬	627
出使英法义比四国日记	薛福成	629
视察河北山东两省社会教育实施状况报告书	阙名	657
北京西郊一带农村调查	必达	663
中国报业教育之近况	戈公振	674

参考文献

一、档案

1. 燕京大学历史档案（YJ 卷 1919—1941 年），北京大学档案馆藏。
2. 亚洲基督教高等教育联合董事会档案（145—204 卷），香港中文大学崇基学院藏。

二、史料

1.《北平私立燕京大学本科入学简章》，1930 年。
2.《北平私立燕京大学文学院新闻学系课程一览》，1936 年。
3.《北平私立燕京大学研究院入学简章》，1935 年。
4.《北平私立燕京大学自然科学院课程一览》，1929—1930 年。
5.《北平私立燕京大学宗教学院简章》，1932 年。
6. 北京基督教学校事业联合会：《生命》，1920—1926 年。
7. 北京尚志学会：《哲学评论》，1927—1934 年。
8. 刘近义：《燕京大学近代文编》（上、下册），1939 年。
9. 史地周刊社：《大公报·史地周刊》，1934—1937 年。
10. 齐鲁大学、华西大学、金陵大学、燕京大学：《中国文化研究汇刊》，1941—1951 年。

11. 燕京大学:《北平私立燕京大学一览》,1937年。
12. 燕京大学:《私立燕京大学一览》,1931年。
13. 燕京大学:《燕大月刊》,1927—1930年。
14. 燕京大学:《燕京大学校刊》,1928—1937年。
15. 燕京大学:《燕京大学一览》,1938年。
16. 燕京大学:《燕京学报》,1930—1951年。
17. 《燕京大学本科附设专修科简章》,1930年。
18. 《燕京大学本科简章》,1929年。
19. 燕京大学法学院:《燕京社会科学》,1948—1949年。
20. 燕京大学国文学会:《文学年报》,1932年,1936—1941年。
21. 燕京大学教务处校友课编辑:《燕大友声》,1934—1937年。
22. 燕京大学教育学会:《教育学报》,1937—1941年。
23. 燕京大学历史学系:《史学年报》,1929—1940年。
24. 燕京大学历史学系:《史学消息》,1936—1937年。
25. 《燕京大学社会学及社会服务学系课程一览》,1930—1931年。
26. 燕京大学图书馆:《燕京大学图书馆报》,1931—1939年。
27. 燕京大学新闻学系主办:《燕京新闻》,1934—1948年。
28. 燕京大学学生会:《燕大年刊》,1928—1941年。
29. 燕京大学学生会:《燕大周刊》,1923—1936年。
30. 《燕京大学研究院同学会会刊》,1940年。
31. 《燕京大学政治学系及研究部课程》,1935年。
32. 《燕京大学政治学系及研究部课程》,1940年。
33. 陈大白主编:《北京高等教育文献资料选编》,首都师范大学出版社2002年版。
34. 陈学恂主编:《中国近代教育史教学参考资料》,人民教育出版社1987年版。

35. 邓珂编:《邓之诚学术纪念文集》,北京大学出版社 1991 年版。

36. 董鼐:《学府纪闻·私立燕京大学》,台北南京出版公司 1982 年版。

37. 高名凯先生纪念文集编辑委员会:《高名凯先生纪念文集》,语文出版社 1992 年版。

38. 《孤岛绿洲》编辑小组:《孤岛绿洲·燕京大学 1937—1941 年纪念刊》,2006 年版。

39. 侯仁之主编:《燕京大学人物志》(第 1 辑),北京大学出版社 2001 年版。

40. 侯仁之主编:《燕京大学人物志》(第 2 辑),北京大学出版社 2002 年版。

41. 李景文、马小泉主编:《民国教育史料丛刊》,大象出版社 2015 年版。

42. 李森主编:《民国时期高等教育史料汇编(第 8 卷)》,国家图书馆出版社 2014 年版。

43. 潘懋元、刘海峰编:《中国近代教育史资料汇编·高等教育》,上海教育出版社 1993 年版。

44. 舒新城编:《中国近代教育史资料》,人民教育出版社 1981 年版。

45. 吴惠龄、李壑编:《北京高等教育史料(第一集)》,北京师范学院出版社 1992 年版。

46. 燕大文史资料编委会:《燕大文史资料(1—10 辑)》,北京大学出版社 1988—1997 年版。

47. 燕京大学校友校史编写委员会:《燕京大学史稿》,人民中国出版社 1999 年版。

48. 燕京大学校友校史编写委员会:《燕京大学校长陆志韦》,

2004年版。

49. 燕京大学校友校史编写委员会:《燕京大学校长司徒雷登》,2005年版。

50.《燕大史料选编》《燕大校友通讯》联合编辑:《燕京精神·燕京大学建校八十周年特辑》,1999年版。

51. 燕大北京校友会、燕大校史筹备组:《燕京大学史料选编》,1997年版。

三、中文专著、译著

1. [美]艾德敷:《燕京大学》,珠海出版社2005年版。
2. [美]爱德华·希尔斯著,李家永译:《学术的秩序——当代大学论文集》,商务印书馆2007年版。
3. [美]彼得·诺维克著,杨豫译:《那高尚的梦想:"客观性问题"与美国历史学界》,生活·读书·新知三联书店2009年版。
4. [美]伯顿·克拉克主编:《高等教育研究——多学科的研究》,浙江教育出版社2001年版。
5. 曹伯韩:《国学常识》,生活·读书·新知三联书店 2008 年版。
6. 曹胜高编著:《国学通论》,北京大学出版社2008年版。
7. 陈璧生、石勇:《国学热:十年人文热点对话录》,中山大学出版社2007年版。
8. 陈光中:《侯仁之》,生活·读书·新知三联书店2005年版。
9. 陈平原:《中国现代学术之建立——以章太炎、胡适之为中心》,北京大学出版社1998年版。
10. 陈以爱:《中国现代学术研究机构的兴起——以北大研究所国学门为中心的探讨》,江西教育出版社2002年版。
11. 陈远:《燕京大学1919—1952》,浙江人民出版社2013年版。

12. 陈远:《消逝的燕京》,重庆出版社 2011 年版。

13. [美]陈毓贤:《洪业传》,商务印书馆 2013 年版。

14. 邓实、黄节主编:《国粹学报》,扬州广陵书社 2006 年版。

15. 段治文:《中国现代科学文化的兴起(1919—1936)》,上海人民出版社 2001 年版。

16. 樊书华著,方堃杨译:《文化工程:哈佛燕京学社与中国人文学科的再建(1924—1951)》,北京大学出版社 2017 年版。

17. 复旦大学历史学系、中外现代化进程研究中心编:《中国现代学科的形成》,上海古籍出版社 2007 年版。

18. 甘阳、陈来、苏力主编:《中国大学的人文教育》,生活·读书·新知三联书店 2006 年版。

19. 高时良主编:《中国教会学校史》,湖南教育出版社 1994 年版。

20. 葛剑雄:《悠悠长水·谭其骧前传》,华东师范大学出版社 1997 年版。

21. 葛剑雄:《悠悠长水·谭其骧后传》,华东师范大学出版社 2000 年版。

22. 龚鹏程:《国学入门》,北京大学出版社 2007 年版。

23. 龚鹏程:《近代思潮与人物》,中华书局 2007 年版。

24. 龚书铎主编:《中国近代文化概论》,中华书局 2002 年版。

25. 顾潮:《历劫终教志不灰·我的父亲顾颉刚》,华东师范大学出版社 1997 年版。

26. 顾潮编:《顾颉刚学记》,生活·读书·新知三联书店 2002 年版。

27. 顾颉刚:《顾颉刚日记》,台北联经出版事业股份有限公司 2007 年版。

28. 顾颉刚:《顾颉刚自述》,河南人民出版社 2005 年版。

29. 顾随:《顾随全集》,河北教育出版社2001年版。

30. 侯仁之:《我从燕京大学来》,生活·读书·新知三联书店2009年版。

31. [美]华勒斯坦等:《学科·知识·权力》,生活·读书·新知三联书店2009年版。

32. 黄筱兰、张景博编著:《国学问答》,中央编译出版社2017年版。

33. 蒋天枢:《陈寅恪先生编年事辑》,上海古籍出版社1997年版。

34. 金岳霖:《形式逻辑》,人民出版社1979年版。

35. [美]克拉克·科尔、玛丽安·盖德著,赵炬明译:《大学校长的多重生活:时间、地点与性格》,广西师范大学出版社2008年版。

36. 李成军:《近代国学教育思想研究》,复旦大学出版社2014年版。

37. 李继凯、刘瑞春选编:《追忆吴宓》,社会科学文献出版社2001年版。

38. 李曼丽:《通识教育——一种大学教育观》,清华大学出版社1991年版。

39. 梁归智:《红学泰斗周汝昌传》,漓江出版社2006年版。

40. 梁启超:《梁启超讲国学》,金城出版社2008年版。

41. 梁启超:《梁著国学入门》,中国工人出版社2007年版。

42. 刘龙心:《学术与制度——学科体制与现代中国史学的建立》,新星出版社2007年版。

43. 刘梦溪:《论国学》,上海人民出版社2008年版。

44. 刘梦溪:《中国现代学术要略》,生活·读书·新知三联书店2008年版。

45. 刘韶军主编:《国学基础教程》,华中师范大学出版社2008年版。

46. 刘毓庆:《国学概论》,北京师范大学出版社 2009 年版。

47. 鲁迅著,张国功编:《大家国学·鲁迅》,天津人民出版社 2008 年版。

48. 罗义贤:《司徒雷登与燕京大学》,贵州人民出版社 2005 年版。

49. 罗志田:《国家与学术:清季民初关于"国学"的思想论争》,生活·读书·新知三联书店 2003 年版。

50. 马瀛:《国学概论》,中央编译出版社 2009 年版。

51. 梅贻宝:《大学教育五十年——八十自传》,台北联经出版事业公司 1982 年版。

52. 钱基博著,傅宏星编:《大家国学·钱基博》,天津人民出版社 2008 年版。

53. 钱穆:《国学概论》,商务印书馆 1997 年版。

54. 邱燮友等编著:《国学课》,生活·读书·新知三联书店 2007 年版。

55. 桑兵:《国学与汉学——近代中外学界交往录》,浙江人民出版社 1999 年版。

56. 桑兵、张凯、於梅舫编:《近代中国学术思想》,中华书局 2008 年版。

57. 桑兵:《晚清民国的国学研究》,上海古籍出版社 2001 年版。

58. 桑兵:《晚清民国的学人与学术》,中华书局 2008 年版。

59. 尚小明:《北大史学系早期发展史研究(1899—1937)》,北京大学出版社 2010 年版。

60. 史静寰:《狄考文与司徒雷登——西方新教传教士在华教育活动研究》,珠海出版社 1999 年版。

61. 苏云峰:《从清华学堂到清华大学(1911—1929)》,生活·读书·新知三联书店 2001 年版。

62. 孙邦华:《西学东渐与中国近代教育变迁》,中国社会科学出版社 2012 年版。

63. 孙敦恒编著:《清华国学研究院史话》,清华大学出版社 2002 年版。

64. 孙俍工、孙怒潮合编:《中华学术思想文选》,中华书局 1933 年版。

65. 孙玉蓉编:《俞平伯书信集》,河南教育出版社 1991 年版。

66. 谭其骧:《谭其骧日记》,香港文汇出版社 1998 年版。

67. 陶飞亚、吴梓明:《基督教大学与国学研究》,福建教育出版社 1998 年版。

68. 王翠艳:《燕京大学与"五四"新文学》,文化艺术出版社 2015 年版。

69. 王晓清:《学者的师承与家派》,湖北人民出版社 2007 年版。

70. 王煦华编:《顾颉刚先生学行录》,中华书局 2006 年版。

71. 王钟翰著,诸同学整理:《王钟翰学述》,浙江人民出版社 1999 年版。

72. [德]维拉莫维兹著,陈恒译:《古典学的历史》,生活·读书·新知三联书店 2008 年版。

73. 吴宓:《吴宓日记》(第九册,1943—1945),生活·读书·新知三联书店 1999 年版。

74. 吴稌年:《图书馆活动高潮与学术转型》,兵器工业出版社 2005 年版。

75. 萧公权:《问学谏往录》,黄山书社 2008 年版。

76. [美]雅罗斯拉夫·帕利坎著,杨德友译:《大学理念重审:与纽曼对话》,北京大学出版社 2008 年版。

77. 严文郁:《中国图书馆发展史——自清末至抗战胜利》,枫城出版社 1983 年版。

78. 杨思信、郭淑兰:《教育与国权——1920年代中国收回教育权运动研究》,光明日报出版社2010年版。

79. 叶楚伧主编,穆济波选注:《学术思想论文集》,上海正中书局1937年版。

80. 俞平伯:《俞平伯全集》(第10卷),花山文艺出版社1997年版。

81. [美]约翰·司徒雷登著,程宗家译:《在华五十年——司徒雷登回忆录》,北京出版社1982年版。

82. 张恩芑编:《顾随先生百年诞辰纪念文集》,河北大学出版社1999年版。

83. 张光兴、张劲松:《国学概要——对国学的文化解读》,科学出版社2009年版。

84. 章开沅、林蔚:《中西文化与教会大学》,湖北教育出版社1991年版。

85. 章开沅:《文化传播与教会大学》,湖北教育出版社1996年版。

86. 章太炎:《国学概论》,江苏人民出版社2020年版。

87. 章太炎著,张昭军编:《章太炎讲国学》,东方出版社2007年版。

88. 赵紫宸著,燕京研究院编:《赵紫宸文集》(第三卷),商务印书馆2007年版。

89. 郑金洲:《教育文化学》,人民教育出版社2000年版。

90. 中华书局编辑部:《学林漫录》(2—4集),中华书局1981年版。

91. 周启锐编:《载物集:周一良先生的学术与人生》,清华大学出版社2003年版。

92. 周汝昌:《北斗京华》,辽宁教育出版社2001年版。

93. 周汝昌:《红楼无限情:周汝昌自传》,十月文艺出版社 2005 年版。

94. 周一良:《毕竟是书生》,十月文艺出版社 1998 年版。

95. 周一良:《钻石婚杂忆》,生活·读书·新知三联书店 2002 年版。

96. 周作人著,黄开发编:《知堂书信》,华夏出版社 1995 年版。

97. 朱维焕:《国学入门》,中国人民大学出版社 2005 年版。

98. 朱自清:《经典常谈》,中华书局 2003 年版。

99. 邹川雄:《通识教育与经典诠释:一个教育社会学的反省》,台湾南华大学教育社会学研究所 2006 年版。

100. 左玉河:《张东荪学术思想评传》,北京图书馆出版社 1999 年版。

101. 左玉河:《从四部之学到七科之学:学术分科与近代中国知识系统之创建》,上海书店出版社 2004 年版。

102. 左玉河:《中国近代学术体制之创建》,四川人民出版社 2008 年版。

三、论文

(一)期刊论文

1. 常进、罗旭:《国际比较视域下高校国学教育的创新发展战略》,《江淮论坛》2018 年第 1 期。

2. 陈亚玲:《从学术转型看我国现代大学制度的肇始》,《南京理工大学学报(社会科学版)》2009 年第 3 期。

3. 樊书华:《燕京大学与哈佛—燕京学社的建立》,《美国研究》1999 年第 1 期。

4. 樊书华:《美国铝业大王查尔斯·马丁·霍尔与哈佛—燕京学社的缘起》,《世界历史》1999 年第 2 期。

5. 冯浩、蒋希:《国学教育误区的审视与规避》,《教育评论》2017年第7期。

6. 傅可:《国学与大学生国学教育的实践体系设计》,《黑龙江高教研究》2008年第2期。

7. 干春松:《"国学":国家认同与学科反思》,《中国社会科学》2009年第3期。

8. 郭思乐:《论大学学术观念的更新》,《教育研究》1998年第11期。

9. 何建明:《陈垣与辅仁大学的国学教育》,《华中师范大学学报(哲学社会科学版)》1996年第2期。

10. 侯秋月:《国学教育:大学生社会主义核心价值观培育的有效载体》,《中国高等教育》2020年第19期。

11. 胡逢祥:《从北大国学门到清华国学研究院——对现代高校学术机构体制与功能的一项考察》,《中国图书评论》2006年第10期。

12. 康宏:《从传统到现代:大学学术转型的教育制度视角》,《高教探索》2005年第5期。

13. 李春博:《哈佛燕京学社与民国时期的索引编纂》,《中国索引》2006年第2期。

14. 李凡、陈来:《中国主体,世界眼光——陈来教授谈国学研究与国学教育》,《天中学刊》2016年第6期。

15. 李景林、许家星:《国学:中国学术文化的家园》,《哲学研究》2008年第3期。

16. 李庆本:《国学研究中知识与价值二元论》,《中国文化研究》1998年第2期。

17. 李慎之:《什么是中国的现代学术经典》,《开放时代》1998年第5期。

18. 李宗桂:《国学与时代精神》,《学术研究》2008年第3期。

19. 梁涛:《国学:传承传统文化的大学问》,《北京航空航天大学学报(社会科学版)》2020年第1期。

20. 刘进宝:《华尔纳敦煌考察团与哈佛燕京学社》,《中国典籍与文化》1999年第3期。

21. 刘石:《"五四"前后国学研究学术思想的新变》,《中国文化研究》2002年冬之卷。

22. 刘小云:《中山大学语言历史学研究所与现代学术转型》,《史学月刊》2009年第10期。

23. 卢毅:《建立一种"平等的眼光"——论"整理国故运动"与中国现代学术转型》,《江西社会科学》2006年第11期。

24. 罗检秋:《也说"国学"》,《文史知识》2000年第1期。

25. 罗志田:《古今与中外的时空互动:新文化运动时期关于整理国故的思想论争》,《近代史研究》2000年第6期。

26. 罗志田:《从无用的"中学"到开放的"国学":清季国粹派关于学术与国家关系的思考》,《中华文史论丛》2001年第1期。

27. 罗志田:《从治病到打鬼:整理国故运动的一条内在理路》,《中国学术》2001年第2期。

28. 罗志田:《民国趋新学者区分国学与国故学的努力》,《社会科学研究》2001年第4期。

29. 罗志田:《民初趋新学者眼中的国学之"资格"与排他性》,《福建论坛(人文社会科学版)》2001年第5期。

30. 罗志田:《西方学术分类与民初国学的学科定位》,《四川大学学报(哲学社会科学版)》2001年第5期。

31. 罗志田:《难以区分的新旧:民初国学派别的异与同》,《四川大学学报(哲学社会科学版)》2001年第6期。

32. 罗志田:《国学不是学:西方学术分类与民初国学定位的困惑》,《社会科学研究》2002年第1期。

33. 罗志田:《西学冲击下近代中国学术分科的演变》,《社会科学研究》2003年第1期。

34. 彭筱青:《国学教育在高师院校中的教育价值及实施构想》,《中国电力教育》2008年第6期。

35. 齐世荣:《记20世纪40年代中期燕京大学历史系的几位教授》,《首都师范大学学报(社会科学版)》2015年第2期。

36. 宋小庆:《近代"国学热"的兴衰》,《高校理论战线》1995年第9期。

37. 桑兵:《晚清民国时期的国学研究与西学》,《历史研究》1996年第5期。

38. 孙邦华:《试论北京辅仁大学的国学教育》,《北京社会科学》2005年第4期。

39. 唐眉江:《国学的结构与功能》,《中华文化论坛》2008年第4期。

40. 陶飞亚、刘家峰:《哈佛燕京学社与齐鲁大学的国学研究》,《文史哲》1999年第1期。

41. 田正平、李成军:《近代"国学"概念出处考》,《华南师范大学学报(社会科学版)》2009年第2期。

42. 田正平、刘保兄:《消极应对与主动调适——圣约翰大学与燕京大学发展方针之比较》,《高等教育研究》2006年第4期。

43. 乌东峰:《学术转型与学术常青》,《江西社会科学》2005年第9期。

44. 肖朗、费迎晓:《燕京大学新闻学系人才培养目标及改革实践》,《高等教育研究》2007年第6期。

45. 熊贤君:《现代中国国学教育运动形成原因破译》,《华东师范大学学报(教育科学版)》2006年第1期。

46. 熊贤君:《民国时期的国学教育及价值解读》,《民国档案》2006年第1期。

47. 徐以骅:《双峰对峙——燕京大学宗教学院与金陵神学院之比较》,《复旦学报(社会科学版)》2000年第2期。

48. 阎光才:《中国学术制度建构的历史与现实境遇》,《北京师范大学学报(社会科学版)》2008年第6期。

49. 袁行霈:《国学的当代形态与当代意义》,《北京大学学报(哲学社会科学版)》2008年第1期。

50. 查时杰:《私立基督教燕京大学历史系所初探(1919—1952)》,《台大历史学报》1996年第20期。

51. 章清:《重建"范式":胡适与现代中国学术的转型》,《复旦学报(社会科学版)》1993年第1期。

52. 张岱年:《如何研究国学》,《文史哲》1994年第3期。

53. 张凤:《哈佛燕京学社75年的汉学贡献》,《文史哲》2004年第3期。

54. 张合清:《哈佛燕京学社引得编纂处及其所编引得分析》,《河南图书馆学刊》1991年第2期。

55. 张惠思:《燕大师生杂忆与文学气氛》,《云梦学刊》2009年第5期。

56. 张树华:《哈佛燕京学社及其引得编纂处》,《山东图书馆季刊》2006年第3期。

57. 张翔:《裘开明与哈佛燕京学社汉和图书馆》,《图书馆杂志》1999年第8期。

58. 张亚群:《废科举与学术转型——论清末科学教育的发展》,《东南学术》2005年第4期。

59. 张哲荪:《燕京大学建校九十周年回溯》,《文史精华》2009年第10期。

60. 赵淑梅:《大学国学教育类型浅探》,《江苏高教》2008年第3期。

61．赵淑梅：《振兴大学国学教育的现实路径》，《现代教育科学》2008 年第 4 期。

62．赵淑梅：《大学国学教育的现实解读》，《现代教育科学》2008年第 6 期。

63．赵新华：《清末民国时期国文课程中的国学教育》，《语文建设》2017 年第 7 期。

64．赵玉宏、印永清：《哈佛燕京引得编纂处背景研究》，《大学图书馆学报》2001 年第 2 期。

65．钟少华：《试论近代中国之"国学"研究》，《学术研究》1999 年第 8 期。

66．朱汉国：《创建新范式：五四时期学术转型的特征及意义》，《北京师范大学学报（社会科学版）》1999 年第 2 期。

67．朱积孝：《试论哈佛燕京学社引得编纂处的著述活动与引得编纂法》，《新世纪图书馆》1985 年第 4 期。

68．朱积孝：《哈佛燕京学社所编六十四种引得评述（一）》，《图书馆学研究》1985 年第 6 期。

69．朱积孝：《哈佛燕京学社所编六十四种引得评述（二）》，《图书馆学研究》1986 年第 1 期。

70．左玉河：《从"经世之学"到"分科立学"——近代早期的学术分科观念及分科方案》，《北京科技大学学报（社会科学版）》2001 年第 1 期。

71．左玉河：《西学移植与中国现代学术门类的初建》，《史学月刊》2001 年第 4 期。

72．左玉河：《民初新式学会制度之确立》，《北京科技大学学报（社会科学版）》2006 年第 4 期。

（二）学位论文

1．陈建守：《燕京大学与现代中国史学发展（1919—1952）》，台湾师范大学硕士学位论文,2007年。

2. 陈亚玲:《论我国学术转型与现代大学制度的建立》,华中科技大学博士学位论文,2007年。

3. 陈以爱:《学术与时代:整理国故运动的兴起、发展与流衍》,台湾政治大学博士学位论文,2001年。

4. 李春萍:《学科制度下中国学术的演变:以北京大学为例 1898—1927》,北京大学博士学位论文,2004年。

5. 卢毅:《"整理国故运动"与中国现代学术转型》,北京师范大学博士学位论文,2003年。

6. 石增银:《燕京大学历史学会初探》,华东师范大学硕士学位论文,2006年。

7. 王雪玲:《齐鲁大学国学研究所初探》,华东师范大学硕士学位论文,2006年。

8. 吴湉南:《无锡国专与现代国学教育》,华东师范大学博士学位论文,2006年。

9. 赵淑梅:《振兴大学国学教育的理论探索》,东北师范大学硕士学位论文,2007年。

10. 朱俊瑞:《梁启超国学教育思想研究》,浙江大学博士后研究工作报告,2006年。

四、英文文献

1. Alexandra Oleson and John Voss: *The Organization of Knowledge in Modern America, 1860—1920*, The Johns Kopkins University Press, 1979.

2. James C. Thomson Jr: *While China Faced West: American Reformers in Nationalist China, 1928—1937*, Harvard University, 1969.

3. John Leighton Stuart: *Fifty Years in China*, Random House, New York, 1954.

4. Philip West: *Yenching University and Sino-Western Relations*, Harvard University Press, 1976.

后 记

2011年,我顺利通过博士学位论文答辩,从北京师范大学毕业,获得教育学博士学位。如今在博士论文基础上修改的书稿即将出版,在此,向曾经关心我、帮助我的人们致以最诚挚的谢意。

永远铭记研究生求学期间我的博士生导师王炳照教授的指导教诲之恩。毕业后,我每次回京必去母校,每每经过教二楼和英东楼,心中都十分伤心。我永远都不会忘记,2009年4月17日,恩师王炳照先生给我们上完"中华人民共和国教育史"的最后一节课,走出教二楼,把本科学妹们送给他的鲜花放在自行车的车篮里,然后骑车驶向京师广场,准备到英东楼接受教育电视台记者的采访。我更加不会忘记,2009年7月10日,我到英东楼向王先生请教问题,先生就我的论文研究题目"燕京大学的国学教育"侃侃而谈了一个多小时,从民国时期一直谈到20世纪80年代的文化热、90年代以来的国学热,分析了学者对国学的几种态度、研究国学的目的等问题,其高屋建瓴的一席话使我豁然开朗,也使我深深明白了教育史研究潜在的现实价值。然而令我没有想到的是,几天后先生就瞒着我们住进了医院,病情逐渐恶化,被诊断出已患不治之症。尽管先生意志坚强,家人和学生悉心照顾,领导和同事探望关心,万恶的病魔还是夺去了先生宝贵的生命。每一位了解先生的人都陷入极度悲恸中,都不愿意相信这是真的，大家常说不久前还在校园里看到王先生骑车，怎么转瞬间就与我们不辞而别了呢？仔细思量起来，大家都知道先生太累了，不仅要主持研究多个科研课题，还坚持给本科生上课、到外地参加学术会议等，甚至在弥留之际还无意识地开始讲课，仿佛身在讲台，讲述着"充满故事"的教育史。先生从事教学和研究工作四十余年，献身学术，奖掖后学，诲人不倦，桃李满天下，为国家培养了一大批教育学方面的教学和科研工作者。先生言传身教，对学生启迪尤多，我将永远铭记先生的嘉言懿行和学术思想，怀念先生亲切坦荡而富有风趣的音容笑貌。

回顾在北师大读书的六年生活，非常感谢教育学部教育历史与文化研究院孙邦华教授。孙老师是我的硕士研究生导师，在王炳照先生仙逝后，他又承担了指导我博士论文写作的任务。孙老师治学严谨，博闻强识，工作严肃认真，对学生循循善诱，诲人不倦，在潜移默化中对学生产生影响。多年来，孙老师不仅悉心教诲和指导我的学业，而且为我提供了参加学术研究和学术交流的机会。在孙老师的帮助下，我才有机会到香港中文大学学习并收集论文资料，开拓了学术视野，为顺利撰写论文奠定了基础。在孙老师悉心的教诲和详尽的指导下，我的博士学位论文得以顺利完成，并通过论文答辩。毕业走上工作岗位后，孙老师不仅指导我继续研究学问，而且也教会我很多做人的道理。非常感谢孙老师多年来对我的关心和帮助。

感谢北师大教育历史与文化研究院施克灿、徐勇、于述胜和乔卫平等诸位老师。求学期间，我有机会聆听他们所讲授的课程，并多次参加他们主持的硕士、博士论文开题报告会和答辩会，从而深入了解了写作学位论文的方法及论文写作中应注意的问题。同时，他们曾对我的论文提出修改意见，非常感谢他们对我的指导和授业解惑。感谢博士论文答辩委员会主席、浙江大学田正平教授以及华东师范大学杜成宪教授、国家教育行政学院俞家庆教授、于建福教授、北师大于述胜教授等四位答辩委员,他们在百忙之中抽出宝贵的时间审阅了我的博士论文,在答辩会上给予了中肯的修改意见和建议,使我受益匪浅。

感谢我的舍友陈瑶老师。在攻读博士学位的三年期间,我常与她一起讨论学术问题,交流彼此的研究心得。她给予了我很多鼓励和肯定,感谢她的真诚和激励。更令我难忘的是,工作经验丰富的陈老师常常向我讲述她所经历的"奇闻逸事",使从未正式工作的我对社会、对人生有了更加深入的了解,对以后的生活充满憧憬。

感谢周慧梅师姐、冯建超师兄、石焕霞师姐、彭彩霞师姐以及王少芳、杨燕、王聪颖等诸位博士多年来对我的关心和帮助,与他们交往的点点滴滴将永远留在我的美好记忆中。

在修改和出版此书过程中,感谢我的领导和同事们给予了我无私的支持和帮助。他们的信任和鼓励是我坚持下去的动力,也让我少走了很多弯路。

感谢"北京师范大学优秀博士学位论文培育基金"以及香港中文大学崇基学院,在他们的支持下,我得以顺利收集了博士论文研究所需要的资料,为完成博士论文奠定了基础。在浙江省哲学社会科学规划后期资助课题的资助下,我得以顺利出版了本书。

本书的付梓还需要感谢浙江古籍出版社原副总编况正兵先生和责任编辑徐立,他们为本书的出版付出了辛勤的劳动。

感谢我的家人。在外求学和工作多年,他们对我的支持和信赖是我前进的动力。谢谢家人对我的理解。

因本人才疏学浅,本书难免存在一些缺陷与不足。文中的一些分析与观点只是笔者的一家之言或曰一孔之见,如有谬误,由个人全权负责,与他人无关。

最后,再一次诚挚感谢所有关心和帮助我的良师益友。衷心祝愿你们工作顺利、吉祥安康!

颜　芳

2023 年 11 月 6 日